되어감becoming의 길,
그 길을 걷는 사람들

되어감becoming의 길, 그 길을 걷는 사람들

초판 1쇄 발행 2024년 10월 23일

지은이 황창진
펴낸이 장현수
펴낸곳 메이킹북스
출판등록 제 2019-000010호

디자인 이정아
편집 이정아
교정 안지은
마케팅 김소형

주소 서울특별시 구로구 경인로 661, 핀포인트타워 912-914호
전화 02-2135-5086
팩스 02-2135-5087
이메일 making_books@naver.com
홈페이지 www.makingbooks.co.kr

ISBN 979-11-6791-612-9(03230)
값 16,800원

목차

◇◇◇

이정배 교수 | 진리를 찾아가는 여정 8

이사야 교수 | 되어감의 길, 그 길을 걷는 사람들 12

한석문 목사 | 나의 '되어감becoming'의 여정을 시작하며 15

저자의 글 20

목사님, 질문이 있는데요? 27

하나님의 형상을 따라 34

인간을 흙으로 만드셨네요? 41

뱀과 선악과 48

가인과 아벨이 제사를 드리다 55

에녹과 노아의 자유정신 62

하나님의 아들들? 욕망하는 사람들 69

노아의 홍수 이야기 76

노아의 홍수 – 물이 마르다 84

술에 취한 노아 91

노아의 족보 - 화해와 일치를 향하여 98

◇◇◇

바벨탑 이야기 105

아브람, 여정의 시작 112

아브람과 불합리한 하나님 118

풍요로움 때문에? 126

~처럼 되고 싶은 욕망 132

믿음이 위기를 만났을 때 139

하갈의 시선으로 146

아브람의 아침 묵상 153

나그네를 환대하는 아브라함 160

불의를 부끄럽게 하기 168

아브라함과 아비멜렉 176

모리아 산의 아브라함 183

리브가 - 암탉이 울다? 191

아브라함의 죽음 - 수축사회 극복기 198

야곱과 에서 - 되어감becoming에 관하여 205

◇◇◇

이삭의 자기 성장기 212

축복을 가로채는 야곱 220

베델에서의 야곱 - 신비로운 신앙생활 227

되어감의 길, 그 길을 걷는 사람들 234

고향으로 향하는 야곱 241

얍복 강가의 야곱 249

에서를 만나는 야곱 256

세겜의 욕망 263

다시 베델로 이주하는 야곱 270

꿈꾸는 요셉 뒤집어 읽어보기 277

다말의 시선으로 284

요셉과 보디발의 아내 292

요셉이 꿈을 풀어내기까지 299

요셉 - 화해를 모색하다 1 307

요셉 - 화해를 모색하다 2 314

요셉 - 화해를 모색하다 3 321

◇◇◇

야곱 - 이집트로 이주하다 328

야곱 - 제국주의를 축복하다? 335

요셉, 화해를 완성하다 343

에필로그 351

추천의 글

진리를 찾아가는 여정

이정배 교수

(감리교신학대학교 명예교수)

황창진 목사님이 교우들과 〈창세기〉를 공부하며 엮은 책 『되어감의 길, 그 길을 걷는 사람들』을 단숨에 읽었습니다. 책을 받은 순간 기뻤고 감사했고 뿌듯했습니다. 교우들과 더불어 성서를 읽고 교우들의 질문에 대한 솔직한 답변 형식으로 내용을 채웠기에 글에 따뜻한 온기와 성실한 배려 그리고 구도자의 고뇌를 느꼈던 까닭입니다. 〈창세기〉를 중심으로 하여 긴 여정 동안 함께 공부하는 모습을 상상하며 책을 읽었는데 마지막 페이지를 덮는 순간, 벅찬 마음이 한가득 차올랐습니다. 누구라도, 물론 성직자도 예외 없이 외형적 크기, 숫자놀음에 빠져 있는 현실에서 권위로 압도하지 않고 진리를 더듬어 찾아가는 성실한 목회자 상을 찾았기 때문입니다. 이 책을 세상에 내어놓는 일은 큰 교회 하나를 건축하는 일 이상의 값어치가 있습니다. 건물은 흔적 없이 사라질 수 있으나 이 책을 통해 사람들 마음에 새겨진 〈창세기〉의 진리, 곧 황창진 목사의 가르침은 세상을 어떻게 흔들지 알 수 없기 때문이겠지요.

성직자들도 공부하지 않으면 판에 박은 소리만 하고 남의 설교를 기웃거리며 과정은 생략한 채 '믿습니까? 아멘!'을 요구하는 경우가 많습니다.

하지만 황창진 목사님은 '책의 사람'이라 불려도 좋을 만큼 많은 책을 읽고 그것을 자기화했으며 〈창세기〉 본문과 연결하여 뜻깊게 해석했습니다. 〈창세기〉를 40여 주제로 나눠 풀어 놓은 글 어느 곳을 봐도 허술하지 않고 의미로 가득 차 있어 함께 한 교우들이 행복했을 것입니다. 주지하듯 〈창세기〉 연구를 위해 그는 수십 권의 책을 읽었습니다. 그중 주석 책도 있었지만 인간 존재 및 역사의 의미를 밝혀주는 최신 서적들도 많았습니다. 황창진 목사님의 독서 범위가 이렇듯 깊고 넓은 줄 이제야 알았지요. 그가 한국 교회의 개혁을 위해 앞장선 것도 독서를 통해 세상을 보는 눈이 커졌기 때문이라 생각합니다. 주석은 성서 당시의 뜻을, 여타 책들은 성서를 오늘 우리 상황과 맞닥트리는 힘을 주기 때문이겠지요.

〈창세기〉를 교우들과 함께 읽는 일은 쉽지 않습니다. 필자 역시 오래전 소속 교회에서 〈창세기〉를 강의한 바 있습니다. 혹자는 성서 문자주의에 빠져 〈창세기〉를 과학의 시각에서 읽고 어떤 이는 이 책을 현실에 맞지 않은 신화로 치부했으며 어느 경우는 〈창세기〉에 상호 모순되는 내용이 여럿인지라 애초에 믿음의 눈을 거두기도 했습니다. 하지만 성서 모두에 있는 〈창세기〉를 중히 여기지 않으면 신앙의 근간이 흔들릴 수 있습니다. 황창진 목사님은 이점을 간파하여 이런저런 편견과 철저하게 논쟁하되, 온유와 두려운 마음으로 그렇게 했습니다. 이 책이 친절했다는 것은 이를 두고 하는 말입니다. 50년 신학을 가르친 제가 감동하며 읽었으니 독자들 누구나 의심 없이 이 책과 마주하면 좋겠습니다.

황창진 목사님은 〈창세기〉를 주로 J 문서와 P 문서의 작품으로 설명하며 예상되는 질문을 준비하였습니다. 기성 교회에서 〈창세기〉를 공부하면서, 과연 문서설에 근거하여 논할 수 있는 목사들이 얼마나 있을지 모르겠습니다. 문자 절대주의의 오류에서 벗어나는 일이 쉽지 않기 때문이지요. 아직도 '이해하는 신앙'을 용납하지 않는 탓일 것입니다. 물음을 부정하고 교리적 답을 강요할 때 오히려 더 큰 의심이 생겨날 수밖에 없습니다. 기독교 신앙과 담쌓는 이유가 되는 것이지요. 하지만 황창진 목사님은 '은혜' 지상주의를 벗고 진리 추구자로서 교우들 앞에 섰습니다. 이를 통해 두 번에 걸쳐 있는 창조 이야기가 상호 모순이 아니라 500년 차이를 둔 역사적 현실에서 각기 다른 하느님, 인간 그리고 역사를 이해하는 모체임을 멋지게 밝혔습니다. 문서설에 입각할 때 창조는 과거가 아니라 오늘 우리의 사건이 되어 이 땅의 실존을 흔들어 놓고 있습니다.

이 점에서 황창진 목사님은 〈창세기〉 공부를 엮은 책 제목에 '되어감 Becoming'이란 개념을 사용했습니다. 〈창세기〉 속의 인물들이 거듭 변화해 가는 존재들인 것을 발견했던 까닭이겠지요. 한 번의 죄로 인간 삶이 결정되지 않고 거듭 달라질 수 있고 달라져야 하는 것이 은총이고 기적이라 생각했습니다. 달라지더라도 변화와 변질은 같은 뜻이 아닐 것입니다. 전자는 좋게 달라지는 것이고 후자는 나쁘게 달라지는 것이겠지요. 〈창세기〉에서 만나는 하느님은 인간을 좋게 변화시키는 분인 것을 저자는 강조했습니다. 하느님 천사와 씨름하여 이겼던 야곱, 그가 이스라엘로 변하는 이야기는 두고두고 기억해야 옳습니다. 하느님 앞에 선 인간은 바울이 고백했듯 푯대를 향해 달려가며 거듭 달라지길 소망하는 존재일 것입니다. 그런 점에서 〈창세기〉 연구 제목을 책의 본뜻에 맞게 정했다 싶습니다.

필자 보기에 한두 가지 아쉬운 부분도 없지 않습니다. 예컨대 창세기 9장에 언급된 노아와 하느님 간의 새로운 계약 이야기가 눈에 띄질 않았습니다. 홍수 이후 새 세상을 약속하되 인간에게 한계를 지키라 명하신 하느님 말씀입니다. '사람들 눈에서 억울한 눈물을 흘리게 하지 말 것'과 '동물을 피째로 먹지 말라'는 말씀은 홀로세를 붕괴시켜 자본세로 치닫는 목하 생태 붕괴 현실에 치유와 회복을 위한 정언명령이 아닐 수 없습니다. 하느님 창조 공간에 절대 한계는 필시 존재하는 것이고 그것을 지킬 때 인간 세상은 오히려 안녕을 유지할 수 있다는 메시지입니다. 해서 혹자는 〈창세기〉의 핵심이 첫 장이 아니라 노아의 홍수에 있다고 말들 합니다. 하느님의 창조는 무한 지속되는 것이 아니라 인간이 잘못하면 망가질 수 있다는 사실을 적시하기 때문이겠지요. 평소 생태신학자로 살았던 제가 이번 책에 요구하는 욕심 어린 바람이라 생각해 주셨으면 합니다.

이 책은 목사님 홀로 쓰신 것이 아닙니다. 교우 여러분들의 질문과 참여, 때론 의심이 있었기에 엮어진 책입니다. 이런 지난한 과정을 만들고 이끄신 목사님이 훌륭할 뿐입니다. 멋진 교우들과 멋진 목사님의 합작품인 이 책의 출판을 두 손 들어 환영하며 주변에 많은 독자가 생길 수 있도록 추천의 글을 쓴 제 역할을 마다하지 않겠습니다.

2024년 9월 7일

강원도 횡성 현장 아카데미에서

이정배 두 손 모음

추천의 글

되어감의 길, 그 길을 걷는 사람들

이사야 교수

(남서울대학교 구약학 교수

한국구약학회 부회장)

예전에 저자로부터 『예레미야- 미친 시대에 고하다』라는 책을 선물 받은 적이 있습니다. 선물로 받은 책 중에는 아직도 읽지 못한 책들이 꽤 있는데, 그 책은 받자마자 완독을 했습니다. 글의 전개가 평이하면서도 진솔했고, 무엇보다 기독교인으로서 우리 시대에 어떻게 살아야 하는지에 대해 스스로의 질문을 던지게 하고 도전을 주었기 때문입니다. 얼마 전에는 인터넷 신문 〈뉴스 M〉에서 창세기를 연재하는 저자의 글을 보면서 또 한 권의 책이 세상에 나왔으면 좋겠다는 생각을 했습니다. 그러던 중 남들보다 먼저 이 글 전체를 읽어볼 수 있는 기회가 생긴 것은 참 감사한 일입니다. 여전히 구수한 필력으로 읽는 이의 시간을 아깝지 않게 했습니다.

『되어감의 길, 그 길을 걷는 사람들』, 책의 제목을 왜 이렇게 정했을까 생각해 보았습니다. 창세기는 성경에서 가장 긴 그리고 오래된 시대의 이야기와 사건들을 담고 있는 책입니다. 그래서 읽을수록 질문도 많아지는 책입니다. 책의 제목이 창세기이지만 창조 이야기만 기록하고 있는 것은 아닙니다. 처음 사람들의 이야기 그리고 이스라엘의 조상들이 보여주는 신앙의 시작들을 기록하고 있는 책입니다. 그들이 하나님 앞에서 어떻게 살아갔는지를 담고 있습니다. 사람이 '하나님의 형상답게', 아브라함과 그 후손이 '하나님의 백성답게' 되어감을 말이지요. 그러고 보니 참 제목이 좋습니다.

제목만 좋은 것이 아니네요. 세상의 창조, 아담과 하와의 범죄, 가인과 아벨의 제사와 살인 이야기, 노아 시대의 홍수 이야기 그리고 바벨탑 사건 등 원역사의 전개 방식이 흥미롭습니다. 저자는 이 이야기들이 전해주는 핵심 메시지를 "질문이 있는데요?" "그렇죠? 마르둑은 활도 잘 쐈다는데요?" "우리 민족인 히브리인들이… 어떻게 해야 하나요?" "형님들 큰일 났어요" 하면서 마치 이야기하듯 흥미롭게 전개합니다. 그리고 그 전개 속에는 바벨론에 포로로 끌려와 살았던 옛 이스라엘 사람들이 창세기라는 책 속에 기록할 수밖에 없었던, 그들의 신앙이 흐르고 있습니다.

저자의 이야기는 아브라함, 이삭, 야곱 그리고 요셉을 다루는 후반부로 이어집니다. 흔히 족장사라고 부르는 부분이지요. 저자의 진지한 사색은 여기에서 더 빛을 발합니다. 구약학 전문서적에서나 나올법한 'J 기자'라는 용어가 아브라함의 길 떠남에서부터 등장한다는 것이 놀랍습니다. 그 말이 전혀 어렵지 않게 다가오니 말입니다. 세상의 풍요로움과 믿음 사이에서의 영성, 약속과 현실 사이에서 찾는 건강한 믿음, 나그네를 환대하는 나그네, 모리아 산에서 보여준 하나님에 대한 절대적인 신뢰…. 저자가 말하는 아브라함의 이야기는 필부에 지나지 않았던 한 사람이 위대한 믿음의 조상으로 되어감을 보여줍니다. 실패와 성공을 반복하는 야곱의 이야기에서는 하나님의 사람으로 살아가기 위해 멈추지 않는 절절한 노력을 보여줍니다. 그리고 마침내 요셉의 이야기에서는 상처입은 디아스포라로 살아가는 형제들과 화해를 만들어내는 일이 하나님의 구원을 이루어 내는 일임을 보여줍니다. 마치 예수께서 보여주신 길처럼 말입니다.

이 책 『되어감의 길, 그 길을 걷는 사람들』은 황창진 목사님의 설교에서 시작되었습니다. 진솔한 이야기에 귀를 기울이는 교인들과의 만남, 그 진지한 몸짓들이 만들어낸 결과물입니다. 이 결과물 속에서 흐르는 하나님의 사랑과 처음 사람들의 다듬어져 가는 영성을 봅니다. 그리고 교회와 교인들을 향한 저자의 사랑을 봅니다. 이 책은 창세기를 기록한 사람들이 들려주고자 했던 하나님과 그분의 사랑을 조금 더 가까이서 확인할 수 있는 기회가 될 수 있을 것입니다.

추천의 글

나의 '되어감becoming'의 여정을 시작하며

한석문 목사

(해운대 감리교회)

하나님 창조의 신비를 관상하던 신학자 그레고리우스는 '하나님 형상을 따라 지어진 존재'로서의 인간을 깊이 바라보던 끝에 '신성의 한 조각'이라며 경탄해 마지않았습니다. 이 '신성의 조각'으로서의 인간 안에는 지적(Intelligent), 정적(Appetitive), 의지적(Irascible) 능력이 주어졌는데, 사람에게 하나님 형상이 드리웠다는 것은 이 세 가지 능력이 조화롭게 균형을 이루고 있다는 의미이겠습니다. 하지만 타락과 함께 찾아온 하나님과의 분리는 이 조화로운 인간상을 흩트려 놓았습니다. 사람은 하나님께로부터 등을 돌려 '자기중심적 에고(ego)'가 됨으로써 자기의 벌거벗음을 보는 부끄러움에 스스로 처해지고 말았습니다. 하나님께로부터 분리된 자아는 감정으로는 하나님께 돌아가고자 하나 의지가 허락하지 아니하고, 의지가 돌아가고자 하나 지성이 하나님을 미더워하지 않는 모순과 혼란의 나락에 떨어지고 말았습니다. 이렇게 하나님과 분리된 인간에게 가장 먼저 나타난 현상은 타인과의 분리였습니다. 교회사학자인 블라디미르 로스키는 그 분리를 이렇게 설명했습니다. "아담의 본질에서 취해진 '뼈 중의 뼈요, 살 중의 살'(창 2:23)인 하와는 아담의 본질을 보충할 뿐 아니라 동일한 한 본질이요 한 몸이었다. 하지만 이 최초의 두 인간 인격이 서로 간에 외적인 관계를 갖게 되고, 분리된 두 본질 즉 두 개별적 존재가 된 것은 바로 타락 이후이다. 원죄 후, 인간의 본질은 나뉘고 파편화되고, 수많은 개인 안으로 조각났다."

이 타인과의 분리는 창조세계와의 관계에서도 일어났습니다. 땅은 아담으로 말미암아 저주를 받은 까닭에(창 3:17), 아담에게 가시덤불과 엉겅퀴를 내주었습니다(창 3:18). 이때부터 노동은 하나님의 창조사역에의 동참이 아닌, 그저 먹고살기 위한 괴로운 노역勞役이 되고 말았습니다. 사람들은 행여 자기 먹잇감을 빼앗기지나 않을까 하는 두려움으로 타인을 경계하기 시작했고, 방어용 장벽을 쌓기 시작했으며, 탐욕과 분노와 어리석음에 빠져들기 시작했습니다. 홍수 사건 후에도 사람은 좀처럼 변하지 않았습니다. 바벨탑이라는 인간에 의한 문명이 구축될 무렵 사람의 에고는 그 어느 때보다 극대화되어 있었습니다. 그들은 자신들의 아성을 하늘에 닿도록 쌓아 올렸으며, 그럼으로써 자신들의 이름을 드높이고자 하였습니다(창 11:4). 그러나 하나님은 그들을 온 지면에 흩으셨고, 그들의 언어를 혼잡하게 하셨습니다(창 11:8, 9). 역사는 다시 하나님의 시간을 따라 흐르기 시작했습니다. 퍽 시간이 흐른 어느 날 하나님은 당신의 구속사 속에 아브라함이라는 사람을 불러내십니다. 그를 통해 시작된 하나님 구원사를 전례학자인 크라이튼은 이렇게 소개합니다.

"전통적으로 구원사는 우리 믿음의 조상 아브라함이 소명을 받은 사건으로부터 시작한다. 구약성서의 전 역사는, 이스라엘의 흥망성쇠와 파란만장한 여정을 통해 메시아의 도래를 준비하기 위한 역사로 알려져 있다. 메시아 자신과 그의 수난, 죽음, 부활 등의 구원 사업은 구원사의 정점을 이루고 있으며, 성령의 강림과 그 역사를 통하여, 교회 안에서 마지막 날에 그리스도를 정점으로 만물이 요약되는 종말(eschaton)을 기다리는 것으로 넘겨졌다. 이 모형이 총체적인 그리스도교 예배의 기초이다. 구약 성서일과를 통하여 선포되는 하나님의 말씀은, 복음독서에서 절정을 이루는 신약 성서일과의 케리그마 선포를 위한 준비가 된다. 유카리스트는 파스카 축제와 광야의 계약 체결이라는 맥락의 한가운데 놓여 있다. 그리스도의 수난, 죽음, 부활에 대한 파스카의 신비는 유카리스트의 핵심이며, 아남네시스(Anamnesis)에 의하여 재현되며, 지금 여기에서 사람들에게 힘을 준다. 교회는 유카리스트와 기타의 성사들을 거행하는 중에, 그리스도 안에서 만물이 완성되는 것을 바라보며 거기에 도달한다. 강림절에서 오순절에 이르는 전례 주기는, 바로 이 동일한 과정을 따르고 있다."

크라이튼의 이 진술은 타락함으로써 하나님과 분리되고, 타인 그리고 창조세계와 분리된 인간이 다시금 하나님 형상을 회복하기 위해 떠나는 영적 여정을 잘 표현해 줍니다. 그 여정은 아브라함으로부터 시작이 되었으며 궁극적으로 예수 그리스도의 수난과 죽음, 부활과 승천, 그리고 성령강림으로 나아가는 여정입니다.

황창진 목사님의 글들을 따라 창세기 속을 걷다 보면 마치 길손 앞에 길들이 다채롭게 펼쳐지고 그 길 위에서 갖가지 사연과 사건을 만나듯 인간이 하나님을 떠나는 사연과 다시 되돌아가는 여정이 다채롭게 펼쳐지고 그 여정에서 '되어감becoming'의 길을 걸어가는 사람들이 보입니다. 저자는 그들 각각의 서사敍事 안에 깃든 '사람을 사람되게 하시는 하나님의 손길'을 친밀하고 담백하게 소개해줍니다. 때로는 저자가 갓 신학교에 진학해서 맞닥뜨린 구약개론의 당황스러움만큼이나 교우들이 질문해 오는 예민한 질문들이 당황스러웠을 만도 한데, 그 질문들을 대하는 저자의 시선이 참 솔직하고 신선하다는 느낌을 받습니다. 행간마다에서 느껴지는 신학과 신앙의 조화로움, 그 내공이 궁금했습니다. 논어 위령공衛靈公 편에서 공자가 자공에게 "나는 하나의 이치로써 모든 사물을 꿰뚫은 것(一以貫之)이다."라고 말했듯이, 저자는 하나의 이치로 창세기를 꿰뚫어 보아서 저렇게 쉽게 유연하게 이야기를 펼쳐가는 것인가, 라고 생각해 보았습니다. 예컨대 선악과 사건에서 인간의 교만을, 바벨탑 사건에서 인간의 욕망을 보아내는가 하면, 고향을 떠나는 족장들의 탈향脫鄕에서 운명적인 죄를 벗고 회복의 실마리를 찾아가는 영적 여정을 보아내기도 합니다. 그리고 그들의 영적 여정을 함께 걸어주시는 하나님의 사랑도 저자는 놓치지 않습니다. 이토록 '이야기'에서 '메시지'를 발굴해내는 안목 안에서 저자의 지성과 영성은 조화롭기만 합니다.

저자의 '창세기 속으로' 들어가 함께 걷다 보면 인간을 향해 불안했던 마음이 어느새 진정되고, 탈향한 인간들이 함께 걸어주시는 하나님 안에서 '되어감becoming'을 이루어가는 쾌거를 보게 됩니다. 그리고 그 쾌거는 고스란히 독자에 대한 응원이 되고 희망이 되어 줍니다. 저자가 하나님과 함께 호흡하며 씨줄과 날줄로 엮어준 '창세기 속으로' 들어가 함께 걷다가 다시 '창세기 밖으로' 걸어 나오며 잠시 그 여운을 즐겨봅니다. 영화가 끝나고 스크롤이 모두 올라갈 때까지 쉬 자리를 뜨지 못하는 관객처럼, 주인공들이 걸어온 영적 여정의 여운 속에 한참이나 머물러 있게 됩니다. 그리고 심기일전心機一轉, 나의 '되어감becoming'의 여정을 시작합니다.

저자의 글

사람을 사람되게 하시는人間化 하나님의 구원을 희망하면서 믿음의 길을 걷고 있노라면 참 다양한 경험을 하게 됩니다. 그 다양한 경험 중에는 역동적인 경험도 있어서 믿음의 길을 걷는 발걸음에 힘을 실어주기도 하지만 한편으로는 치열한 논쟁의 한가운데로 들어가서는 마음을 다치게 하는 경험도 하곤 합니다. 특히 성서 이야기를 가지고 논쟁이 벌어지기라도 하면 그 논쟁 때문에 관계가 깨져나가기도 하니 이런 상황은 아마도 기독교 성서 이해의 다양성 때문이기도 할 겁니다.

필자가 갓 고등학교를 졸업하고 신학교에 진학해서 만난 과목 중에는 "성서통독"과 "구약개론"이라는 과목이 있었습니다. 성서를 읽어야 한다는 수업 목적에 따라서 마음을 단단히 하면서 '한번 읽어보자' 하고는 성서의 배열 순서에 따라서 창세기부터 읽기 시작했습니다. 그리고는 당황스러움이 밀려오기 시작했는데요. 구약개론이라는 수업을 들으면서 읽어나가는 창세기 이야기는 교회에서 배워 알고 있던 단편적인 지식들을 뿌리째 흔들어 놓았기 때문입니다. 그렇지만 그 당황스러움에 꾸준히 직면한 덕분에 이스라엘 신앙공동체가 고백했던 하나님을 만나게 되었고, 그리고 신화적인 세계관에서 이루어진 이야기가 어떻게 우리가 살아가는 오늘의 세계에 타당하게 해석·적용되어야 하는가에 대한 고민을 할 수 있는 여지를 갖게 되었습니다.

창세기를 읽기로 하고 책을 펼치면 하나님의 창조 이야기가 시작되는 것 때문에 일단의 독자들은 창세기가 하나님의 창조 이야기를 중심으로 하는 책이라고 생각하는 경향을 보이기도 합니다. 그러나 조금만 관점을 달리해서 읽어보면 창세기 속에는 하나님의 창조 세계를 살아가면서 죄에 직면한 인간들의 이야기가 함께 펼쳐지고 있음을 알게 됩니다.

창세기의 저작 시기를 문서설에 근거해서 살펴보면 이스라엘이 최고의 번영기를 누렸던 다윗과 솔로몬 시절에 기록된 내용이 있음을 알 수 있습니다. 이 시대는 당시로서의 최고의 번영기를 구가하던 시대로 이때의 창세기 저자들은 인간이 자신의 이성으로 하나님을 대체하려는 모습을 읽어내고 그 모습을 염려하면서 인간의 유한함을 지적하고 하나님 앞으로 돌아올 것을 호소하고 있습니다. 인간의 이성이 하나님을 대체하려는 모습은 지혜를 상징하는 뱀의 유혹에 넘어간 인간이 선악과를 따먹는 모습, 그리고 하늘에 닿고자 탑을 쌓는 바벨탑 이야기에서 나타나기도 합니다. 그리고 창세기는 이성적 삶에 눈을 뜨고 자신의 능력을 극대화하려는 인간의 모습을 죄에 직면한 인간의 모습으로 이해합니다. 이러한 이해의 연장선상에서 창세기는 죄에 직면한 인간의 이야기를 기록하면서 그 인간이 어떻게 해야 참된 사람이 되는가 하는 것으로서의 '되어감becoming'에 관한 관심을 숨기지 않고 있습니다. 아브라함도, 이삭도, 야곱도 그리고 요셉에 이르기까지 창세기에 등장하는 인물들이 처음부터 완벽한 모습으로 우리 앞에 나타나지 않는 것이 그것입니다. 아브라함은 자기 살자고 아내를 타인에게 내어주기도 했고 이삭도 그랬으며 야곱의 삶에서 보여지는 전형적인 사기꾼의 기질은 어렵지 않게 읽어낼 수 있었습니다. 편애의 가족력은 아브라함으로부터 요셉에 이르기까지 거침없이 흘러내려 불안과 소외의 원인이 되기도 했고요. 그렇지만 창세기에 나타나는 인물들은 불완전함 속에서도 꾸준히 하나님의 형상을 지향하면서 사람됨의 완성도를 높여나가는 되어감의 길을 걸어가는 모습을 보이고 있습니다. 그 모습은 오늘의 그리스도인들에게 주는 하나님의 구원의 이야기일 겁니다.

필자는 교우들과 성서 이야기를 나눌 때면 설교문을 준비하면서 읽었던 책들을 소개하곤 합니다. 필자의 공부는 성서 본문의 이야기를 식구들과 충분히 나눌 수 있을 만큼 깊지 않습니다. 그렇기 때문에 그 부족함을 조금이라도 메꾸려는 노력의 일환으로 꾸준히 참고자료들을 읽어나갔고 그렇게 준비한 이야기를 시작하면서 읽은 책 중의 한 권을 소개하기라도 하면 일부 교우들은 그 책을 사서 읽기도 하곤 했으니 참으로 감사한 일이었습니다.

그렇지만 한편으로는 걱정이 되기도 했습니다. 책을 읽지 않고 지식이 없는 관념적 신앙에 깊이 뿌리를 내리고 있는 이들이 논거를 가지고 믿음의 길을 걸어가려고 노력하는 이들의 이야기에 귀를 기울이지 않는 상황이 불안했던 겁니다. 더불어 관념의 관성에 자신의 믿음을 실은 채 살아가는 이들은 관념의 관성을 거부하며 꾸준히 의심하고 질문하는 이들을 호되게 다루기도 하는데 그 모습이 안타깝기도 했기 때문입니다.

그렇지만 현장 설교자의 입장을 가지고 교우들과 성서의 이야기를 나누며 살아가는 필자로서는 확신하는 대목이 있습니다. 꾸준히 고민하면서 성서를 차분히 읽어나가는 사람들이 결국 흔들리지 않는 믿음의 자리에 도달하리라는 것과, 아무리 지식이 없는 관념의 관성 위를 살아가는 사람들이 차분히 성서를 읽어가며 고민하는 그리스도인들을 못살게 군다고 해도, 고민하며 질문하는 그리스도인들은 꾸준히 나타나며 흔들림 없이 자신의 길을 걸어가리라는 것입니다.

교우들과 창세기를 생각하기로 마음을 먹은 이래로 그 작업이 마쳐질 때까지 지난 일 년여의 시간 동안 이 작업을 수행하기 위하여 다수의 창세기 주석을 참고하였고 여러 인문학 서적을 읽었습니다. 또한 약 200여 편의 소논문을 읽어내며 짧은 생각을 가다듬었고 성서는 새번역을 사용하였음을 알려드립니다. 인용한 내용에 관한 각주脚註는 내각주를 사용하였습니다. 다만 적극적 학문 서적이 아닌 '성서 에세이'라는 글의 성격상 본격적인 방식으로서의 주를 달지 않았음을 이해해 주시기 바랍니다.

설교라는 전통적인 방식을 사용해서 교우들과 나눈 이야기이기 때문에, 그리고 창세기를 순서대로 읽어나간다는 것 때문에 '이야기의 반복'이라는 방식을 받아들여야 했음을 또한 헤아려 주시기를 바라는 마음입니다.

우리 산돌교회 가족들은 열심히 이야기를 들어주었고 때로 냉철한 비평을 가해주었으며 따듯한 격려를 보내주기도 하였습니다. 이는 창세기를 읽어내는 작업의 시간 내내 커다란 동기부여가 되었음을 고백하며 감사의 마음을 전합니다. 추천의 글을 써주신 이정배 교수님은 후배들에게 격려의 손을 내어주시기를 아끼지 않으시며 힘이 되어 주시는 산과 같으신 어른이십니다. 추천의 글을 통하여 가르침을 주시며 더욱 정진하게 하시니 감사한 마음을 전해드립니다. 한석문 목사님은 선한 웃음으로 영적 수행의 길을 걸어가시는, 한결같은 몸가짐으로 삶의 귀감이 되어주시는 소중한 친구이자 동역자입니다. 이사야 목사님 또한 해박한 지혜를 품고 계시면서 구약성서 학자로서 목회 현장의 요구에 주저없이 응답해주시는 귀한 동역자이십니다. 두 분에게도 깊은 감사를 드립니다. 글을 연재해주신 "뉴스엠"의 황기수 목사님에게 진한 감사의 인사를 드립니다. 몇 번의 출판 작업을 기꺼이 받아주신 메이킹북스의 장현수 사장님과 안지은 팀장님 이하 직원 여러분들에게도 감사의 마음을 전해드립니다.

하나님의 형상을 향한 지향을 가지고 길을 걸어갈 때 이루 말할 수 없는 탄식으로 우리를 위하여 기도하시며 우리의 발걸음에 동행해 주시는 성령의 함께하심이 모두와 함께하시기를 기도합니다.

2024년 11월

황창진

◇◇◇

목사님, 질문이 있는데요?

“목사님, 질문이 있는데요? 창세기를 읽다 보면 앞뒤가 맞지 않는 이야기가 너무 많이 있고요. 창세기 1장에는 하나님이 말씀으로 세상을 창조하시는데 2장에서는 흙을 빚어서 인간을 창조하기도 하시고요, 내용이 이렇게 다른 건 왜 그런 건가요?”

“그렇지요? 하긴 노아의 방주에 실리는 짐승들의 짝도 어디에는 정결한 것은 일곱 쌍, 부정한 것은 두 쌍으로 기록되어 있는데 또 다른 곳에는 무조건 두 쌍을 실으라고 기록되어 있기도 하죠, 그러니 관심을 가지고 성서를 읽다 보면 질문이 많이 생길 수 있으실 거예요.”

이렇게 질문해오시는 교회 식구들은 교회가 경계를 넘나드는 타당한 대화가 가능하도록 이야기의 자리를 마련해주기를 바라는 분들이 대부분입니다. 그렇지만 교회는 이러한 질문을 하기라도 하면 엉뚱한 질문이라고 면박을 주거나 꾸준히 교회에 다니다 보면 하나님의 은혜로 믿어지게 된다는 다소 억지스러운 대답을 하기도 한다며 답답해합니다. 교회에 출석하면서 신앙생활을 하다 보면 궁금한 것이 많이 있으니 때로는 성서에 대해 잘 모르는 이들을 존중하면서 이야기의 자리가 마련되었으면 하는 눈치들입니다.

물론 교회 식구들과 성서에 관한 학습을 해나가는 과정 중에서는 지구의 역사가 6천 년이라고 주장하는 분들도 계셨었습니다. 그런데 이게 참 어려운 일입니다. 이렇게 믿는 분들은 자신의 믿음이 견고하다는 확신을 가지고 있기도 하고요, 그런 믿음에 근거해서 보다 확장된 이야기의 자리에 참여하기를 주저하는 모습을 보이기도 하기 때문입니다. 이런 모습은 성서를 문자적으로 읽는 교회의 가르침을 비판하지 않고 그대로 받아들이다가 지나친 확신에 경도되어 있는 모습이라고도 할 수 있습니다.

성서는 신약과 구약 66권으로 구성되어 있습니다. 그중 첫 번째 책으로 자리하고 있는 창세기는 과학적 보고서라는 의도로 기록된 책은 아닙니다. 꽤 오래전에 에덴동산의 위치가 어디였냐고 묻는 청년의 질문에 담임 목사님이 유프라테스강과 티그리스강 사이에 있었는데 노아의 홍수 때 모두 쓸려내려 가서 지금은 없어졌다고 대답하는 모습을 보면서 '참 어렵구나' 하는 생각을 한 적이 있습니다.

사실 이런저런 자료들을 찾아보면 어렵지 않게 확인할 수 있는 내용이 있는데요, 그것은 바로 창세기는 과학적 보고서가 아닌 하나님에 관한 히브리 민족의 신앙고백서라는 것입니다. 궁극적으로 성서는 인간의 실존 문제, 즉 죄에 직면한 인간의 위기, 그리고 어떻게 죄의 문제를 극복할 것인가 하는 삶의 본질적인 문제에 관한 고민을 기록한 책이기도 한 겁니다.

창세기의 내용을 잘 살펴보아도 원역사로 불리는 창세기 1-11장까지는 하나님의 창조 이야기, 인간의 교만과 타락, 죄의 근원 등의 이야기가 기록되어 있습니다. 또한 12장에서 50장까지는 족장사로 불리는데 이 족장사 부분에서 창세기의 기자는 족장들을 영웅으로 묘사하지 않고, 희로애락을 경험하고 때로 죄를 범하기도 하는 평범한 인생을 살아가는 사람들로 기록을 해내고 있습니다.(김중은. "창세기 이야기". 참조) 그러면서 족장들은 하나님의 부르심을 따라서 고향을 떠나는 탈향脫鄕을 수행하고, 그리고 때로 하나님의 부르심에 응답하여 귀향歸鄕을 감행하는 삶의 여정을 보여주고 있습니다. 창세기가 이러한 흐름으로 기록되는 것은 창세기는 하나님의 구원의 이야기를 기술해나가는 책이기 때문입니다.

일단 이런 내용에 관해서 공감대를 이루려면 모세오경에 관한 개론적 이해를 해야 할 필요가 있는데요, 먼저 모세오경의 저자는 누구인지를 생각해 볼 필요가 있습니다. 일반적으로는 모세라고 알려져 있는데요. 그러나 오래도록 이어져 온 이 모세의 저작설은 벨 하우젠이라는 학자를 중심으로 '문서설'이라는 이론이 제시되면서 흔들리게 됩니다. 모세오경을 읽어보니 같은 내용이 다르게 기록되어 있는 여러 곳이 나타나고 있고, 그래서 학자들이 현대적 문헌 비평 방법 등을 통해서 이리저리 살펴본 결과 구전으로 내려오던 이야기들이 엘로히스트 문서(E자료), 야웨이스트 문서(J자료), 그리고 제사장 그룹 문서(P자료)와 신명기 문서(D자료) 등의 그룹에 의하여 기록이 되었고 다시 이러한 자료들을 모아서 편집한 것으로 밝혀졌습니다. 이런 작업을 통해서 같은 내용이 조금씩 다르게 기록된 것을 살펴보면서 각 그룹의 삶의 자리가 다르고 기록의 동기도 다르다는 것과 그렇게 기록된 각 자료의 기록 의도 등도 밝혀지게 된 것이죠.

창세기의 주제는 '죄의 문제에 직면한 인간을 사랑하시는 하나님의 구원사'라고도 할 수 있습니다. 죄에 직면한 인간의 문제에 관해서는 창세기에서 잘 나타나고 있는데요, 죄의 근원에 관한 이야기로서 핵심적인 내용은 아담과 하와가 선악과를 따먹는 장면입니다. 이 장면은 인간의 죄성을 통찰한 히브리인들이 본성적으로 죄성basic instinct을 가지고 있는 인간을 통찰하고 이 문제를 어떻게 극복해나갈 것인가 하는 고민에서 묘사되고 있는 장면이라고도 할 수 있습니다. 선악과를 따먹은 아담과 하와는 나뭇잎으로 옷을 만들어 입고 수풀 사이에 숨게 됩니다.

"아담아 네가 어디에 있느냐?"

"예, 제가 지금 부끄러워서 수풀 사이에 숨어 있습니다."

"부끄럽다고? 누가 너에게 부끄러움을 가르쳐주었느냐? 누구에게 너의 모습을 숨겨야 하기에 옷을 해 입고 수풀 사이에 숨어 있는 것이냐? 나는 네가 숨어서 살아가도록 너를 창조하지 않았다."

이렇게 창세기는 죄의 근원을 기록하면서 숙명적으로 죄에 직면하는 인간의 실존을 그리고 있는 겁니다. 인간은 스스로를 높이고 싶어 하는 본능을 가지고 있으며 이 본능은 창세기가 기록하고 있는 뱀의 대사에서 잘 나타나고 있습니다.

"하나님은 너희가 그 열매를 먹으면, 너희의 눈이 밝아지고 하나님처럼 되어서, 선과 악을 알게 된다는 것을 아시고 그렇게 말씀하신 것이다. 여자가 나무의 열매를 보니 먹음직도 하고 보암직도 하였다. 그뿐만 아니라 사람을 슬기롭게 할 만큼 탐스럽기도 한 나무였다. 여자가 그 열매를 따서 먹고, 함께 있는 남편에게도 주니 그도 그것을 먹었다." **창3:5~6**

이러한 죄에 노출되는 모습을 통해서 성서는 인간의 죄를 교만이라고도 묘사하고 있는데 교만은 때로 self-elevation이라고 표현되기도 합니다. 자기가 자기 스스로를 높은 자리로 올린다는 의미에서 이런 표현을 하기도 하는 것이죠. 이런 인간의 죄에 노출된 모습은 바벨탑 사건에서 구체적으로 나타나고 있습니다. 사람들은 높은 탑을 쌓아 자기들의 명성을 온 세상에 알릴 목적으로 탑을 쌓아나간다는 기록 말입니다.

"그들은 또 말하였다. '자, 도시를 세우고 그 안에 탑을 쌓고서, 탑 꼭대기가 하늘에 닿게 하여 우리의 이름을 날리고 온 땅 위에 흩어지지 않게 하자'" **창11:4**

그리고 창세기 기자는 이렇게 욕심을 부리며 교만이라는 죄를 저지르고 있는 인간이 결국 하나님으로부터 제재를 받는 모습을 그려냅니다. 하나님은 인간의 언어를 흩어버리시면서 인간의 자기중심적 시도에 제동을 걸고 계시는 겁니다. 그러나 이러한 하나님의 경고에도 불구하고 인간은 끊임없이 자기를 중심으로 하는 이기적인 사고를 멈추지 않습니다. 이러한 모습은 자기 스스로와 자신의 가족, 그리고 공동체를 무너뜨리는 것으로 작용하기도 하지만 바벨탑을 쌓는 일에 집착하고 있는 오만한 인간들은 자신이 옮기는 발걸음을 멈출 기세를 보이지는 않습니다.

창세기는 이러한 인간의 욕망에서 기인하는 죄의 모습을 기록하고 있습니다. 인간이 죄를 범하는 원인 중의 하나는 자신의 감각으로 인식한 가치를 선호하는 것입니다. 하나님이 금한 열매이지만 스스로 판단해서 그 열매를 먹고 하나님처럼 될 수 있다는 확신은 하나님이 '그러지 마라. 그러면 못쓴다'고 말씀하시는 소리를 듣지 못하게 하니까요. 결국 인간은 바벨탑을 쌓으며 하나님의 뜻에 반하는 삶을 살아가게 됩니다.

이렇게 꾸준히 죄의 고리에서 벗어나지 못하는 삶을 살아가고 있는 인간의 모습을 고대 히브리인들은 통찰하고 있습니다. 그리고 죄에 직면한 인간의 실존의 문제를 가지고 고민하면서 창세기를 기록하고 있는 겁니다. 결국 창세기가 출애굽을 위한 서곡으로 이해되는 것도 하나님의 구원의 역사를 염두에 둔 기자記者의 의도로 볼 수 있을 겁니다. 즉 죄의 문제에 직면한 삶을 살아가는 인간이 악한 세력을 넘어서고 인간의 본래적인 모습을 회복하기 위해서는 하나님에게로 돌아가는 것이 최선이라는 메시지를 전하고 싶은 거죠.

그렇기 때문에 창세기의 저자는 독자들에게 탈향脫鄕을 촉구하고 있습니다. 아브라함에게도 '네가 살고 있는 땅, 너의 아버지의 땅을 떠나라'고 말씀하시고 야곱도 형을 속이고 아버지를 속이면서 살아가는 그 거짓으로 점철되어 있는 삶의 자리를 떠나도록 이끌어 가고 있는 하나님이 창세기에 나타나시는 하나님이신 겁니다. 이 탈향을 권하시는 하나님의 모습에는 운명적으로 죄를 직면하면서 살아가는 곤혹스러운 인간의 삶은 하나님의 사랑에 의하여 해결의 실마리를 얻는다는 접근이 담겨 있고 탈향을 촉구하시는 하나님의 음성에는 인간은 꾸준히 길을 떠나고 꾸준히 진리로 돌아오는 삶의 여정을 걸어야 한다는 함의가 담겨 있는 것입니다.

하나님은 이렇게 하나님의 탈향 요청에 응답하는 인간들을 향하여 귀향歸鄕을 요청하십니다. 귀향을 요청하시는 하나님의 근거는 사람이 하나님의 형상으로 창조되었다(창1:27)는 대목입니다. 하나님은 인간을 하나님의 형상을 따라서 창조하셨습니다. 그러므로 인간은 공의로운 존재이고 성실한 존재이며 서로 사랑하는 존재이고 나눔과 헌신, 화해와 일치를 구현하면서 살아가는 존재였던 것이죠. 이런 삶을 살아가는 인간은 자신을 가리지 않는, 부끄러움이 없는 당당한 존재로 살아가도록 창조된 존재입니다. 그렇기 때문에 하나님은 사람들을 향하여 원래의 모습인 하나님의 형상을 회복할 것을 요청하고 계시는 겁니다.(현길언. "창세기의 문학적 이해". 참조)

창세기는 죄에 직면한 인간의 실존적 문제를 다루는 책이고 이에 하나님의 구원의 여정을 이야기하는 책입니다. 그러므로 창세기의 저자는 인간의 삶의 문제에 끊임없이 질문하며 삶의 근본적인 문제에 대한 신앙적 지향의 방향을 구하고 있는 겁니다.

◇◇◇

하나님의 형상을 따라

히브리 민족은 대대로 하나님을 섬기며 살아가는 선민이라는 자부심으로 살아가는 민족입니다. 그러나 하나님을 꾸준히 신뢰하는 일이 그리 만만하지는 않으니 히브리 민족은 자기들의 내면에서 활성화되는 자기중심성을 따라 하나님의 품을 떠나는 행보를 이어가곤 했습니다. 결국 히브리 민족은 예레미야 등 예언자들의 예언에도 불구하고 자기들의 욕망을 따라서 살아가다가 바벨론에 포로로 잡혀가고 말았죠. 신앙 공동체로서의 이스라엘이 일단 막을 내리는 장면입니다. 하나님 종교의 제의도 멈춤을 경험하게 되는 상황이 벌어진 겁니다.

바벨론에 포로로 잡혀가는 사람 중에는 히브리 민족이 하나님을 예배하는 일, 즉 제의를 책임지던 제사장 계층의 사람들도 있었습니다. 어느 날 문득 바벨론에서 포로로 살아가던 히브리 민족의 제사장들은 동족들이 되뇌는 희한한 소리를 듣게 됩니다.

"마르둑이 티아맛과 싸워서 이기고 그 충성스러운 신하인 킹구를 죽여서 킹구의 피로 진흙을 이기고 사람을 만들었다네요. 이야기가 너무 멋지지 않아요?"

"그렇죠? 마르둑은 활도 잘 쐈다는데요? 활 한 방으로 티아맛의 목구멍에서 심장까지를 뚫어버렸다잖아요? 그리고는 티아맛을 반으로 갈라 한쪽으로는 하늘의 물을 만들고 또 한쪽으로는 땅의 물을 만들었다니 마르둑이 세상의 중심이 되는 신이 맞는 것 같아요"

"으응? 우리 동족들인 히브리 사람들이 마르둑을 이야기한다고? 우리 히브리인들의 하나님 이야기가 마르둑에게로 옮겨간다고?"

깜짝 놀란 바벨론의 히브리인 제사장들은 왜 히브리인들이 이렇게도 바벨론의 창조신화인 마르둑의 이야기에 열광하는지를 고민하기 시작했습니다. 아마도 바벨론은 고대 근동의 패권 싸움을 이어가면서 자기 권력의 정통성을 확보하기 위해서, 종교적인 정통성의 우위를 점하기 위해서 마르둑 신앙(에누마 엘리쉬)의 견고함이 필요했을 겁니다. 그리고 바벨론은 그 마르둑 신앙 위에서 당시의 패권국으로서의 정당성을 확보해야 하는 필요성을 가지고 있었을지도 모를 일입니다. 그리고 히브리인들은 이러한 바벨론의 필요에 의하여 굳건하게 세워지는 마르둑 신앙을 받아들이고 동화되어 가면서 자기들이 꾸준히 지켜왔던 하나님 신앙의 약화를 경험하고 있는 겁니다.

히브리 제사장들은 안타까웠습니다. 하나님의 백성으로 온전한 삶을 살아내지 못해서 먼 타국에 포로로 잡혀 와 있는 신세도 처량한데 과거의 불신앙으로 인한 오늘의 상황을 성찰하지 못하고 또 다시 바벨론의 마르둑 신앙에 마음을 빼앗기며 하나님 신앙을 흐릿하게 가지고 가는 자기들의 동족인 히브리인들이 안타까운 겁니다.

"어떻게 해야 하나요? 우리 민족인 히브리인들이 하나님을 기억하지 않고 마르둑 신앙에 동화되어 가고 있으니 어떻게 해야 하나요?"

"그러게 말입니다. 걱정입니다. 하나님이 우리를 이곳에 포로로 보내실 때에는 다시 고향으로 보내신다는 약속과 함께 보내신 건데요. 백성들이 저렇게 하나님의 약속을 잊어버리고 마르둑 신앙에 마음을 빼앗겨서는 또 어떤 하나님의 진노를 불러올지 모를 일입니다. 큰일입니다."

"이렇게 합시다. 우리가 우주를 창조하신 하나님의 이야기를 기록해 봅시다. 그리고 우리를 창조하시면서 하나님의 형상으로 인간을 창조하신 하나님의 창조 이야기를 우리 백성들이 읽고 우리 민족의 신앙을 우리 백성들이 잘 지켜나가도록 해봅시다."

"그렇게 합시다. 힘들고 고단하겠지만 어차피 지금 우리들이 살아가고 있는 세상도 하나님의 창조하신 창조의 질서에서는 많이 벗어나 있으니, 어차피 위기에 직면한 세상이니 우리 한번 온전하신 하나님의 창조신앙을 찾아내는 작업을 해봅시다."

제사장들은 외우고 있고 기억하고 있는 이야기를 생각해내기 시작합니다. 지루하고 혼란스럽고 복잡하기만 한 시간이 흘러가지만, 제사장들은 마르둑 신앙에 마음을 빼앗기고 있는 백성들을 생각합니다. 하나님의 창조질서가 세상의 패권을 차지하려는 권력 중심적 세력에 의해 대체되는 신앙이 아닌, 비록 포로 생활을 하고 있지만 마르둑 신앙으로부터 자유하며 하나님을 삶의 중심에 두고 살아가는 백성들이 되게 하려고 있는 힘을 다해 작업에 몰두합니다. (아래 대화체는 차준희, 『창세

기 다시보기』. 참조)

"'하나님이 우리의 형상을 따라 사람을 만들자'라고 하면서 사람을 창조하셨다고 기록하면 어떨까요? 우리는 '우리'라는 표현을 '심사숙고한다'는 표현으로 쓰고 있으니 하나님이 사람을 만드실 때에는 더욱 생각을 많이 하시면서 만들었다는 강조용법으로 말이죠."

"그렇군요, 이 대목은 어떤지 좀 봐주시죠. '하나님이 당신의 형상대로 사람을 창조하셨다'는 표현 말입니다. 하나님이 사람에게는 자유하는 능력을 주셨으니 하나님의 형상이라는 표현에 자유하는 능력을 담아내면 어떨까요?"

제사장들은 하나님의 창조질서 아래에서 살아가던 인간들이 뱀의 유혹을 받아 '타락'의 순간을 경험하는 인간 실존의 모습을 안타까워하면서 하나님의 구원의 역사役事라는 관점에서 창조의 이야기를 기록해 나가고 있습니다.

바벨론을 살아가는 히브리 민족이 너무도 쉽게 마르둑 신앙에 마음을 빼앗기는 것을 보면서는 더욱더 하나님의 형상으로 지음받은 인간이라는 것을 강조하면서 타락이라는 말도 안 되는 삶의 지경으로 급전직하 떨어진 인간들이 하나님의 형상을 회복하는 구원의 지경에 이르러야 한다는 열망을 가지고 작업을 이어나가고 있는 겁니다. (고든 웬함.『성경 전체를 여는 문 창세기1-11장 다시 읽기』. 참조)

제사장들은 인간이 하나님의 형상을 잃어버리고 그리도 쉽게 무너진 것의 원인을 '죄'로 보고 있습니다. 뱀으로 상징되는 인간 내면의 유혹의 울림은 인간이 자신의 욕망을 따라서 살아가도록 하는 선악과를 따먹게 한 것이죠. 그렇게 내면의 욕망을 따라서 살아가는 인간은 결국 자기를 숨기면서 살아가야 하는 소외와 불안의 자녀가 되고 말았습니다. 이러한 삶의 자리는 자신의 이웃을 경쟁 상대로 보게 하고 더욱 높은 곳을 바라보며 지금 내가 살아가는 삶의 자리에서 만족하지 못하는, 그래서 끊임없이 뭔가를 섭취하고 소유해야만 하는 에리식톤Erysichthon과 같은 삶을 살아가게 합니다.

이러한 죄에 직면한 인간의 삶의 자리를 통찰한 제사장들은 인간이 하나님의 형상으로 지음 받은 존재라는 것을 기록하면서 잃어버린 하나님의 형상을 회복할 것을 촉구하고 있는 겁니다. (차준희. 위의 책. 참조)

때로 인간은 자신의 필요에 최적화된 신을 만들고 그 신에게 전능함을 부여하면서 자신을 지지하는 신을 섬기는 모습을 보이기도 합니다. 이게 바로 기계에서 튀어나온 신Deus ex machina이 아닌가요? 그러니 자신이 드리는 기도에 응답하지 않는 신은 손쉽게 폐기해버리고 자신의 기도에 성실하게 응답하는 신을 섬기는 해괴한 신앙 양식을 만들어 내는 겁니다.

그렇지만 하나님의 형상을 회복하는 믿음의 길은 책임적인 삶의 길입니다. 자유롭고 책임적인 삶을 살아간다는 것은, 복잡다단한 세상에서 자발성을 가지고 하나님의 뜻을 꾸준히 묵상하고 그 뜻을 따라 실천적인 삶을 주체적으로 살아간다는 의미가 있습니다. 에덴동산에서 하나님이 금한 선악과를 따먹지 않는 강한 의지와 함께 하나님과의 계약 관계를 스스로 지켜나가는 인간의 자발성을 말하는 것이죠.

히브리 민족의 삶은 참 복잡했습니다.

아브라함의 여정도 그랬고 이후 족장들의 여정도 그랬으며 이집트에서 나와서 광야에서의 생활을 이어가는 히브리인들의 삶은 참으로 변화무쌍했습니다. 그렇지만 그렇게나 말도 많고 탈도 많은 유목 생활에서도 결정적인 순간에 히브리 민족은 자기들을 돌이키고 자발성을 작동시켜서 하나님의 뜻을 향하여 삶의 방향을 정함으로써 꾸준히 하나님의 선택을 받은 선민의 여정을 걸을 수 있었던 겁니다.

이렇게 보면 하나님의 형상을 회복하고 자유를 누리는 삶은 기계에서 튀어나온 신의 인도함을 받는 욕망 어린 삶을 살아가는 것이 아니라, 또는 관성의 영향 아래를 살아가는 것이 아닌 자신의 자발성에 기초하여 끊임없이 하나님의 선을 선택하고 자비로운 삶의 지경으로 들어서는 것을 의미하는 겁니다.

이렇게 하나님의 형상을 회복하고 하나님이 나를 창조하셨다는 창조신앙을 가지고 살아가는 사람은 사람을 사랑하고 하나님의 창조질서를 존중하는 삶을 살아가게 됩니다. 본 훼퍼도 자신의 그리스도론에서 '예수는 타자를 위한 존재다'라고 말했으니 창조신앙에 기반해서 믿음의 길을 걸어가는 그리스도인들은 더 많은 이웃을 사랑하며 살아갈 수 있는 삶의 방식을 고민하면서 사랑하는 일에 자발성을 가지고 자유를 누리며 살아가는 삶으로 나아가야 합니다.

바벨론에서 포로의 신세로 살아가는 히브리인들이 마르둑 신앙을 손쉽게 받아들인 것은 낯선 땅에서 이방인으로 살아가는 고단함이 배어 있음의 반작용일 수 있겠다는 생각을 해볼 수도 있습니다. 그러나 다른 것이 아닌 틀린 것을 받아들이는 상황에서 인간은 자신의 빗나간 생각과 선택 때문에 소외와 고독을 경험하게 되고 죽음에 이르는 병인 불안을 경험하게 될지도 모르는 일입니다. 그리고 실제로 히브리인들은 바벨론 강가에서 고향을 떠나 고단한 삶을 살아가면서 비인간화된 삶의 자리를 살아가는 자신들의 신세를 한탄하는 노래를 부르고 있으니 제사장들은 하나님의 형상으로 창조된 인간의 이야기를 기록하면서 하나님의 창조신앙으로 돌아와 히브리 민족으로서의 명확한 신앙적 정체성을 회복할 것을 요청하고 있습니다.

◇◇◇

인간을 흙으로 만드셨네요?

문자가 발달하게 된 이유를 생각해 보신 적이 있나요? 얼핏 생각하기라도 하면 문자는 소통communication을 위해서 자연스럽게 생긴 것이라는 정도로 넘어갈 듯도 한데요. 그런데 이리저리 살펴보니 그게 그리 간단한 문제가 아니었습니다. 사실 문자는 권력자들의 통치수단이었다는 견해가 여기저기에서 제기되고 있으니까요. 문자가 발달한 이유로 제기되는 내용 중의 하나는 세금을 거두기 위함이라는 설이 있는데요, 그 이유는 소유권을 명확하게 하기 위함과 채권, 채무 관계를 명시하는 데 유용하기 때문이었답니다. (데이빗. R. 오르드, 로버트. B. 쿠트. 『성서 이해의 새 지평』. 우택주 역. 참조) 더불어 고대 사회에서의 문자는 왕권을 중심으로 하는 고위층들이 독점하고 있기도 했답니다. 그러면서 문자를 이해하는 서기관들은 왕권의 강화를 위해서, 그리고 고위층들의 안정적인 삶을 위해서 문자가 가지고 있는 힘을 사용하기도 했을 텐데요.

문자가 이런 양상으로 발전하는 상황에서 창세기 2장의 창조 이야기를 기록했다고 전해지는 J 기자는 다윗과 솔로몬 시대에 활동했던 것으로 알려지고 있습니다. 이스라엘의 역사에서 다윗과 솔로몬 시대는 정치, 경제, 사회, 문화 등 각 분야에서 엄청난 발전을 이루며 번영기를 누리던 시대였습니다. 일단 유목 문화에서 농경 문화, 즉 문화의 전환을 경험하는 격동기를 거치면서 문화사적 전환이 안정기에 접어든 시대이었는데요, 이건 히브리인들의 삶에서는 대단한 변화입니다. 천막을 짊어지고 이리저리 옮겨 다니면서 살아가던 민족이 한곳에 머무르며 이전의 천막 생활을 청산하고 견고한 벽돌로 백 년이고 천 년이고 유지되는 집을 지을 수 있는 삶으로 진입한 거니까요. (연규혜. "구약성서의 인간이해". 참조) 이건 부의 축적에 더욱 유리한 환경을 맞이했다는 의미도 담겨 있는 겁니다. 더불어 굳건하게 자리 잡은 왕권이 효율적 힘을 가지고 있는 상황은 이전의 사사 시대와 견주어 보았을 때 엄청난 변화인 것도 사실입니다.

그리고는 아버지 다윗의 후광을 힘입고 나라를 다스려 나가는 솔로몬은 엄청난 수준의 문예부흥(?)을 이루어냈습니다. 솔로몬을 평가하는 성서의 구절은 '백 년에 한 번 나오는 인물'이라는 식의 표현이 아니라 전무후무한 절대적인 인물로 묘사하고 있으니까요. 솔로몬은 지혜문학을 발전시키는 데도 명성을 떨치고 있는 모습이니 대단합니다.

"이제 나는 네 말대로 네게 지혜롭고 총명한 마음을 준다. 너와 같은 사람이 너보다 앞에도 없었고 네 뒤에도 없을 것이다." **왕상3:12**

"솔로몬 왕은 재산에 있어서나 지혜에 있어서나 이 세상의 그 어느 왕보다 훨씬 뛰어났다. 그래서 온 세상 사람들은 모두 솔로몬을 직접 만나서 하나님께서 그의 마음에 넣어주신 지혜의 말을 들으려고 하였다." **왕상10:23~24**

시바의 여왕도 이런 영화를 구가하고 있는 솔로몬을 방문했다는 건데 이 방문은 솔로몬의 지혜를 듣기 위함과 더불어 향신료 수출을 위한 무역로를 개척하기 위해서는 솔로몬의 힘을 빌려야 하는 이유도 있었다고 하니, 솔로몬 시대의 부귀영화는 대단한 지경이었음이 틀림없어 보입니다.

그렇지만 솔로몬이 이렇게 왕권을 강화하고 국력을 키워나가는 이면에는 심각한 과오를 저지르는 모습을 가지고 있었습니다. 일단 성전과 왕궁을 건설하기 위하여 백성들을 지나친 강제노역에 불러들인 것이 패착이었습니다. 이 패착은 훗날 이스라엘 왕국이 분열하는 원인이 되기도 했으니까요. 이 상황은 정권의 시선을 화려한 것에 빼앗긴 채 돌보아야 할 작은 자들에게로 시선을 돌려내지 못한 것에 대한 결과물인 겁니다.

"임금님의 아버지께서는 우리에게 무거운 멍에를 메우셨습니다. 이제 임금님께서는 임금님의 아버지께서 우리에게 지워 주신 중노동과 그가 우리에게 메워주신 멍에를 가볍게 해주십시오. 그러면 우리가 임금님을 섬기겠습니다." **왕상12:4**

또 다른 심각한 문제는 솔로몬이 엄청난 숫자의 후궁을 들였다는 것입니다. 이렇게 여색을 밝히는 솔로몬의 성적性的 지향에 관해서는 성서도 한마디 하고 있는데요.

"솔로몬 왕은 외국 여자들을 좋아하였다. 이집트의 바로의 딸 말고도 모압 사람과 암몬 사람과 에돔 사람과 시돈 사람과 헷 사람에게서 많은 외국 여자들을 후궁으로 맞아들였다." **왕상11:1**

그런데 문제는 이러한 솔로몬의 성적 취향이 여색을 밝히는 데서 끝나지 않고 후궁들이 가지고 오는 이방 문화도 받아들였다는 데 있다는 겁니다. 이런 식의 솔로몬의 통치로 인해서 백성들의 원성은 높아만 가고 이집트에서 이스라엘 백성들을 이끌어 내신 하나님 신앙은 점점 흐려져 갔습니다. 그러면서 문자를 독점하고 있는 서기관들은 하나님의 인도하심보다는 솔로몬의 지혜로움으로 나라가 발전해나가고 있다고 여론전을 펼치기도 하는 겁니다. (성서와 함께. 『보시니 참 좋았다. 창세기 해설서』. 참조) 이렇게 전해지는 호도된 여론 때문에 솔로몬은 자기를 돌이키기는 커녕 더욱 엉뚱한 방향으로 나아갔습니다.

"솔로몬이 시돈 사람의 여신 아스다롯과 암몬 사람의 우상 밀곰을 따라가서 주님 앞에서 악행을 하였다. 그의 아버지 다윗은 주님께 충성을 하였으나 솔로몬은 그러하지 못하였다." **왕상11:5~6**

이러한 상황을 지켜보고 있는 J 기자는 답답한 마음을 금할 길이 없습니다. 솔로몬의 치세에서 인간의 능력이 과하게 부풀려지고 솔로몬 시절에 지어진 성전과 왕궁은 솔로몬의 위세를 드러내는 상징으로 이용되고 있는 것이 안타까운 겁니다. 아니 좀 더 본질적인 J 기자의 속내는 이런 건데요, 인간은 하나님에게 속해서 살아가야 하는데 하나님의 영역을 침범하고 하나님 행세를 하면서 살아가고 있으니 이러한 인간의 교만함을 지적하고 하나님 앞에서 겸허한 삶을 살아가야 한다는 이야기를 해야 할 필요가 있다고 생각하는 겁니다. (장일선. 『구약신학의 주제』. 참조)

J 기자는 단호하게 하나님의 창조 이야기를 기록하면서 문예부흥을 경험하며 하늘 높은 줄 모르고 자기를 드러내며 살아가는 사람들에게 한소리를 하고 있습니다.

"하나님이 흙으로 사람을 지으시고 그의 코에 생명을 불어넣으시니 사람이 생명체가 되었다." **창2:7**

'당신들의 재료는 흙이거든요. 햇살이 쨍쨍 내리쬐기라도 해서 바짝 말라버리면 한줄기 바람에도 헛헛하게 '후훅' 하고 날아가 흩어져버리는 가벼운 존재가 당신들이거든요? 땅의 소유를 주장하려고 문자를 기록한다고요? 당신들이 땅에 속한 존재인데 당신들이 땅을 소유하고 살아가겠다고요? 정신들 차리시죠?'

유목 문화를 살아가면서는 땅을 소유하는 일은 그리 쉽지 않았을뿐더러 히브리 민족 전통에서 희년정신은 땅을 영구히 소유하지 못하도록 하였습니다. 이러한 모두와 함께 평등한 삶을 살아가는 유목 전통이 농경 사회로서의 정착 문화를 받아들인 이후로는 무너져 버렸습니다. 그리고는 부유한 삶을 살아가는 힘센 이들이 등장하면서 동시에 소작농이 생기고 영리 목적으로 토지가 이용되면서 날품팔이를 하는 백성들이 생겨나는 것에 대한 안타까움이 J 기자들의 창조 이야기에서 묻어나고 있는 겁니다.

J 기자들의 이야기는 강력합니다. 정권에 부역하는 서기관들의 문서

작성 작업과는 달리 정권의 일방성을 지적하고 나아가 인간 중심적 나라 운영의 위험성을 지적하고 있는 거니까요. J 기자는 인간의 유한성을 이야기하고 있습니다. 그리고 그 인간의 유한성에 기반해서 겸손한 삶으로의 진입을 요구하고 있는 것이죠. 보잘것없는 흙을 재료로 해서 인간을 만들고 그 인간을 지으신 하나님이 사람 되라고 생명의 기운까지도 불어넣어 주셨다는 이야기를 기록함으로써 하나님의 나라를 위하여 의미 있는 존재로서의 인간의 모습을 회복하라는 J 기자의 메시지가 담겨 있습니다. (연규혜. 위의 논문. 참조) 하나님은 J 기자의 손길을 빌려서 존재 없는 인간들이 조막만 한 성전과 왕궁을 지어놓고 자신의 위세를 휘두르는 모습을 보면서 '그러지 마라. 그러면 내가 너를 쓸 수 없단다. 그러니 그러지 마라. 계속 그러면 못쓴다'라고 말씀하고 계시는 겁니다.

더불어 J 기자는 아담의 갈비뼈로 하와를 만드는 이야기를 기록하면서 '돕는 존재'라는 표현을 사용하고 있습니다. 아마도 J 기자는 솔로몬이 천 명의 후궁을 두고 있다는 대목을 염두에 두고 기록하지 않았을까요? 아무리 고대 사회이고 솔로몬은 왕이라지만 이건 정말 너무하다는 생각입니다. 그러니 J 기자는 남, 여 창조의 기사를 기록하면서 남자가 여자를 소유하는 창조질서의 이해에 관해서 문제를 제기하는 모습을 보입니다. 남, 여 창조 기사를 여자가 남자를 돕는다는 이야기로 읽으면 곤란한 대목이라는 것이죠. 서로 돕는다는 의미로 이해하면서 인간은 상호작용하는 삶을 살아서 온전해지는 존재임을 기억하라는 창조질서가 담겨 있는 기록으로 이해해야 할 겁니다.

이러한 J 기자의 기록에 힘입어서 하나님은 '너희들의 원재료가 흙이니 서로 간에 자기를 내세우며 살아가지 말고 겸손하게 살아가라. 그리고 너희들이 창조된 이 이야기를 기억하고 창조 질서를 회복하는, 서로를 도우면서 살아가는 삶을 살아가도록 해라'라고 이야기하시는 겁니다.

이렇게 J 기자가 창조 이야기를 기록하고 백성들에게 읽히고 있다는 소식을 들은 솔로몬이 J 기자의 창조 이야기 때문에 정신을 차리고 자기를 돌이켰다는 이야기를 찾아내는 일이 쉽지 않습니다. 결국 솔로몬의 문예부흥 혹은 인문주의Humanism는 나라를 분열시키는 데 결정적인 역할을 했다고 볼 수 있습니다. 어떻게 보면 인간의 이성을 강조하는 휴머니즘은 인간중심주의라고도 읽을 수 있는 여지가 있고 거기에는 하나님의 자리가 마련되지 않는 거니까요. 인간이 권력에 심취해서 권력 쟁탈전에 온 힘과 관심을 쏟아가면서는 하나님이 우리들에게 불어넣어 주신 그 생명이 숨을 경험하면서 살아가는 일은 불가능합니다. 인간은 하나님과의 관계에서 자기를 성찰하며 살아갈 때 실존적인 생명을 누리며 살아갈 수 있습니다.

인간은 그런 겁니다.

◇◇◇

뱀과 선악과

하와는 도무지 알 수가 없습니다. 하나님이 동산 한가운데 있는 선악과라는 것을 먹지 말라고 했는데 그게 무슨 이유 때문인지가 궁금한 겁니다.

"다른 건 다 먹으라고 하시면서…."

"왠지 알아? 하나님은 너희들이 하나님처럼 되는 걸 싫어하기 때문에 그런 거야. 하와 네가 저 과일을 먹으면 너도 하나님처럼 될 수 있거든~"

속삭이는 뱀의 소리에 하와의 귀가 쫑긋 곤두섭니다.

"하나님처럼 될 수 있다고? 선과 악을 분별할 수 있게 된다고? 거참 매력 있는 이야긴데?"

하와는 아담과 함께 동산을 거닐고 있습니다.

"뱀이 그러는데 선악과를 먹으면 우리가 세상의 중심이 될 수 있다네요."

"으응? 그건 하나님이 먹지 말라고 한 거잖아? 그런데 그걸 먹으라고 했다는 거야?"

“하나님이요, 우리가 그걸 먹으면 우리도 하나님처럼 되는 걸 싫어하시는 거래요. 우리가 그걸 먹으면 인식능력이 생겨서 하나님처럼 된다는 거예요. 하고 싶은 건 다 할 수 있게 되는 거죠.”

인간은 자기가 세상의 중심이 될 수 있다는 생각을 할 수 있는 존재입니다. 자신이 어디로부터 온 존재인지도 명확하게 알지 못하는 채로 살아가면서 동시에 자신이 세상의 중심이 될 수 있다는 막연한 희망에 근거해서 자신의 욕망을 표면으로 끌어올리는 존재인 겁니다. 아담과 하와는 결국 선악과를 따먹고 말았습니다. 자신의 욕망을 실현시키기 위한 구체적인 몸짓을 시작한 거죠. 그러고 보면 인간은 ‘타자처럼 되고 싶은 욕망’ 즉 세상의 중심이 되고 싶어 하는 자신의 욕망을 따라 살아가기도 하는데 오히려 그런 인간의 욕망이 세상을 망가뜨리는 모습으로 많이 나타나기도 합니다. 세상을 바르게 하겠다고 모여서 기도하고, 소리 높여가면서 간구하는데도, 그리고 그렇게나 많은 사람들이 모여서 대규모 연합집회라는 걸 하는데도 세상은 좀처럼 좋아질 기미가 보이지 않는 것은 타자처럼 되고 싶은 욕망을 다스리지 않은 상태에서 자신의 내면에 자리하고 있는 엉뚱한 의도-하나님처럼 되고 싶은 욕망-를 숨기고 표층적으로만 모이고 기도하기 때문입니다.

이렇게 선악과를 따먹는 인간들이 경험하는 것은 결국 불안anxiety입니다. 열심히 기도하고 성서를 읽어나가는 자신의 경건함을 무기로 높은 자리를 차지해야 하는데 높은 자리에 앉아서도 세상의 중심이 되어야 하는 내면의 욕망은 좀처럼 만족하지를 않고, ‘타자처럼 되고 싶은 욕망'은 채워지지를 않으니 스스로 소외를 경험하게 되는 겁니다.

창세기 3장을 기록하고 있는 J 기자는 하와의 내면에서 발현하고 있는 '타자처럼 되고 싶은 욕망'을 읽어내고 있습니다.

"'하나님은 동산 가운데 있는 나무의 열매는 먹지도 말고 만지지도 말라고 하셨다. 어기면 우리가 죽는다고 하셨다.' 뱀이 여자에게 말하였다. '너희는 절대로 죽지 않는다. 하나님은 너희가 그 나무 열매를 먹으면 너희의 눈이 밝아지고 하나님처럼 되어서 선과 악을 알게 된다는 것을 아시고 그렇게 말씀하신 것이다.'" **창3:3~5**

뱀은 하와에게 거짓 정보를 알려주고 있지는 않습니다. 뱀은 있는 그대로의 사실을 알려주고 있습니다. 단지 인간이 사실과 진실 사이에서 '자신의 이해'라는 저울에 두 가치를 계량하고는 사실만을 선택하고 사실을 살아냈을 때 밀려 올 자비롭지 못한 상황을 읽어내지 못하면서 인간은 불안과 소외를 경험하는 죄의 지경에 들어서게 되는 겁니다. 나쁜 생각의 유혹은 명확한 거짓과 악으로 우리를 유혹하지 않습니다. 그럴듯한 사실관계를 가지고, 그리고 합리적인 방안을 가지고 인간을 유혹합니다. 그리고 실용적인 것을 선호하는 인간은 그리도 쉽게 원형인 하나님의 형상을 떠나서 선악과의 달콤함을 맛보는 수준으로 굴러떨어지는 겁니다. (브루스. K 외. 『창세기 주석』. 참조)

이런 타자처럼 되고 싶은 욕망을 지라르라는 철학자는 '모방 욕구'라고 표현했답니다. 그리고 이 모방 욕구가 때로 세상의 발전을 추동하는 동력이 되기도 한다고 말하기도 했습니다. (양명수. "뱀의 유혹과 인간의 타락". 참조) 그런데 문제는 모방 욕구를 가지고 살아가는 사람들이 적정 수준을 넘어서서 상대를 이겨내고 자기 자리를 차지한다든지, 모방 욕구를 자기중심성을 활성화시키는 데 오용한다는 것입니다.

이렇게 순리를 던져버린 인간이 하나님의 창조 질서를 벗어나서 자율적이고 독립적인 의사결정을 하면서부터 죄의 상태에 진입하게 됩니다. 소외와 불안을 경험하게 되는 겁니다.

"그러자 두 사람의 눈이 밝아져서 자기들이 벗은 몸인 것을 알고 무화과 나무 잎으로 치마를 엮어서 몸을 가렸다... 남자와 그 아내는 주 하나님의 낯을 피하여서 동산 나무 사이에 숨었다." **창3:7~8b**

이제 사람은 자기를 있는 그대로 드러내지 못하는 삶의 자리로 급전직하 전락하고 말았습니다. (김진규. "창세기 3장에 나타난 생명의 개념" 참조) 가려야만 하는 수치스러운 치부가 생겼으니 급하게 자신의 치부를 가리면서, 투명성이 담보되지 않는 불투명한 삶을 살아가는 존재가 된 겁니다. 서로를 사랑하면서 돕는 관계로 창조된 아담과 하와는 상황의 원인을 서로에게 전가하며 책임을 회피하고 서로에게 상처를 주는 관계가 되었으니 평화는 깨졌고 갈등과 다툼의 삶이 인간의 역사 속으로 들어오고 말았습니다. 아담과 하와는 자신들이 에덴에 머물고 있다고 강변하기도 하겠지만 에덴에 머물고 있다는 자기들의 주장과는 달리 이상향을 누리지 못하는 수준의 피조물이 되고 말았습니다.

“그래서 주 하나님은 그를 에덴동산에서 내쫓으시고 그가 흙에서 나왔으므로, 흙을 갈게 하셨다. 그를 쫓아내신 다음에 에덴동산의 동쪽에 그룹들을 세우시고 빙빙 도는 불칼을 두셔서 생명나무에 이르는 길을 지키게 하셨다.” **창3:24~24**

J 기자는 죄의 근원에 관한 문제는 언급하고 있지 않습니다. J 기자는 죄에 직면한 인간의 모습을 그려내고 있습니다. 하나님은 인간에게 창조질서를 깨고 자신의 독립적인 판단과 결정으로 살아가면 삶의 자리가 일그러지고 죄로의 진입이 이루어질 것이라는 신호를 꾸준히 보내셨지만 결국 인간은 에덴을 상실한 실낙원의 그림을 그려내고 말았습니다.

그렇지만 죄에 직면한 인간의 모습을 그리고 있는 창세기 3장의 기자記者는 하나님이 인간의 생명을 앗아가는 것으로는 이야기를 풀어내고 있지는 않습니다. 하나님이 인간의 생명을 앗아가지 않는 식의 이야기 전개는 어쩌면 하나님은 인간에게 자신을 돌이키고 에덴을 회복해내는 삶을 살아갈 기회를 줄 것이라는 기대를 반영했다고 볼 수 있는 대목이 아닐까 하는 생각이 들어옵니다. 생명을 유지하고 있어야 자신의 구원의 문제에 관하여 관심을 가지고 꾸준히 자신의 문제를 가지고 고민할 수 있기 때문입니다.

이렇게 생각을 이어가다 보니 언젠가 읽은 미운 오리 새끼 이야기가 생각이 났습니다. (김민웅. 『동화독법』. 참조)

어떤 경로인지는 알 수 없으나 오리 둥지에 자리를 잡은 백조의 알 이야기 말입니다. 그 알을 본 동네의 노인 오리는 과거의 기억을 떠올리며 쓸데없는 짓을 한다고 알을 품는 엄마 오리에게 핀잔을 줍니다. '아무리 품어봐라, 깨어나 봐야 헤엄도 못 칠 거거든'이라며 좁은 자신의 견해로 온 세상을 이해하려는 폭 좁은 경륜을 과시하죠. 그러나 이 노인 오리의 경륜에 기반한 냉정한 조언은 자비로운 엄마 오리에 의해서 흩어집니다.

"내 둥지에 있으니까 내 새끼인 거야."

이렇게 자비로운 엄마 오리의 품에서 깨어난 미운 오리 새끼는 온갖 구박과 멸시를 받으면서도 꿋꿋하게 자라납니다. 어느 날은 자신이 자라난 획일적이고 배타적인 고향의 울타리를 뛰어넘어 또 다른 세계를 향해서 나아갑니다. 오두막에서 만난 고양이와 암탉은 내연의 관계를 맺고 살아가는데 그곳은 고양이의 생각이 지배하는 또 다른 답답한 세상이었습니다. 다시 길을 떠난 미운 오리 새끼는 추운 겨울에 호수에서 얼어 죽을 지경에 처하게 됩니다. 마침 한 농부의 도움으로 농부의 집에 기거하게 되지만 지쳐 있고 그래서 쉬어야만 하는 미운 오리 새끼의 처지를 이해하지 못하고 함께 놀자며 성큼 다가오는 이해와 공감이 없는 자기중심적 가족들 때문에 그 집에서도 머물지 못하게 됩니다.

그렇게 살아가던 어느 날,

미운 오리 새끼는 물에 비친 자신의 모습을 보게 됩니다. 회색의 깃털은 다 없어지고 하얀색 깃털이 온몸을 감싸고 있는 물에 비추이는 자신의 모습을 보게 된 것이죠. 날개를 펼쳐보니 이전에 느끼지 못했던 힘이 날개에서 느껴지고 훨훨 우아하게 하늘을 나는 아름다운 백조가 되어 있는 겁니다.

이 이야기를 읽으면서 구원은 되어감becoming이라고 이야기하면 과한 표현일까요? 백조가 되기 위한 과정에서 이런저런 어려운 일들을 많이 겪기도 했지만 그럼에도 불구하고 좌고우면하지 않고 꾸준히 백조가 되는 길을 걸은 미운 오리 새끼는 되어감으로서의 구원의 길을 걸어내면서 죄로서의 소외와 불안을 극복해낸 모습으로의 백조가 되어 있다고 말입니다.

인간은 '타자처럼 되고 싶은 마음'의 유혹을 받으면서 살아가는 존재입니다. 이 유혹의 중력을 이기고 어떻게 하면 되어감의 과정을 잘 걸어 내는가 하는 것이 다시 부끄러움이 없이 살아가는 에덴으로서의 삶의 자리를 경험할 수 있는 관건입니다.

◇◇◇

가인과 아벨이 제사를 드리다

가인과 아벨이 사는 동네에 이상한 소문이 돌아다니기 시작했습니다.

"이야기 들었어요?"

"무슨 이야기요?"

"가인하고 아벨이 하나님께 제사를 드리면서 제물을 드렸는데요, 하나님이 아벨 제물은 받으셨는데 가인의 제물은 안 받으셨대요?"

"응? 왜요? 이유가 뭘까요?"

"아마, 가인은요, 대충 제물을 준비했을 거예요. 아벨은 심사숙고해서 좋은 걸로 제물을 준비했을 거고요."

"아니 어떤 제물을 바쳤길래… 둘은 어떤 제물을 바쳤는데요?"

"아벨은 자기 가축의 첫 새끼의 기름기를 잘 준비해서 바쳤대요, 그런데 가인은 그냥 농사지은 것들의 수확물을 드렸다나 봐요."

"에이~ 가인이 잘못했네요. 하나님은 유목 생활을 하는 우리들의 신이니까 양고기를 좋아하시죠, 농사의 신은 바알인데 유목신인 하나님이 가인이 바친 농산물을 좋아하시겠어요?"

"하기야, 아벨은 양을 잡고 대속의 피를 흘리는 과정을 거쳤겠지만, 가인의 농산물 가지고는 그런 과정을 거칠 수가 없으니 하나님이 받지 않으셨을 수도 있겠네요."

"아마 하나님은 가인하고 아벨이 그동안 어떻게 살아왔는지도 아실 거예요. 아벨은 가인과는 달리 비교적 생각이 좋은 사람이잖아요, 그러니 제사 준비도 성실하게 잘했을 거고요." (전창희. "가인과 아벨의 내러티브에 대한 예배학적 고찰". 참고)

가인은 속이 많이 상했습니다. 자기 딴에는 열심히 준비한다고 했는데 하나님은 자신의 제사는 받지 않으시고 아벨의 제사만 받으셨거든요. 그리고는 동네의 입방아에 오르내리니 붉으락푸르락한 얼굴을 숨기지 못하면서 이리저리 왔다 갔다 하는 가인은 자신의 화를 풀어낼 방법이 없습니다. 자신의 화를 풀어내지 못하는 가인에게 하나님은 마음을 잘 달래라면서 차분히 말씀하십니다.

"조심해라, 죄가 너의 문에 도사리고 앉아서 너를 지배하려고 하니, 너는 그 죄를 알아차리고 잘 다스려야 할 거다." **창4:7 참조**

사람이 살아가면서 직면할 수 있는 어려운 상황에서 어떠한 마음가짐을 가지고 살아가야 하는지에 관한 하늘의 음성입니다. 그러나 가인은 그 하늘의 세미한 음성을 마음으로 받아내지 못하고 자기 속상함을 풀어낼 방법을 모색합니다. 결국 가인은 아벨을 찾아갔습니다.

"아벨, 뭐하냐? 별일 없으면 우리 들판으로 산책이나 나갈까?"

결국 가인은 들판에서 아벨을 죽이고 말았습니다. 가인은 하나님에게 칭찬받은 자신의 동생 아벨을 인정하지 못하고 '내가 너보다 조금 더 인정받아야 한다'는 생각에 사로잡혀 있었기에 동생을 죽이는 겁니다.

라캉이라는 철학자는 인간의 내면에 있는 욕망에 관한 개념을 두 가지로 정리했습니다. 하나는 욕구need이고 또 하나는 요구demand랍니다. need는 인간이 살아가는 데 필요한 먹는 것과 입는 것 등 생존에 필요한 기본적인 것들입니다. 그러나 demand는 생존에 필요한 기본적인 것들 이외에 '조금 더' 요구하는 것입니다. 이는 인간의 자기 만족과 소유 욕심에 연관이 있어 보이는데 그건 바로 '내가 조금 더 인정받고 싶은 욕구'로부터 시작되는 것들입니다. 이러한 상황의 예가 바로 아담과 하와가 선악과를 따먹는 장면입니다. 그들은 에덴에서의 삶에 필요한 모든 것을 공급받고 있었습니다. 그러나 그들은 뭔가가 '더' 필요하다는 내면의 유혹을 이겨내지 못하고 선악과를 따먹으면서 하나님처럼 되고 싶은 '조금 더'의 유혹을 이겨내지 못한 것입니다. 그래서 라캉이라는 철학자는 욕망의 정의를 '욕구 이상의 것을 요구하는 것'이라고 한 겁니다. (이철.『욕망과 환상』. 참조)

그런데 인간은 이러한 상황에 대하여 이런저런 방식으로 경고음을 듣지만 '조금 더 인정받고 싶은 마음' 때문에 그 경고를 무시하고 자신의 요구를 따라서 살아가다가 넘어지고 무너지는 경험을 반복적으로 하기도 합니다. 하나님은 꾸준히 우리들에게 '그러지 말아라, 그러면 안 된다'라는 신호를 주시는데 인간은 꾸준히 제공되는 신호를 무시하고 주저함 없이 자기가 가고 싶은 길에 들어서곤 합니다.

이러한 상황을 라캉은 이렇게 설명합니다. 인간은 상징계를 살아간다고 말이죠. 상징계는 기호로 구성되어 있는데 기호는 기표記標, signifiant와 기의記意, signifie, 즉 '시니피앙'과 '시니피에'로 구성이 되어 있고 이 둘 중에서 중요한 것은 기표라는 것입니다. (이철. 위의 책. 참조) 기표는 문자나 음성으로 표현되고 기의는 그 문자나 음성에 담겨 있는 뜻을 말합니다. 즉 의자라는 문자는 기표이고 의자라는 문자를 보았을 때 우리의 머릿속에 떠오르는 것이 기의가 되는 겁니다.

이 논리에 따르면 가인이 선택한 기표는 아벨이었습니다. 그리고 아벨이라는 기표에 의해서 가인의 머릿속에 떠오른 기의는 '너 때문에'와 '너보다 조금 더 나아야 하는 나'였습니다. 그리고 이 문제를 해결하기 위해서 가인은 아벨과 함께 들판으로 나갔고 결국 동생을 경쟁 상대로 인지하고 제거해버리는 겁니다. 잘못된 기표 선택이 상황을 일그러뜨리고 만 것이죠. 가인은 아벨을 자기를 불행하게 하는 원인으로서의 기표로 선택했고 그 기표를 제거하면 행복해질 줄 알았습니다. 가인의 잘못된 기표 인식은 자신을 더욱 깊은 소외의 구덩이로 몰아넣는 결과를 초래하였는데 가인은 그런 사실을 깨닫지 못하고 있습니다.

차라리 가인이 자신의 제사가 거절당한 상황에서 기표 인식을 '자기 자신'으로 했으면 좋았을 뻔했습니다. 사실, 문제의 원인은 가인의 내부에 있는 거니까 말입니다. '남 잘되는 것을 싫어하는 마음'이 가인의 마음속에 또아리를 틀고 있으면서 때때로 적절하게 활성화되니 그 마음의 상태를 알아차리지 못한 채로 자신의 외부에 있는 방해물 제거 작전을 아무리 수행한다고 하더라도 가인이 경험하고 있는 소외의 문제는 해결될 일이 없는 겁니다.

이 상황에서 하나님은 가인에게 한마디 하시면서 마음을 들여다볼 여지를 주고 계십니다.

"어찌하여 네가 화를 내느냐? 얼굴빛이 달라지는 까닭이 무엇이냐? 네가 올바른 일을 하였다면 어찌하여 얼굴빛이 달라지느냐?" **창4:6~7**

가인은 자신이 제사를 준비하는 과정 가운데 자기가 어떠한 마음으로 제사를 준비했는지에 대한 성찰이 없습니다. 그는 제사의 주체가 되시는 하나님이 바라시는 매뉴얼에 대한 이해 없이 자기중심적으로 제사를 준비했고 그 과정에서 최선을 다했기 때문에 문제가 없다는 자기중심적 확신에 빠져 있을지도 모를 일입니다. 그렇다면 그건 배타적 신념이 가지고 오는 자폐적 증상일 겁니다. 그렇기 때문에 가인은 자신의 선한 성품이 끊임없이 향상되도록 자신의 마음을 들여다보는 노력을 했어야 했습니다. 게으름과 무관심, 그리고 무지와 그로 인한 미움을 마음에서 꺼내고 그 비어 있는 마음의 자리에 하늘의 뜻에 성실할 수 있는 자발적인 마음이 자리할 수 있도록 자기를 돌아보아야 했습니다.

결국 이 배타적 신념은 자기를 안정적인 삶의 자리에서 살아가지 못하고 세상을 떠돌아다니는 방랑자가 되게 했습니다. 그냥 이유 없이 돌아다니는 것이 아니라 아무리 땅을 갈아도 소출이 나지 않고 애를 써서 삶의 자리를 찾는다고 해도 찾아지지 않으니 별 도리 없이 돌아다녀야 하는 수동적 방랑자가 된 겁니다. 이렇게 살아가는 삶은 살아 있으나 살아 있다고 할 수 없는 비참한 삶의 나락을 경험하게 되니 가인은 이렇게 하소연합니다.

“오늘 이 땅에서 저를 쫓아내시니 하나님을 뵙지도 못하고 이 땅 위에서 쉬지도 못하고 떠돌아다니게 될 것입니다. 그렇게 되면 사람마다 저를 죽이려고 할 것입니다.” **창4:14**

이런 가인의 하소연에 대해서 하나님은 우리의 예상을 뛰어넘는 응답을 하면서 반전의 장면을 만들어 내고 계십니다. 가인에게 표식을 주시고는 누구도 가인을 죽이지 못하게 하시겠다는 겁니다.

“가인을 죽이는 자는 일곱 갑절로 벌을 받을 것이다. 주님께서는 가인에게 표를 찍어 주셔서 어느 누가 그를 만나더라도 그를 죽이지 못하게 하셨다.” **창4:15**

아마 이렇게 응답하시는 하나님의 마음은 ‘네 아우의 피가 땅에서 울부짖는다’(창4:10)는 성구와 맥락을 같이하는 것으로도 읽어볼 수 있을 듯합니다. 아직도 우리 사회에는 안정적인 삶의 자리를 갖지 못한 채로 이리저리 헤매며 떠돌아다니는 고난받는 이웃들이 있고 그들의 울부짖음은 아직도 책임 있는 응답을 만나지 못한 채로 멈춰지지 않고 있으니까요. 이런 관점이라면 하나님은 현대판 가인들, 즉 삶의 자리가 없이 이리저리 떠돌아다니는 사람들을 외면하지 않으시고 삶의 자리를 마련해주시는 분이라는 것으로 생각의 지평을 확장할 수 있을 겁니다. 결국 가인은 에덴의 동쪽 놋이라는 곳에 정착해서 공동체를 이루고 살아가게 됐으니까요.

제물의 품질이 좋아야 하는 것인지, 하나님은 유목적 전통에서의 대속의 피흘림이 있는 제사를 원하시는 것인지, 아니면 하나님은 제사를 드리는 이들의 준비과정을 보시는 것인지를 생각해보는 것도 중요합니다. 하지만 이후에 가인이 읽어냈던 잘못된 기표 이해는 자신의 삶에서 만나는 문제의 원인을 자신의 내면이 아닌 외부에서 찾게 한다는 측면에서 우리에게 생각의 여백을 갖게 하는 대목으로 다가옵니다.

◇◇◇

에녹과 노아의 자유정신

"글쎄~ 므두셀라는 969년을 살았다네요. 참 징하게도 오래 살았지 뭐예요?"

"그렇죠? 아담은 130세에 셋을 낳았는데요, 므두셀라는 187세에 라멕을 낳았다니까요."

"하긴, 메소포타미아 쪽에서 나라를 다스리던 임금들은 므두셀라가 1,000년 가까이 산 거보다도 더 오래도록 나라를 통치하기도 했는데요 뭐… 아마도 알라파로스Alaparos 임금은 10,800년을 다스렸다고 하고요, 제일 오래도록 다스린 에멘두란키Enmenduranki 임금은 72,000년을 다스렸다죠?" (최종진. "창세기 5장의 족장 목록과 메소포타미아 홍수설화의 왕 목록 비교". 참조)

아담의 족보에 나타난 10대에 걸친 족보 이야기는 때로 믿음의 길을 걷는 이들을 당황스럽게 하기도 합니다. 제일 짧게 살아낸 사람은 에녹으로 이 사람의 나이도 365세로 기록되고 있으니까요. 막 신앙생활을 시작하는 젊은이들이 고개를 갸웃하며 '정말이에요?' 하는 듯한 당혹스러운 표정을 보내오면서 '어떻게 받아들여야 하죠?' 하는 눈빛을 보내오는 것이 난감한 상황이기도 합니다.

글쎄요? 아무리 고대인들이라고 하더라도 혹자들이 주장하듯이 고대인들은 현대인들에 비해서 죄를 많이 짓지 않았기 때문에 오래 살았다든지, 아니면 지금보다 훨씬 좋은 자연환경 때문에 오래 살았다는 식의 접근으로는 '정말이에요?' 하는 시선을 설득할 수 있을 것 같지 않습니다.

그래도 꾸준히 자료를 읽어가면서 고대 메소포타미아 왕들의 통치 기간을 저렇게도 엄청난 연수年數로 표기한 것에 대한 짤막한 언급을 만나고 나니 조금은 위로가 됐는데요, 왕의 위엄과 영화를 드러내기 위한 언어적 표현일 거라는 의견이 그것이었습니다.

물론 아담의 족보가 인간의 생물학적인 상황을 설명하기 위함이라기보다는 인류의 역사를 신앙적으로 추적한다는 의미를 가지고 기록된 족보 이야기이니 이 족보는 인생의 모든 주기, 즉 탄생, 출산, 삶의 희로애락, 그리고 죽음에 이르는 삶을 기록하면서 노아의 홍수 이야기를 향해서 발걸음하는 신앙의 족적으로 읽어야 할 겁니다.

그렇기 때문에 이러한 본문을 접하는 성서의 독자들은 성서를 인류의 생물학적 정보를 제공하는 보고서로 읽기보다는 족보 이야기에 담겨 있는 뜻과 의미를 통찰해내야 합니다. 살아간다는 것은 무엇인지를 각자의 삶의 자리에서 잘 탐색한다는 의미에서 에녹과 노아의 이야기를 생각해보아야 한다는 것이죠.

에녹은 창세기 5장에 기록된 노아의 족보 중에서는 가장 짧은 삶을 살아낸 사람입니다. 물론 에녹의 죽음에 관한 이야기는 사라졌다는 표현으로 대신하고 있는 것이 다른 사람들과 다른 점입니다.

"에녹은 므두셀라를 낳은 뒤에 삼백 년 동안 하나님과 동행하면서 아들딸을 낳았다. 에녹은 모두 삼백육십오 년을 살았다. 에녹은 하나님과 동행하다가 사라졌다. 하나님이 그를 데려가신 것이다." **창5:22~24**

에녹에 관해서는 히브리서 11장 5절에 '에녹이 하나님을 기쁘시게 해드렸다는 증언을 받았다'고 기록하고 있는 대목도 재미있습니다.

에녹은 무엇을 해서 하나님을 기쁘시게 해드렸을까요? 이 질문에 조금 더 타당하게 접근하기 위해서는 질문을 한 번 뒤집어서 생각해볼 필요가 있습니다. 우리가 어떻게 살아가야, 또는 무엇을 하며 살아가야 하나님이 기뻐하실까 하는 생각 말입니다.

이 질문은 하나님의 속을 상하게 해드린 아담과 하와, 그리고 가인이 살아가는 법을 생각해보면 그 답을 찾을 수 있을 듯합니다. 하와는 '하나님처럼 되고 싶은 마음'으로 선악과를 따먹었고 가인은 '남 잘되는 것을 싫어하는 마음' 때문에, 또는 인정욕구 때문에 동생 아벨을 죽였으니 이렇게 보면 하와와 가인은 무엇으로 하나님의 속을 상하게 해드렸는지는 대충 짐작이 가능합니다.

인간은 본능적으로 계급장에 관한 집착을 가지고 살아갑니다. 혹자는 이러한 집착을 인정욕구라고 이야기하고 인정을 쟁취하기 위한 과정에서 보이는 몸짓을 인정투쟁이라고 규정하기도 합니다. 하여간 아무리 십자가에 달리신 예수를 오래도록 쳐다보면서 믿음의 길을 걸어간다고 해도 이 계급장에 관한 집착에서 자유를 누리는 사람을 만나는 일은 그리 흔한 일은 아닌 듯합니다.

이렇게 계급투쟁에 몰입한 사람이 어쩌다가 조금 높은 자리에 오르기라도 하면 그때부터는 자신의 자리를 과시하고 많은 사람들에게 자신의 업적을 드러내고 싶은 욕망에 사로잡히기도 하죠.

프랑스에 가면 프랑스 왕국 부르봉 왕조 시절에 건축되었다는 베르사유 궁전이 있는데요, 이 궁전을 짓기 위해서 매년 25,000~36,000명의 노동자가 동원되었다고 알려져 있습니다. 이 궁전은 건물 면적 대비 대단히 넓은 정원을 가지고 있는 것으로 알려져 있고요. 실제로 사진이라도 찾아서 보면 궁전 앞에 끝없이 펼쳐진 정원의 사진을 볼 수 있습니다. 그리고 별궁인 트리아농 궁과 소 트리아농 궁도 있다고 하는데요, 여기에서는 루이 14세, 루이 15세, 루이 16세와 왕실 가족들이 거주했다고 알려져 있습니다.

도대체 이런 작업을 할 수 있는 사람들은 누구일까요? 그건 지배계층입니다. 계급투쟁에서 승리하고 사회에서 상층부를 차지한 사람들은 자기들의 권력을 이용해서 다수의 백성들을 동원하게 됩니다. 그리고는 자기들의 영화로운 삶을 세상에 보여주기 위해서 수직적 사회 구조를 이용해서 힘없는 백성들을 몰아붙이며 엄청난 건축물들을 올려세우고 자기들의 능력을 과시하는 겁니다. 이런 인간의 모습은 꾸준히 이어지며 교만self-elevation으로 규정되고 있으니 이런 측면에서 보면 인간의 삶이라는 것이 야만스럽기 그지없습니다. 이러한 야만성은 교회 안에도 침투해 들어와 교회의 상층부는 자신들의 권위와 힘을 드러내기 위하여 높은 첨탑이 있는 예배당을 세우고 이 일을 위하여 교회의 평범한 구성원들을 도구화하는 엉뚱한 상황을 만들어내기도 하는 겁니다.

이러한 야만스러운 인간의 삶에 관하여 어느 시인은 '우리는 어제까지의 의상, 선입견, 인습을 훌훌 벗어던진 새빨간 알몸으로 돌아올 수 있어야 한다.'라고 일갈하고 있습니다. (신동엽. "시인 정신론" 중에서) 물론 현실에서는 일갈이 일갈로 끝나는 경우가 다반사이지만요.

그러나 에녹은 하와가 범한 자기를 높이려고 하는 계급투쟁에 몰입한 것으로 보이지 않습니다. 에녹은 타락 이전에 아담과 하와가 아무것도 몸에 걸치지 않고 살아갔던 그 '새빨간 알몸'으로 하나님과 동행하는 식의 삶을 살았을 겁니다. 꾸준히 하나님의 피조물인 자기를 인식하고 인간됨에 관한 묵상을 이어가면서 높아지려는 자기 내면의 욕망을 제어하고 모두와 함께 살아갈 수 있는 삶을 살아냄으로써 하나님을 기쁘시게 해드렸을 거고요.

한편 히브리서는 라멕의 아들로 태어난 노아에 관한 이야기도 기록하고 있습니다.

"믿음으로 노아는 하나님께서 아직 보이지 않는 일에 대하여 경고하셨을 때에 하나님을 경외하고 방주를 마련하여 자기 가족을 구원하였습니다. 이 믿음을 통하여 그는 세상을 단죄하고 믿음을 따라 얻는 의를 물려받는 상속자가 되었습니다." **히11:7**

히브리서는 노아를 믿음의 사람으로 묘사하고 있는데 이 믿음에 관하여 '믿음은 바라는 것들의 실상, 보이지 않는 것들의 증거'라고 정리하고 있습니다. 이 히브리서의 보도에 따르면 노아는 보이지 않는 것을 보아내는 믿음의 눈을 가지고 있었고 그래서 하나님의 말씀을 귀로 듣고 마음으로 받아내어 삶으로 구현해내는 꿈을 꾸는 사람visionary의 삶을 살아가는 사람입니다. 노아는 실현 불가능한 꿈을 꾸며 살아가는 비현실적인 사람이 아니라 실현 가능한 꿈을 꾸며 살아가는 Visionary였던 겁니다. 자신의 비전을 실현시키는 사람은 자유정신을 가지고 있는 사람입니다. 왜냐하면 자신의 꿈을 실현하는 데 있어서 방해가 되는 장애물을 극복하는 힘을 가지고 있기 때문입니다. 그 힘이 바로 자유정신입니다.

신화적인 세계관이 종말을 맞이하고 인간의 이성을 낙관하는 세상이 시작되면서 인간은 세계의 미래에 관하여 매우 긍정적인 안목을 갖게 되었습니다. 물이 끓는 것을 섬세하게 관찰한 인간은 증기의 힘으로 엄청난 쇳덩어리를 움직이게 하며 삶의 개선을 가져왔고 망치와 곡괭이로 수행하던 탄광산업은 다이너마이트의 발명으로 그 일의 효율에 있어서 엄청난 진보를 경험하게 된 겁니다. 그러나 인간이 간과한 한 가지가 있었습니다. 그것은 인간은 하나님처럼 되고 싶어 하는 욕망덩어리라는 것입니다. 인간의 이성은 엄청난 생활의 진보를 가지고 왔지만, 그 결과물인 증기의 힘과 다이너마이트가 인간의 욕망과 만나면서 전쟁을 일으켰고 이를 통해서 인간 이성의 부정적인 면을 드러냈으며 세상은 폐허가 되는 비극적인 결과를 가지고 왔습니다. 이에 다시 하나님을 중심으로 하는 삶으로 돌아가자는 움직임이 있었지만, 전쟁으로 파괴된 세상을 재건해야 하는 현실적 요구와 재건된 세상에서 이익을 획득해야 하는 인간의 욕망이 만나게 되고 그 이후의 삶은 경쟁적 삶을 유도하는 신자유주의의 그늘 아래를 살아가게 했습니다. 결과적으로 인간은 불안과 소외의 그늘 아래에서 살아가게 된 것이죠.

하지만 한 가지 다행스러운 것은 불안과 소외에 저항하는 인간은 소외와 불안에 직면해서 한없는 절망의 나락으로 떨어지더라도 예수 그리스도의 은총의 빛을 경험하면서 다시 희망하며 삶의 의지를 되세우고 흔들림 없는 믿음의 길을 걸어갈 수 있는 가능성을 가지고 있다는 겁니다.

이런 맥락에서 노아에게서는 인정욕구 같은 이상한 삶의 양상이 보이지 않습니다. 노아는 진리에 기반한 자유정신을 가지고 주체적인 삶을 살아갑니다. 마을 사람들이 조롱해도, 주변의 사람들이 회유해도 흔들림 없이 배를 만드는 작업에 매진하고 있습니다. 왜냐하면 노아는 자신의 자유정신으로 그 조롱과 회유에 저항하고 하늘의 음성에 응답하며 자신의 삶을 꾸준히 성찰하며 살아가는 사람이었기 때문입니다.

그러므로 성서에 기록된 족보 이야기는 에녹과 노아가 살아낸 삶을 통해서 탄생과 성장, 그리고 인생을 관통하고 있는 희로애락, 그리고는 죽음으로 향하는 삶의 여정을 어떻게 살아낼 것인가에 관한 지혜를 제공하고 있다고 볼 수 있습니다.

에녹과 노아는 자유정신을 가지고 길을 걸어간 사람들입니다.

◇◇◇

하나님의 아들들? 욕망하는 사람들

창세기 1장에서 11장까지는 원역사로 알려져 있는 부분입니다. 이곳에는 여러 내용의 질문거리들이 가득 담겨 있죠. 창조 이야기가 기록되어 있는 1장과 2장에서는 창조 이야기의 각기 다른 서술 때문에 성서를 꼼꼼하게 읽어나가는 사람들은 '왜 같은 이야기를 다르게 기록했을까?' 하는 궁금증을 가지며 '이유가 뭔데요?'라는 표정으로 이런저런 질문을 하기도 합니다. 교회에 출석한 지 얼마 되지 않는 젊은 청년과 성서를 나누어 읽은 기억이 있습니다. 본문은 창세기 5장이었죠.

"… 아담은 구백삼십 년을 살고 죽었다 … 셋은 구백십이 년을 살고 죽었다 … 므두셀라는 백여든일곱 살에 라멕을 낳았다. 므두셀라는 라멕을 낳은 뒤에 칠백팔십이 년을 살면서 아들딸을 낳았다. 므두셀라는 모두 구백육십구 년을 살았다."

그렇게 성서를 읽어나가는데 청년의 얼굴이 점점 굳어지더니 난감한 표정이 불쑥 올라오는 모습을 보았습니다. 사람들이 그렇게도 오래 살았다는 성서의 기술記述이 도대체 납득이 되지 않는다는 그런 표정 말이죠. 그 표정은 이 합리적이고 현실적인 청년이 교회생활을 하던 중에 만난 난관처럼 보였습니다. 청년의 표정을 보면서 마음속에서는 '어떻게 설명해야 하나' 하는 생각이 올라오며 한참이나 관련 자료를 찾았던 기억이 있습니다. 그러면서 이런저런 생각을 많이

하게 됐습니다.

"MZ 세대를 위한 성서해석의 툴tool을 개발해서 목회 현장에 제공해 주면 현장 목회자들에게 큰 힘이 될 텐데…."

하나님의 아들이 사람의 딸들과 결혼을 한다는 창세기 6장의 이야기도 만만하지 않습니다. 일반 교우들은 아담과 하와만이 창조되어 살아가는 세상에 다른 사람들을 무수히 등장시키는 창세기의 전개에 놀라기도 하면서 창세기 6장까지 읽어오면서는 도대체 하나님의 아들은 누구고 사람의 딸들은 누구인지가 궁금하다는 눈치입니다.

오래전부터 이러한 질문에 대한 답을 하는 시도가 있었던 것으로 보입니다.(김양미. "창세기 6장에 나타난 '하나님의 아들들'과 '사람의 딸들'에 관한 연구". 참조) 하나님의 아들에 관해서 고대의 교부들(클레멘트, 오리겐 등)은 신적인 존재로서 천사라고 말하기도 했다는 기록이 있음을 확인할 수 있었는데요. 이 신적 존재인 천사가 사람의 딸과 결혼을 했다는 거죠. 두 번째 설명은 하나님의 아들을 왕이나 지배자들, 또는 통치자들을 표현하는 것으로 설명하는 대목입니다. 시편 82편에는 엘로힘을 재판장으로 묘사하는 내용도 있고 우가릿 문서에는 왕 케렛을 엘티로 표현하기도 했다니 말입니다. 여기에서 사람의 딸은 하층민을 말하는 거고 고위직에 있는 이들이 하층민을 마음대로 선택해서 자기 사람으로 삼기도 한다는 겁니다.(창6:2) 또 다른 접근은 하나님의 아들을 셋 족속으로 보는 견해가 있더군요. 하나님을 잘 섬기는 경건한 사람들이 사람의 딸인 불

경건한 사람들과 혼인을 한다는 거죠.(천사무엘. 『기독교서회 100주년 기념 성서주석 창세기』. 참조)

이렇게 하나님의 아들에 관한 이야기를 살펴보다 보니 어떻게 설명을 하든지 간에 한 가지 공통점을 발견할 수 있었습니다. 경건한 사람들이 불경건한 사람들과 관계를 심화시켜나간다는 겁니다. 사람들이 살아가는 삶의 자리에 점점 죄의 양이 늘어간다는 것이죠. 이건 하나님의 사람들이 하나님을 멀리하고 자신의 힘을 의지하며 살아가는 가인의 후손에 동화되어 살아간다고 읽을 수 있는 여지를 가지고 있는 대목입니다. 특히 창세기 6장 2절의 이야기가 눈길을 끄는데요, '하나님의 아들들이 사람의 딸들의 아름다움을 보고 자기들의 마음에 드는 여자를 아내로 맞았다'는 구절에는 힘센 이들의 일방성과 폭력성이 담겨 있는 것으로 받아들여질 수 있는 내용이기도 합니다.

하나님의 아들들이 사람의 딸들과의 관계를 급격하게 발전시키면서 상황은 매우 빠르게 나빠진 듯합니다. 하나님의 아들들을 신적 존재로 보는 견해하에서 이 사람들이 하는 일을 살펴보기라도 하면 그 내면에는 자기중심성을 절대적으로 신뢰하는 모습이 보이기도 하는데 그건 폐쇄적 편집증으로 읽을 수 있을 듯합니다. 이 사람들은 자기들이 살아가는 삶의 방식에 대해서 성찰하거나 돌이킴의 가능성을 보여주지 않습니다. 그저 일방적이고 배타적인 자기들의 신념을 신뢰하면서 살아가는 거죠.

하나님의 아들을 왕과 지배자로 보는 견해를 빌려서 생각해보면 특권의식에 젖어 있어서 자신의 힘을 이용해서 힘없는 이웃들의 권리를 박탈하고 자기들의 입맛에 맞는 대로 법과 규칙을 마구 바꾸어 대는 인간들의 일방성이 보입니다.

그리고 셋의 자녀로 해석하는 견해를 빌리자면 자아분열 상태를 겪고 있는 인간의 모습이 보이기도 하는데요, 입술로는 하나님의 뜻을 잘 따르겠다고 말하면서도 손과 발은 자신의 이익을 따라서 움직이는 이중적 인격으로서의 내부 분열을 경험하는 모습이 보이기도 합니다. 이런 식의 삶을 살아가는 사람들은 주체적인 생각을 가지고 있지 못할 가능성이 매우 높을 수 있으니 주변의 나쁜 생각과 이야기에 쉽게 영향을 받으며 무너지기도 하는 모습을 보입니다. 상황이 이 지경에 이르고 말았으니 하나님이 탄식을 하는 지경에 이르게 되었습니다.

"주님께서는 사람의 죄악이 세상에 가득 차고 마음에 생각하는 모든 계획이 언제나 악한 것뿐임을 보시고서 땅 위에 사람 지으셨음을 후회하시며 마음 아파하셨다." **창6:5~6**

하나님의 마음이 아프셨다니 참 안타까운 표현입니다. 왜 하나님의 형상으로 지음을 받은 인간이 하나님의 마음을 아프게 하는 삶을 살아가는 걸까요? 아마도 그건 자기 객관화 작업에 성실하지 않은 인간의 이기적 편향selfish bias 때문일 겁니다. 자신의 삶의 여정을 객관적으로 살펴볼 수 있으면 행여 잘못된 길에 들어섰다가도 깜짝 놀라며 발걸음을 되돌릴 텐데 그게 그렇게 쉬운 일이 아닌가 봅니다. 하기야 인간이 자신의 삶의 방식을 결정할 때 '십자가에 달려 너를 위한 밥이 되신 예수'를 삶의 기준으로 받아들이는 예는 그리 많아 보이지 않습니다. 인간이 뭔가를 선택할 때는 이 선택이 나에게 이익이 되는가 하는 잣대가 명확하게 작동하니까요. 내부적으로는 소유욕과 집착이라는 잣대를 운영하고 있으면서도 입술로는 '십자가에 달리신 예수' 운운하는 그 이기적 편향으로서의 이중성은 우리의 삶을 위선적으로 이끌어갑니다.

여기서 그리스도인은 난처한 질문 하나를 만나게 됩니다. 그건 신앙적 가치를 추구하며 살아가는 그리스도인이 동시에 세상에서 성공이라고 말하는 삶을 추구하는 것이 타당한가 하는 것입니다. 십자가에 달리신 예수가 선택함의 잣대라고 그렇게도 크게 소리를 지르며 기도하는 이들이 십자가에 달리신 예수와는 전혀 상관이 없는 기준이 작동하고 있는 세상에서 성공적인 삶을 살아간다면 이걸 어떻게 이해해야 하느냐는 것이죠.

언젠가 한국의 개신교단 전체가 회개운동을 전개한다며 요란을 부리던 때가 있었습니다. 많은 회중이 모여서 잘못을 돌이킨다고 눈물 콧물을 흘리며 열심히 회개 기도하는 모습이 매체를 통해서 전해졌었죠. 그리고 이후의 교회는 교회 개별화로 가면서 교회 세습의 심화 등 상황은 더욱 나빠졌습니다. 회개에 타당한 열매를 맺는 일, 즉 입술로 고백한 것을 손과 발로 구현하는 일을 하지 않았기 때문입니다. 상황이 이런 수준이니 오늘도 십자가에 달려 계시는 예수께서는 우리들에게 이렇게 물어보실 만도 합니다.

"너희들은 일주일을 살아가면서 몇 번이나 십자가에 달린 나를 묵상하고, 손과 발을 움직이며 나를 살아내고 있느냐?"

오래전 고등학생이었을 때, 당시에 그렇게나 흔했던 부흥회에 참석해서는 강사의 말에 '혹'한 적이 있었습니다. 강사는 십일조를 하면 하나님이 쌓을 곳이 없도록 부어준다면서 십일조를 하고 큰 부자가 된 미국의 재벌 이야기 등등을 풀어놨었죠. 용돈이 궁했던 저는 강사의 말에 솔깃해서 지갑을 털어 성의껏 헌금을 했는데 결과는 처참했습니다. 검증되지 않은 특별한 경우를 대중에게 일반화시키는 강사의 무모한 일방성을 헤아리지 못한 젊은이의 어리석음은 한동안 용돈에 쪼들리는 궁색한 삶을 살아가게 했으니까요. 소유욕과 집착으로 설명되는 욕망 어린 마음은 하나님의 마음을 기쁘시게 해드리지 못한다는 것을 이후에 이런저런 경험을 하면서 차츰 깨닫게 되었습니다.

믿음의 길을 걸어간다는 것은, 그래서 하나님의 마음을 기쁘시게 해드리는 신앙의 여정은 성공을 보장하는 마술봉 같은 장치는 아닙니다. 그리고 가난한 삶이 불성실한 신앙생활로 인해서 우리들에게 인과응보식으로 주어지는 삶은 또한 아닌 겁니다.

오늘의 그리스도인들은 이러한 저급한 신앙 이해에서 빠져나올 수 있는 소양을 갖추어야 할 필요가 있습니다. 우리가 걸어가는 신앙의 여정은 모든 일이 잘 풀리고 만사가 형통하는 상황에서 교만하게 살아가지 않도록 하는 능력이며, 또한 신앙은 고통스럽고 힘든 절망의 자리에서 낙심하기보다는 그리스도의 은총의 빛 아래에서 다시 희망하게 하는 능력이기 때문입니다.

그렇다면 그리스도인은 부요한 삶에서 겸손을 묵상해야 하고 절망스러운 삶의 자리에서 우리와 함께해주시는 성령의 도우심을 간구하며 끊임없이 희망하는 삶을 살아내야 합니다. 우리가 뭔가를 욕망해야 한다면 십자가에 달린 예수를 욕망하면서 부활하신 주님의 발걸음에 참여하는 그리스도인의 신앙적 자세를 받아내야 할 겁니다.

하나님의 아들들이 사람의 딸들을 아내로 받아들였다는 이 이야기에는 욕망 어린 인간, 힘센 인간이 하나님의 창조 질서를 어떻게 흩어 놓는가 하는, 그래서 노아의 홍수에 이르도록 꾸준히 무너지는 인간의 이야기가 묘사되고 있습니다.

오늘도 노아의 홍수를 향해서 질주하고 있으면서도 회개의 열매 없이 회개한다는 소리만 질러대는 교회의 모습이 위태위태하기만 합니다.

◇◇◇

노아의 홍수 이야기

성서를 읽어가는 작업을 하면서 한 가지 염두에 두어야 할 것이 있습니다. 이야기에 담겨 있는 상징을 알아차리고 그 상징이 말하려고 하는 뜻과 의미를 받아내는 작업이 그것입니다. 현대인들은 합리적인 사고에 익숙하고 실증적인 이야기에 동의하는 교육을 꾸준히 받으면서 과학적인 사고에 집중하는 모습을 가지고 있습니다. 그렇기 때문에 신화나 비유적인 이야기에 담겨 있는 뜻과 의미를 읽어내는 일에는 상대적으로 약한 모습을 보이는 경향이 있기도 합니다.(도영환. "신화와 상징을 통해 본 노아홍수신화 이해" 참조) 이러한 변화는 인문주의 이후에 더욱 뚜렷해졌다고 할 수 있습니다. 그렇지만 과학적 사고만으로는 잘 이해가 되지 않는 상징적 이야기 속에는 인문학적 함의를 가지고 우리들에게 다가오는 이야기, 그래서 삶의 지혜를 제공해주고 또는 신앙적 독려와 더불어 삶의 동력을 제공해주는 내용들이 담겨 있습니다. 그렇기 때문에 다양한 분석틀을 가지고 신화나 비유적인 이야기를 읽고 그 뜻과 의미를 깨달을 수 있도록 생각의 능력을 확장해나가는 작업을 꾸준히 이어가야 할 필요가 있습니다.

마태복음 14장에는 풍랑이 이는 물 위를 걸어오시는 예수에 관한 이야기가 기록되어 있습니다. 예수가 물 위를 걸었다는 이야기는 근대 이후의 합리적인 사고를 가지고서는 도무지 이해되지 않는 이야기입니다. 그러므로 이 이야기를 잘 읽어내고 의미를 탐색하기 위해서는 '확장된 생각의 능력'을 가지고 이야기가 전해졌던 삶의 자리를 탐색해 볼 필요가 있습니다.

마태복음은 기원후 약 85년경에 쓰여진 것으로 전해집니다. 이때에는 초대교회를 향한 로마의 핍박이 극심하던 시절이었으니 초대교회에 속한 성도들이 핍박을 피해 신앙을 포기하기도 하고 또는 카타콤으로 숨어 들어가기도 하는 시절이었죠. 이에 교회의 지도자인 마태는 고난에 처한 초대교회의 삶의 자리context를 보면서 이들에게 신앙적 권면이 필요하다는 생각을 하게 됩니다. 그리고는 언젠가 들었던 풍랑이 이는 물 위를 걸어오시면서 풍랑을 잠잠하게 하시고 베드로가 풍랑이 이는 물 위를 걷도록 힘이 되어 주신 예수의 이야기를 기억해 냅니다. 마태복음의 저자는 이 이야기를 마태복음에 기록해 초대교회 식구들에게 읽도록 하면서 로마의 핍박에서도 흔들리지 말고 더욱 예수 그리스도를 바라보면서 믿음의 길을 걷도록 응원을 하고 있는 겁니다.

근대적인 사고思考는 중세 이후 인간의 능력이 확인되고 이성적 삶이 시작된 이후로는 이러한 신화적인 세계관을 극복하면서 인간의 삶의 질을 향상시키는 기능을 하기도 했습니다. 그러나 이제 와서 보니 이성에 근거한 인간의 근대화 작업은 매우 폭력적이고 파괴적인 작업이었다는 것이 드러나고 있습니다.(전현식, 김은혜 외. 『생태 사물 신학』. 참조) 근대적 교육의 발달은 그 교육의 수혜를 입은 인간을 근대적 인간상을 향해 나가게 했습니다. 이러한 세계사의 흐름은 인간의 삶을 위계적이고 계급적인 구조로 변화시켰으며 급변하는 세계의 속도에 적응하면서 경쟁에 최적화된 자기중심적인 근대의 인간상을 만들어 내게 했으니까요.

이러한 변화는 성서를 해석하는 일에도 인간 중심적 해석을 하도록 영향을 미쳤습니다. '땅을 정복하여라. 바다의 고기와 공중의 새와 땅 위에서 살아 움직이는 모든 생물을 다스려라'라는 창세기 1:28은 하나님이 창조하신 세계와 인간은 어울리는 삶을 살아가야 한다는 의미로 받아들일 수 있는 충분한 여지를 가지고 있습니다. 즉 인간의 편의를 위해서 자연을 파손시키거나 수탈하는 식의 삶을 지양하라는 성서의 이야기로 읽었어야 했지만, 위계적인 근대의 인간상은 이러한 해석을 받아들이지 않고 인간이 세계의 중심에 서서 자연을 수탈하고 자신의 편의를 위해서 자연을 정복해도 된다는 방향으로 성서를 읽고 해석했습니다. (목창균.『현대신학논쟁』. 참조)

이러한 성서 해석이 가능한 시절에 인간의 이성과 합을 맞춘 산업혁명은 증기 기관차를 만들어 냈고 이러한 엄청난 변화는 탄소 배출을 시작하는 신호가 되어 지구온난화의 출발점이 되었습니다. 근대적 인간은 삶의 향상을 위해서는 수단과 방법을 가리지 않고 자연을 수탈하며 생태 환경을 망가뜨리는 고속도로에 진입하는 수준에 이른 겁니다.

노아의 홍수 이야기가 시작된 것은 창세기 6장에서 확인해 볼 수 있습니다.

"주님께서는 사람의 죄악이 세상에 가득 차고 마음에 생각하는 모든 계획이 언제나 악한 것뿐임을 보시고서 땅 위에 사람 지으셨음을 후회하시

며 마음 아파하셨다." **창6:5-6**

당시의 사람들이 어떤 식으로 하나님의 질서를 어지럽히며 살았는지를 구체적으로 묘사하는 일이 조금은 애매하지만, 성서의 여기저기에서 나타나는 당시 사람들의 살아가는 모습을 보면 미루어 짐작할 만합니다.

레위기 19장에는 레위인과 그 아내concubine와 다투고 나서는 처가에 가서 아내를 데리고 오는 이야기가 기록되어 있습니다. 레위인이 처가에서 자신의 아내를 데리고 돌아오는 길에 기브아의 한 노인의 집에 기거하게 되는데 마을 사람들이 레위인을 폭행하기 위해서 집주인인 노인에게 레위인을 내어줄 것을 요청합니다. 노인은 마을 사람들의 요구를 거절하면서 레위인 대신 레위인의 아내와 자신의 딸을 내어주겠다는 제안을 합니다. 결국 레위인의 아내는 죽임을 당하게 되죠.

이 이야기에는 하나님의 형상으로 지음을 받았다는 사람들이 잔혹스럽게 살아가는 모습이 담겨 있습니다. 환대공동체를 지향하는 히브리 문화에서 자신의 마을을 찾아온 나그네에게 폭력을 행사하는 마을 사람들과 그리고 그 마을 사람들에게 남성을 내어주기보다는 여성을 내어주며 약자를 타자화하고 대상화하는 집주인의 처신은 하나님의 창조질서에 기반해서 운영되어야 하는 세상이 얼마나 심각하게 망가졌는가를 보여주는 대목이니까요. (김근주, 『네 이웃을 네 몸과 같이』, 참조)

그러면 오늘을 살아가는 사람들은 하나님의 마음을 기쁘게 해드리는 삶을 살아가고 있을까요? 전혀 그렇게 생각되지 않는 시절입니다. 근대적 인간상에 최적화된 인간은 자신의 편리한 삶을 위해서 자연환경을 억압하며 지구생태계를 고문하는 삶을 살아가고 있습니다. 인간이 버린 플라스틱은 거북이의 코에 깊이 박힌 채로 발견되기도 하고 물고기의 배 속에서 엄청난 양으로 발견되기도 합니다. 알바트로스라는 새가 인간이 버린 쓰레기를 삼켰다가 새끼 알바트로스에게 먹이면서 죽어가는 이야기는 이제는 충격적인 이야기로 들리지 않는, 익숙하고도 안타까운 소식이 되고 말았습니다.

언젠가 생태 위기에 관한 자료를 읽다가 Tipping point에 관한 설명을 보았는데 이전의 자연환경으로 되돌릴 수 없는 시점이 약 7년 정도 남았다고 이야기하고 있더군요. 이미 기후난민이 발생하고 있다는 기사와 태평양의 쓰레기 섬에 관한 이런저런 자료들도 넘쳐나는 시절이니 인간의 죄가 하나님의 인내심을 건드리는 임계점에 이르렀다는 생각은 무리한 생각이 아닙니다.

상황이 이 정도면 인간의 구원에 관한 하나님의 계획은 무엇인지를 생각해보는 것은 이제는 반드시 수행해야 하는 필수 과목의 숙제가 되었다는 생각입니다. 하나님이 창조하신 세상을 오염시키는 피조물은 인간이 유일합니다. 이제는 다른 행성에도 우주선을 보내는데 그곳에도 쓰레기가 발생했다고 하니 인간이 생태계를 망가뜨리는 범위가 지구 생태계에서 우주 생태계로 확장되고 있는 모습입니다.

언젠가 동물신학을 전공하는 분들과 대화를 나누면서 다른 피조물들은 구원의 필요성이 없다는 이야기를 나눈 기억이 있습니다. 인간 이외의 다른 피조물은 인간이 저지르는 죄를 짓지 않는다는 관점에서 이야기를 풀어나가더군요. 인간의 발길이 닿는 곳은 어디를 막론하고 모두 오염이 되면서 피해는 고스란히 다른 피조물들이 보고 있는 상황이니까요.

이렇게 보면 현대판 노아의 홍수의 전조 가운데 하나는 생태계의 몰락입니다. 생태계의 몰락이라는 상황에서는 그 누구도 살아남을 수 없으니까요. 이런 상황에서 읽어나가는 노아의 홍수에 관한 성서의 구절들은 우리의 가슴을 두려움에 '쿵쿵'거리게 합니다.

"주님께서는 사람의 죄악이 세상에 가득 차고 마음에 생각하는 모든 계획이 언제나 악한 것뿐임을 보시고서 땅 위에 사람 지으셨음을 후회하시며 마음 아파하셨다." **창6:5-6**

"하나님이 노아에게 말씀하셨다. '땅은 사람들 때문에 무법천지가 되었고 그 끝날이 이르렀으니 내가 반드시 사람과 땅을 함께 멸하겠다.'" **창6:13**

이제 인간 이성의 계발과 이로 인한 근대적 인간상의 확립은 결국 지구 생태계를 파괴하는 주범이 되었습니다. 이러한 상황에서 하나님은 우리들에게 한 가지 가능성을 제시하고 계십니다. 그것은 방주를 만들라는 것인데 오늘의 삶의 자리에서 읽히는 이 소리는 심상치 않습니다.

"너는 잣나무로 방주 한 척을 만들어라. 방주 안에 방을 여러 칸 만들고 역청을 안팎에 칠하여라... 살과 피를 지닌 모든 짐승도 수컷과 암컷으로

한 쌍씩 방주로 데리고 들어가서 너와 함께 살아남게 하여라." **창6:14, 19**

인간을 세상의 중심에 두는 세계관에 익숙한 문법으로는 방주에 관한 하나님의 이야기를 온전히 소화하기는 어려울 듯합니다. 하나님의 창조 질서는 인간을 중심으로 이루어진 것이 아니고 세상 속에 있는 인간으로서 피조 세계와의 '어울림'에 방점을 두고 있는 것이니까요. 그러니 근대적 가치에 최적화된 인간이 하나님의 창조 질서에 재편입되기를 기대하는 것은 매우 어려울 듯합니다.

근대적 인간상은 자신을 지지하는 예수를 바라봅니다. 그리고는 자신의 욕망을 꽉꽉 채워주는 예수를 등에 업고 지구 생태계를 마음대로 유영하는 모습을 보입니다.

그 이유는 명확합니다. 소위 그리스도인을 자처하는 이들조차도 화해의 하나님을 바라보는 시선을 확보하지 못한 채로 살아가고 있으니까요. 여전히 십자가에 달려서 화해와 일치의 눈길을 주시는 예수의 시선을 애써 외면하고 개인의 자기중심성을 지지하는, 인간이 원하는 것에 응답하는 자기만의 예수를 열심히 바라보는 이들이 다수를 이루는 형국이니 그렇다면 자신의 여정을 지지하는 그 예수는 버려야 합니다. 그렇게 근대적 인간상과 그들이 꾸려내는 교회상을 극복해내야만 하는 겁니다. 근대적 인간상과 교회상을 지지하는 예수는 만들어진 예수가 확실하니까요.

'확장된 생각의 힘'으로 읽는 노아의 홍수 이야기는 제어되지 않는 인간의 죄악상에 관한 하나님의 대응을 보게 하는 이야기로서 의미가 있습니다. 특히 현재와 같이 생태환경을 망가뜨리는 인간의 자기 중심적 삶은 언젠가는 모두가 홍수를 만나는 경험으로 비화될 것이라는 경고가 노아의 홍수 이야기에 담겨 있다는 사실을 기억해야 할 겁니다.

◇◇◇

노아의 홍수 - 물이 마르다

노아가 방주에 들어간 지 7일 만에 시작된 비는 40일 동안 밤낮없이 내렸습니다. 결국 어지간한 산도 모두 잠겨버리는 엄청난 상황이 벌어졌죠. 대단한 기세로 흐르는 물 위에 배 한 척만이 '둥둥' 떠다니는 상황이 연출된 겁니다. 노아가 만든 배가 요즈음의 동력선 수준일 리는 없는데요. 방향타인 키helm 정도만 있는, 어렵게 저을 수 있는 노oar만 있을 법한 그런 수준의 배에서 일 년 가까이 생활한다는 것은 엄청난 외로움을 경험하며 외로움으로 인한 불안에 시달리는 삶이 이어졌을 거라는 상상을 가능하게 합니다.

그 말도 안 되는 망망한 물 위에 떠 있으면서, 그리고 처량하기 그지없는 답답한 배 안에서 오랜 시간을 보내면서 노아는 무슨 작업을 이어갔을까요?

사람이 살아가는 양상에 관해서 혹자들은 종종 이렇게 말하곤 합니다. '사람은 절대로 안 바뀌어, 그러니 고쳐 쓰는 거 아냐'라고 말입니다. 물론 그렇게 살아가는 사람들도 있겠지만 그래도 가끔은 자기를 돌아보며 삶의 방식을 고민하고 새로운 삶의 자리로 나가는 사람들도 보이곤 하니 한 가지 생각으로 모두를 판단하면서 살아갈 수는 없는 노릇입니다.

인간이 저지르는 악한 생활에 세상이 썩어가는 것을 보시고(창6:11)

속이 상한 하나님의 의지에 의해서 홍수가 일어났다고 성서는 기록하고 있으니 아마도 그건 그렇게 받아들여야 할 겁니다. 그래도 하나님은 무법천지를 이루며 살아가는 사람들 중에서 노아라는 사람을 보시고 위로를 받으셨음직합니다. 그는 당대에 의롭고 흠이 없는 사람이었다니 말입니다. (창6:9)

하나님이 노아와 소통하신다는 대목의 의미는 인간의 불완전성과 비일관적 삶에도 불구하고 인간을 향한 애정을 완전히 내려놓지는 않으시는, 사람을 향한 하나님의 마음이 엿보이는 대목입니다. 어쨌든 노아는 자기가 만든 방주에서 일 년을 살아가고 있습니다. 그리고는 홍수 이후의 하나님의 계획을 상상하면서 다시 살아갈 삶의 자리를 탐색하는 작업을 이어갑니다. 까마귀를 날려 보내고 비둘기를 내보내면서 올리브 잎사귀를 받아들기도 하는 장면이 그것입니다. 노아는 망망한 물 위를 떠돌고 있는 정처 없는 여정에서도 하나님을 향한 마음을 흔들림 없이 잘 지켜나가는 내면의 작업을 탄탄하게 수행해나가는 것으로 보입니다.

'선을 향한 흔들림 없는 의지'를 가지고 살아가는 사람들이 살아가는 법은 어떤 모습일까요? '선善'이 '모두와 함께 살아가는 것'이라고 생각할 수 있으면 이 생각은 생태적 사고에 닿을 수 있지는 않을까요? 어차피 노아는 모든 생물과 함께 한배를 타고 있습니다. 그리고 모든 생물과 함께 살아가야 하는 흔들림 없는 의지를 굳건히 하는 작업을 배 안에서 꾸준히 해왔고 배가 마른 땅에 닿았을 때 모든 생물과 함께 새로운 삶의 자리로 발걸음을 했다면 선을 향해 흔들림 없는 의지를 가지고 살아가는 사람들은 생태적인 삶을 살아가는 사람이라는 생각을 한다고 해서 무리한 생각은 아닐 겁니다.

신데렐라는 선을 향한 흔들림 없는 의지를 가지고 살아가는 청년이었습니다. 신데렐라의 생모가 죽고 새엄마의 등장과 더불어서 신데렐라는 자기 존재의 자리가 급전직하 전락하는 처량한 신세가 되고 맙니다. 재를 뒤집어 쓴 채로 살아가는 인생이 된 신데렐라가 삶의 전환을 경험한 것은 흔히 알고 있는 대로 신데렐라의 미모 때문이 아니었습니다. 그는 강한 의지를 가지고 주변의 환경과 더불어 살아가는 생태적 삶의 모습을 굳건히 지켜나갑니다. 무도회에 참여하지 못하도록 새엄마가 많은 양의 콩을 재 속에 흩어놓고 다 골라내야 무도회에 갈 수 있다고 하니 신데렐라는 묵묵히 콩을 골라냅니다. 그 모습을 본 새엄마는 더 많은 양의 콩을 재 속에 흩뿌려 놓고 콩을 고르는 시간은 이전 시간의 절반으로 줄여버리고 맙니다. 너는 절대로 무도회에 갈 수 없는 존재라는 강한 메시지를 주는 거죠. 그렇지만 불리하게 전개되기만 하는 신데렐라의 상황을 뒤집는 것은, 그래서 콩을 고르는 일을 돕는 것은 쥐들이었습니다. (김민웅. 『동화독법』. 참조) 이미 신데렐라는 고양이에게 괴롭힘을 당하는 쥐를 긍휼히 여기고 보살펴주는 모습을 보였던 겁니다. 그리고 호박은 마차가 되고 쥐는 말이 되며 도마뱀은 마부가 되어서 신데렐라의 무도회 참석을 돕게 됩니다. 신데렐라 이야기는 주변의 보잘것없어 보이는 생태환경이 신데렐라의 신분 상승을 위한 삶의 도구나 수탈당하는 대상으로 등장하는 것이 아니라 신데렐라가 무도회에 참여할 수 있는데 결정적인 역할을 하는 의미있는 인자因子로 등장하는 모습을 보이고 있는 겁니다.

신데렐라는 자신의 환경에 굴하기보다는 선을 향한 흔들리지 않는 의지를 가지고 걸어갑니다. 그 여정에서 주변의 생태적 요인들의 도움을 받아들임으로써 자신의 삶을 재를 뒤집어 쓰고 살아가는 자리에서 맑은 모습으로 살아갈 수 있는 새로운 지경으로 이끌어낼 수 있었던 겁니다. 이렇게 읽어보는 신데렐라 이야기는 우리들에게 다가오는 생태 환경을 환대함으로 우리들이 풍요로운 생명을 누릴 수 있는 가능성을 상상하게 하는 이야기로 새롭게 읽힐 수 있다는 것이 재미있습니다.

요즈음 휴머니즘humanism의 패착을 성찰하고 그 대안으로 포스트 휴머니즘Post-humanism의 이야기를 많이 하고 있는 듯합니다. 휴머니즘이 도착한 종점의 상황이 결국은 우리가 살아가는 지구별을 병들게 하고 인간의 삶도 피폐하게 한다는 데 인식이 이른 것이죠. 그러나 휴머니즘이 도래하던 시절에 이탈리아 르네상스의 지도자였던 피코 델라 미란돌라는 '미란돌라 선언'이라고도 알려져 있는 '르네상스 선언'을 하게 됩니다. 그 내용은 대단히 인간 중심적인 내용인데요. 이런 식의 접근에 당시의 사람들은 열광하기도 했었습니다.(장윤재. "포스트휴먼 시대에 종교를 말하다". 참조)

"인간의 단 하나의 사명(simplex et unicum offitium)은 이 세계가 인간을 위해서 만들어졌다는 사실 특히 온 세상에 설정되어 있는 모든 것이 모조리 인간을 위해서 만들어졌음을 알고 그것들을 인식하고 통치할 줄 알아야 한다는 것이다. 그러므로 인간은 행동함으로써 또 인식함으로써(cum agendo tum intelligendo) 그것을 완성하여 전적으로 충만케 할 수 있어야만 한다."(De dignitate et excellentia hominis 3.45) (http://donbosco.

pe.kr/xe1/?document_srl=3408 참조)

오우! 대단합니다.

이 세계가 인간을 위하여 만들어졌다는 것을 인식하는 것이 인간의 단 하나의 사명이라니요? 이러한 인식과 더불어서 통치할 수 있어야 한다니요? 아마 이러한 인식은 인간의 이성이 계몽된 이후에 벌어진 성서해석과 맞닿아 있는 접근방식이 아닌가 하는 생각을 하게 합니다.

이러한 선언이 인간 중심적 세계관으로 움직이던 당시에는 대단히 새롭고 흥미로운 논리로 받아들여질 수 있었지만, 생태적 관점에서 가만히 생각해 보면 이런 식의 발상은 인간 중심적인 발상이고 차별적이고 배타적인 휴머니즘이라고 할 수 있는 접근입니다. 물론 이런 식의 인간 이성에 대한 접근이 엄청난 자연과학적 발전을 일구었고 인류의 삶을 편리하게 하는 데 기여한 것은 사실이지만 동시에 우리 스스로를 꽁꽁 묶어대는 자승자박의 삶으로 들어가게 했다는 비판을 면할 수 없게 되었습니다. 인간 중심의 휴머니즘은 자연을 수탈하고 생태계를 파괴하는 정복적 삶으로서의 엄청난 오류를 저지르고 말았으니까요.

마치 고양이에게 괴롭힘을 당하는 쥐를 '난 몰라' 하며 쳐다보지 않고 '나만 잘살면 되지 뭐' 하는 식의 삶의 태도를 가지고 살아가는 이기적 삶의 모습이 인간중심의 휴머니즘적 모습으로 투영되며 인간과 인간 이외의 생태계를 이분법적으로 구분하는 모습인 겁니다. 뭔가를 인식할 수 있도록 계몽된 인간은 자신의 삶의 지평을 꾸준히 넓혀가면서 그리고 많은 지식을 습득하며 살아간다고 하지만 결국은 휴머니즘이라는 제한된 삶의 자리였다는 것이 드러났고, 이 삶의 자리에서 습득한 많은 지식과 그로 인해 주어지는 넓은 삶의 지평은 생태계를 이루는 또 다른 피조물과 공생하는 삶을 가능하지 않게 하는 수준의 지식과 삶의 자리였음이 드러난 거죠.

이런 상황에서 하나님은 노아에게 홍수 이후의 삶의 자리로 나아가라고 이야기하고 계시는 겁니다. 그리고 노아는 하나님이 새롭게 마련한 삶의 자리로 나아갑니다.

"노아는 아들들과 아내와 며느리들을 데리고 나왔다. 모든 짐승, 모든 길짐승, 모든 새, 땅 위를 기어 다니는 모든 것도, 그 종류대로 방주에서 바깥세상으로 나왔다." **창8:18~19**

땅 위를 살아가는 사람들이 속속들이 썩어가는 삶(창6:12)을 살아가는 것을 안타깝게 여기신 하나님은 홍수 사건을 기점으로 망가진 삶의 양식에서 돌아서서 새로운 삶의 양식으로 나아갈 것을 바라고 계십니다. 이전의 생활 터전은 모두 무無로 돌아갔고 새로운 삶의 자리가 마련되었습니다. 이제는 방주에서 함께 기거했던 모든 생물들과 함께, 고양이에게 시달리는 생쥐를 보살펴주는 그 마음으로 모두가 함께 살아갈 수 있는 새로운 세상의 삶으로 부르시는 하나님의 음성이 모든 피조물을 향해 울려 나가고 있는 겁니다. 그렇게 살아가면 누구도 소외를 경험하지 않는, 그리고 소외로 인한 불안을 경험하지 않는 안전하고 평화로운 세상이 펼쳐질 것이라고 말씀하시는 하나님의 바램 말입니다.

굳이 이야기의 조각을 맞추어 보자면 이렇게 홍수 이후의 삶으로 우리를 부르시는 하나님의 부르심이 포스트 휴머니즘의 시작점이 아닌가 하는 생각을 해보게 됩니다.

노아는 마음속에서 울리는 하나님의 소리를 따라서 마른 땅으로 나와서 예배를 드립니다. 노아의 예배가 진실했는지 하나님은 자신의 마음을 무지개에 담아 표식으로 보여주십니다.

그렇지만 그러면서도 성서는 한마디를 덧붙이고 있습니다.

"사람은 어릴 때부터 그 마음의 생각이 악하기 마련이다." **창세기8:21**

노아가 드린 제사가 얼마나 유효한지는 생각해 볼 문제입니다. 인간의 불안정성은 언제든지 자기의 욕망을 따라 살아가도록 인간의 내면에서 작동할 거니까요. 이후에 인간들이 벌이는 일을 보면 상황은 만만하지 않습니다.

◇◇◇

술에 취한 노아

"형님들, 큰일 났어요. 아버지가 술에 취해서 벌거벗은 채 자고 있어요. 이럴 수가 있는 거예요? 그렇게도 모범적인 아버지가 술에 취해서 곯아떨어져 있다니요? 정말 실망이에요."

"뭐라고? 아버지가 술에 취해서 벌거벗은 채 주무시고 계신다고? 그럼 얼른 편안하게 주무시도록 상황을 수습해 드려야지… 함, 너는 왜 우리한테 와서 이렇게도 엉뚱한 이야기를 하고 있는 거냐?"

셈과 야벳은 뒷걸음질로 조심조심 아버지가 주무시고 계시는 방으로 들어가서 술에 취해서 벌거벗은 채로 잠을 자고 있는 아버지인 노아를 가려주고는 조심스럽게 나왔습니다.

사람이 자신의 삶을 살아가면서 생각의 지평을 넓힐 수 있는 가능성, 인생을 좀 더 깊이 관조할 수 있는 방법의 하나는 삶과 인간에 관한 이해와 경험을 넓혀나가는 겁니다. 사람은 자신이 알고 있는 만큼만 헤아리면서 살아가는 존재이니 더 많은 이해를 가지고 살아갈 수 있도록 자신의 이해의 지평을 꾸준히 넓혀나가는 일은 매우 중요한 일입니다. 보다 확장된 삶에 관한 이해를 가지고 살아가는 사람이 더욱 자비로운 삶의 지경에 진입하게 될 거니까요.

개인심리학에서는 인간의 행동에는 목적이 있다고 본답니다.(알프레드 아들러. 『아들러의 인간이해』. 참조) 누군가가 어떤 행동을 하면 그 행동을 가능하게 하는 목적이 있다는 것이죠. 그렇기 때문에 상대방의 행동을 이해하지 못하는 것은 그 사람의 의도를 읽어내지 못했다는 반증일 수 있고요, 이러한 오해의 연속은 관계를 무너지게 하고 분열의 자리로 들어가게 하는 요인이 되는 겁니다.

한편 인간 행동의 이면에는 권력 욕구가 자리하고 있기도 한데요. 권력 욕구에 사로잡힌 채로 살아가는 사람은 권력을 획득하기 위해서 때로 비굴해 보이는 행동을 하는 것을 주저하지 않습니다. 그렇게 해서 권력을 획득하기라도 하면 그 비굴한 행동은 정당한 행동으로 치환되고 비굴한 행동이라고 시비하던 사람들이 내 편이 되거나 사라지기도 하기 때문입니다.

이러한 권력 욕구를 상쇄시키는 요인이 하나 있는데요, 그것은 공동체 의식입니다. 공동체 의식은 연약한 인간이 살아갈 수 있도록 하는 좋은 사회적 합의라고 보이는 개념입니다. 인간은 홀로 살아가기 어려운 사회적인 존재이니, 공동체를 이루고 살아간다는 것은 사람들이 서로를 위하며 살아가는 일을 가능하게 하는 최선의 사회적인 장치로 작동할 수 있으니까요. 물론 권력욕에 사로잡힌 사람은 공동체 의식을 자신의 권력 획득을 위한 방편으로 사용하기도 하겠지만 그래도 의도가 좋은 사람들이 공동체 의식에 충실한 삶을 살아갈 수만 있으면 서로를 배려하며 살아갈 수 있는 좋은 세상이 만들어질 겁니다. (알프레드 아들러. 위의 책. 참조)

노아는 당대의 의인이었습니다.(창6:9) 그는 묵묵히 하나님의 뜻이 무엇인지를 묵상하면서 살았고 죄가 가득한 세상 가운데에서도 올곧게 살아가려는 노력을 그치지 않았던 사람입니다. 성서가 당대의 의인이라고 기록할 정도니 바르게 살아가려고 노력하는 그 삶의 양상을 짐작하기가 어렵지 않습니다.

당대의 의인이라는 타이틀을 가지고 살아가는 일은 어떨까요? 아마도 꾸준히 하나님의 뜻을 묵상하면서 살아가다가 얻은 삶의 자리일 수 있겠지만 자신이 당대의 의인이라 불린다는 것을 자각하는 순간, 당대의 의인으로 살아가야 하는 삶이 그리 만만하지만은 않았을 겁니다. 주변의 사람들이 자신에게 보내고 있는 기대와 그에 부응해야 하는 이런저런 역할을 감당하려니 당대의 의인이라는 칭호는 점점 짐이 되어 자신의 어깨를 짓누를 수도 있을 거고요.

홍수라는 엄청난 사건을 경험하면서, 망망한 물 위를 떠다니는 배 속에서 일 년여를 보내면서 노아는 어떤 시간을 경험했을까요? 물이 빠진 이후 하나님의 또 다른 창조 작업이 펼쳐지면서 자신의 역할에 관하여 이런저런 생각을 하면서 스트레스에 시달리지는 않았을까요? 물이 빠진 후에 마른 땅에 발을 디디며, 모든 것이 쓸려나가고 그 허한 세상에 홀로 서야 하는 상황을 맞이하면서 그의 가슴은 헛헛함으로 가득 차지는 않았을까요?

어쩌면 노아는 외상후 스트레스 장애(PTSD, Post-Traumatic Stress Disorder)를 경험하고 있었을지도 모를 일입니다. 사람들 앞에서는 당대의 의인으로 살아가야 했고 홍수라는 엄청난 사건을 받아내면서는 가족을 이끌고 창조세계의 모든 피조물들을 돌보면서 살아가야 하는 탄탄한 지도력을 보여야 했지만, 그 지도력을 유지하기 위해서 홀로 있는 시간에는 고독한 시간, 때로는 고통스러운 시간을 받아내야 하는 삶이 노아의 삶이었을 수 있는 것이죠.

하나님의 새로운 창조작업에 참여하면서 세상과 자신의 가족을, 그리고 인류를 다시금 설계하는 일의 중심에 있는 일이 그렇게 만만하지 않으니 홀로 있는 시간에 스트레스로 인해 밀려오는 절대적인 고독을 해소하기 위한 방편으로 포도주를 마시고는 일시적으로 자신을 무장 해제시키는 소소한 해방의 경험을 하고 있었는지도 모를 일입니다. 다시 흔들림 없는 지도자로 살아가야 하는 그 삶의 자리로 복귀하기 위한 자기 재충전 작업으로서의 잠깐의 무장해제 말입니다. 노아는 홀로 있으면서 자신의 책임과 의무를 잠시 벗어놓고 싶었습니다. 그리고 포도주에 의지해서 자기만의 세계에서, 쉼과 휴식의 시간을 갖고 있는 겁니다. (김민웅. 『창세기 이야기 1』. 참조)

하필 그때 함이 그 모습을 보고 말았습니다. 어린 시절, 주일학교의 공과공부 시간에 당시 선생님이 이 장면을 이렇게 묘사했던 것이 기억납니다. '얼레리 꼴레리… 우리 아빠가 술에 취해서 벌거벗은 채로 자고 있대요'라며 아버지 흉을 보았노라고 말입니다.

이런 식의 예전 주일학교 선생님의 묘사가 맞는다면 함은 전형적인 형태의 모범적인 아들일 가능성이 있어 보입니다. 당대의 의인인 우리 아버지가 술에 취해서 자신의 나체를 노출시킨 채 잠을 자고 있다니 하는 생각을 전면에 내세우는 윤리적인 아들 말입니다.

'우리 아버지는 모범적인 아버지이니 술에 취해서도 안 되고, 우리 아버지는 우리 가정의 가장이니 힘들어 해서도 안 되고 항상 씩씩하고 강력하게 우리를 이끌어 가야 하는 분인 거야. 그런데 유약하게 술에 취해서 넘어져 있다니, 자기의 부끄러운 모습을 드러내고 널브러져 있다니, 이건 말이 안 되는 상황인 거야.' 하는 생각에 젖어 있는 윤리적인 아들은 아버지를 지렛대 삼아 자신의 삶을 보다 높은 윤리적 삶이라는 궤도에 올려놓아야 하는 욕망을 가지고 있는 아들입니다. 그렇기 때문에 이 아들은 아버지의 흐트러진 모습을 허용하지 않습니다.

그렇지만 셈과 야벳은 달랐습니다. 그들은 아버지의 흐트러진 모습을 가지고 자기들에게 뒷담화를 하고 있는 함의 태도에 동의하지 않는 듯합니다. 그리고는 겉옷을 준비하고 뒷걸음질로 아버지에게로 다가가서 아버지의 고단하고 피곤한 삶을 감싸줍니다.

'아버지, 그동안 당대의 의인이라는 시대의 평가에 부응하시는 삶을 살아오시느라고 얼마나 고단하셨어요. 일 년여의 항해도 힘드셨죠? 가족들을 이끌고 망망한 삶을 꾸려오시는 일이 큰 짐에 짓눌리는 것처럼 느껴지기도 하셨죠? 아버지도 가장으로서의 고단함과 외로움을 달래야 하는 시간이 필요하실 테니, 쉼이 필요하실 테니, 어차피 이렇게 아버지의 공간에서 쉬고 계시니 홀로 머무시는 자리에서라도 마음껏 고단한 자기를 드러내시고, 그리고 편안하게 주무세요....'

함께 살아가야 하는 공동체성을 인지하지 못하고 윤리적이고 도덕적인 잣대로만 세상을 판단하는 막내아들인 함이 자신의 아버지인 노아를 부끄러워한 것이 맞는다면 그건 커다란 실책이 될 겁니다. 혹시 함이 술에 취해서 잠들어 있는 아버지는 자신의 삶의 여정에 걸림돌이 된다는 생각 때문에 아버지를 외면한 것이라면, 이런 생각이야말로 낮은 자존감에서 나오는 처신인 겁니다.

그러나 드높은 자존감을 가지고 살아가는 공동체의 구성원들은 술에 취해서 벌거벗은 채로 잠들어 있는 아버지를 부끄러워하기보다는 일상에서 성실하기만 한 아버지를 헤아리고 수용하는, 이해하고 격려하며 살아가는 삶의 태도를 보이게 됩니다.

"셈과 야벳은 겉옷을 가지고 가서 둘이서 그것을 어깨에 걸치고 뒷걸음쳐 들어가서 아버지의 벌거벗은 몸을 덮어드렸다. 그들은 아버지의 벌거벗은 몸을 보지 않으려고 얼굴을 돌렸다." **창9:23**

윤리적이고 도덕적인 기준을 이해하고 있으면서 더불어 헤아림의 마음을 가지고 있는 자녀들이 아버지의 고뇌와 번민을 헤아렸습니다. 올곧게 살아오는 아버지는 그 올곧은 삶을 꾸준히 살아내기 위하여 온갖 평가가 담긴 소리와 이런저런 삶의 상황들을 받아내야 했고 그렇게 살아가야 하는 삶은 그리 만만하지 않은 삶이었을 겁니다. 그리고 아버지의 삶의 여정을 통찰적으로 바라보고 있는 헤아림이 있는 자녀들은 그 아버지를 규정하고 정의하기보다는 따듯한 마음으로 받아들이고 품어내고 있는 겁니다.

바울은 빌립보교회를 향하여 이런 이야기를 합니다.

"무슨 일을 하든지 경쟁심이나 허영으로 하지 말고 겸손한 마음으로 하고 자기보다 남을 낫게 여기십시오. 또한 여러분은 자기 일만 돌보지 말고 서로 다른 사람들의 일도 돌보아 주십시오. 여러분 안에 이 마음을 품으십시오. 그것은 곧 그리스도의 마음이기도 합니다." **빌립보서2:3~5**

술에 취한 아버지를 규정하기보다 가슴으로 품어내는 삶은 공동체 의식으로서의 아무것도 바라지 않는 사랑에서 가능합니다. 이 삶의 행위는 자신의 내면에서 꾸준히 꿈틀거리는 권력 욕망을 극복하고 공동체 의식으로서의 그리스도의 마음이 발현되는 지점에 서는 것으로 시작됩니다. 그렇게 살아가는 사람이 자신의 삶의 지평을 넓혀내고 고단한 이들을 품어내면서 살아가는 자비로운 사람입니다.

◇◇◇

노아의 족보 - 화해와 일치를 향하여

"목사님, 성서를 읽다보면 지루하리만큼 이어지는 족보 이야기가 있는데요, 계속 낳고 죽고, 낳고 죽고를 반복하는 이 족보 이야기가 무슨 의미가 있는 건지를 잘 모르겠어요."

"그렇지요? 성서에는 족보를 기록한 부분이 많이 있죠, 고대인들이 수백 년을 살았다는 이야기도 기록되어 있고 마태복음에도 시작하자마자 족보 이야기가 나오니 성경을 읽는 일이 쉽지 않다고 하는 분들이 있기도 하더라고요, 그런데 계보를 읽는 신학이라는 관점에서 보면 성서에 기록된 각 족보에는 의도가 있는 것을 알 수 있습니다. '~죽고 ~죽고'가 반복되어 나오는 족보에는 인간의 한계성, 죄에 직면한 인간을 묘사하려는 의도가 있다고 할 수 있고요, 마태복음의 족보에서는 이방인과 여성들을 등장시킴으로써 이방인과 여성을 위한 복음의 확장성을 말하고 있다고 할 수 있습니다."

"아~ 그렇군요. 그럼 창세기 10장에 나오는 노아의 족보 이야기도 뭔가 의미가 있는 거군요."

"그렇습니다. 홍수가 끝나고 땅이 마른 후에 배에서 내린 노아의 가족들의 족보를 기록하는 작업에는 이야기를 기록한 저자가 무엇을 의도하고 있었을까를 생각해보는 것도 재미있을 겁니다."

창세기 10장은 노아의 족보를 기록해 놓은 내용입니다. 사실 성서에 기록된 족보 이야기는 잘 읽혀지지 않는 대목이라고 할 수 있습니다. 낳기만 하고 죽기만 하는 내용으로 채워져 있는 이야기는 딱히 교훈적이지도 않고 역동적인 스토리텔링이 가능하도록 전개되는 부분도 아니기 때문입니다. 그래도 혹시 관심을 가지고 가만히 읽어보면 저자의 의도하는 바를 읽어낼 수 있을 겁니다. 그런 의미에서 창세기 10장에 기록된 노아의 족보 이야기는 차분히 생각해 볼 필요가 있는 대목입니다. 그런 작업을 통해서 오해를 불식시킬 수도 있고 또는 미처 생각하지 못했던 하나님의 뜻을 깨달을 수도 있으니까요.

일단 창세기 10장 32절에는 홍수 이후의 상황을 기록하고 있는데요, '노아의 자손들에게서 여러 민족이 나와서 세상으로 퍼져 나갔다'고 기록하고 있습니다. 그러나 여기에서의 '세상'에 관한 일반적인 이해는 오늘날의 세계 지도를 상상할 여지가 있기도 할 텐데요, 이러한 이해는 잘 생각해 볼 필요가 있습니다.

모세오경은 주전 8세기경에 쓰여졌다고 알려져 있습니다. 물론 모세오경 내의 각각의 책들과 여러 본문들을 꼼꼼하게 살펴보면 기록연대는 각 자료에 따라 달리 생각할 수 있지만 문서설에 나오는 P 자료의 저작 시기로 접근하면 주전 520년에서 450년 사이로 볼 수 있다는 거죠. 그리고 그때 당시의 세계관은 지금의 중동 지역에 국한되어 있다고 볼 수 있습니다. 그러니까 지금의 이스라엘과 접해있는 지역을 중심으로 하는 세계관을 가지고 있었다는 것이죠. 또한 노아의 세 아들을 중심으로 민족이 퍼져나갔다는 것을 근거로 노아의 세 아들이 인종적 조상이라는 접근을 하기도 하는데 이는 대단히 조심해서 접근해야 할 대목입니다. 아직까지는 그렇게 단정할 만한 확실한 근거는 없으니까요. (송병현.『엑스포지멘터리 창세기1』. 참조)

이렇게 보면 창세기 10장의 족보는 고대 근동이라는 세계관에 기초한 채로 사람들이 어떻게 퍼져나가 살게 되었는지, 그리고 언어는 각 지역별로 어떻게 발달하게 되었는지를 말하려는 의도가 있을 거라는 접근이 가능할 수 있습니다.

또 다른 관심은 창세기 9장 7절의 '너희는 생육하고 번성하며 땅에 편만하여 거기에서 번성하여라'라는 구절에 근거해서 생각해 볼 수 있는 내용입니다. 하나님은 세상을 물로 심판하시고는 다시는 이런 방식으로 살과 피가 있는 것들을 심판하지 않을 거라고 말씀하십니다. 그러면서 족보 이야기를 통해서 '너희들은 뿌리가 같은 한 형제요 자매이니 서로 미워하고 편을 갈라 갈등하며 획일적인 사고를 통한 배타적인 삶을 살아가지 말라'는 하나님의 뜻을 이야기하고 있다는 대목입니다. 대홍수라는 상황이 인류에게 다가온 것은 '사람들의 죄악이 세상에 가득 차고 생각과 모든 계획이 악한 것뿐임'(창6:5) 때문이었으니까요.

이렇게 죄와 악으로 살아가는 것은 하나님의 창조질서에 전면적으로 반反하는 것이었습니다. 히브리 민족은 전통적으로 신앙공동체로서의 정체성을 가지고 살아왔으나 때로 하나님을 외면하는 반 하나님적 삶을 살아가는 모습을 보이니 성서의 기자는 노아의 족보를 통해서 너희들은 한 형제요 자매이니 신앙공동체의 일원으로서 신앙적 정체성을 잘 지키며 살아가라는 메시지를 주고 있는 겁니다. 더불어 하나님은 세상과 사람을 사랑하시니 창조질서 아래에서 어울림의 삶으로서의 화해와 일치를 일구며 살아가는 삶을 요청하고 있는 거죠. 하나님의 창조질서는 인간과 하나님, 인간과 인간, 그리고 인간과 자연과의 화해라는 맥락으로도 이해할 수 있기 때문입니다.

그렇지만 인간은 끈질기리만큼 우리를 사랑하시는 하나님의 창조질서를 거스르는 삶을 살아왔습니다. 인간은 본성적으로 하나님을 거스르는 삶을 살아가며 하나님과, 이웃과, 자연과의 어울리는 삶보다는 서로 간에 갈등하고 분열하는 삶을 살아온 겁니다. 인간이 이런 삶을 살아오는 데는 자기중심적으로 사고하는 확증편향과 그리고 같은 부류끼리 어울리려고 하는 범주화 본능이 그 원인일 수 있습니다.(고든 올포트. 『편견』. 석기용 역. 참조) 인간은 자신이 살아온 환경에 익숙해졌는데요, 즉 경험해오는 문화적인 상황, 정치적인 지향, 학습의 경향, 그리고 인종적인 요건 등이 내부에 내면화되었고 내면화된 내용은 신념이 되었습니다. 그리고 이러한 과정을 통해서 굳건히 자리 잡은 내면의 신념은 때로 편견이 되어 다른 사람의 신념과 충돌하게 되고, 그러한 충돌의 범위가 넓어지고 깊어지게 되면 살아가는 삶의 자리를 분열과 갈등으로 몰아가는 현상을 보이게 되는 겁니다.

이렇게 인간이 분열과 갈등을 불사하면서 자신의 생각을 심화시키는 것을 에코챔버echo chamber 효과라고 할 수 있는데요, 에코챔버 효과는 반향실 효과라고도 합니다. 방음이 잘 되는 특수한 재질로 만들어진 공간에서 하는 이야기는 똑같은 소리로, 그리고 증폭이 되어 되돌아오게 되는데 같은 소리를 반복적으로 들음으로 자기가 믿는 것, 자신이 가지고 있는 신념이 절대적이라는 확증편향에 빠지게 된다는 겁니다.

특히 '특정한 종교적 신념'이라는 에코챔버에 오래도록 들락거린 사람들이 확보하고 있는 편견은 쉽게 흔들리지 않는 경향을 더욱 명확하게 보여줍니다. 자신의 신념이 신의 뜻에 근거하고 있다는 믿음을 가지고 있기 때문입니다. 이렇게 편견으로서의 신념을 가지고 있는 사람들도 다양한 독서를 합니다. 그러나 문제는 하나의 패러다임 속에서의 다양한 독서를 한다는 것입니다. 나아가 배타적인 패러다임 위에 모여서 오래도록 끼니를 걸러 가면서까지 집중하는 기도를 하기라도 하면 그렇게 견고해지는 신념과는 대화하고 소통하는 일은 매우 어렵게 됩니다. 왜냐하면 이런 신념은 나름 신의 음성을 듣고 형성된 신념이기 때문에 그런 신념이 구현해내는 편향적 삶을 깨닫거나 수정하는 일은 거의 불가능하게 되기 때문입니다.

그렇기 때문에 믿음의 길을 걸어간다는 것은 유연성을 확보하는 작업이어야 합니다. 꾸준히 자신을 성찰하면서 자신이 특정한 하나의 에코챔버만을 들락거리고 있는 것은 아닌지, 아니면 패러다임을 달리하는 다양한 에코챔버에도 들어가면서 다른 에코챔버의 소리를 인내하며 들을 수 있는지를 성찰하면서 생각이 많이 다른 이론이나 가치와도 대화하고 소통할 수 있는 유연성을 확보해야 한다는 것이죠.

이렇게 생각해보면 예수는 엄청난 시대적인 편견에 시달리다가 십자가에서 죽어간 사람입니다. 스데반도 복음을 전하다가 시대적 편견이 던지는 돌에 맞아 죽어갔고요, 바울도 시대적 편견의 아들로 많은 그리스도인들을 괴롭히다가 자신의 삶의 전환점을 경험한 이후로는 시대적 편견으로부터 엄청난 고난을 당하는 복음전도자로 살아가게 됩니다. 이 대목에서 한 가지 주목할 내용이 있는데요, 바울이 전환점을 경험하는 대목입니다. 바울은 다마스쿠스로 가는 길 위에서 자신이 그리스도인을 핍박하게 하는 가치는 어떻게 형성이 되었는지를 성찰할 수 있는 기회를 갖게 됩니다. 이건 바울이 유연한 사람이라는 것을 보여주는 대목이라 할 수 있습니다. 바울이 자각自覺의 길에 들어선 거니까요. 이렇게 편향적 사고의 극복은 어떻게 편향적 사고가 내 안에 자리를 잡게 되었는지를 깨닫고 살피는 데서 시작이 됩니다.

그러나 때로 스승이 자신의 문제를 살펴주는데도 깨닫지 못하는 사람들이 있습니다. 바로 예수에게 누가 나의 이웃이냐고 질문하고 있는 율법 학자 같은 이들입니다. 이런 부류의 사람들은 질문하는 의도가 명확합니다. '그런데 율법 학자는 자기를 옳게 보이고 싶어서 예수께 말하였다'(누가10:29)라는 누가복음의 보도대로 율법 학자는 자신의 의를 인정받고 싶어 하면서 자신의 지식이 자신의 의를 담보하고 있다는 일방적 자기 확신에 빠져 있는 겁니다. 옳고 그름을 분별할 수 있다는 자신의 분석틀을 자랑하면서, 그리고 때로 토론의 자리에서 자신의 의견을 높은 톤으로 주장하면서 똑똑하다는, 의롭다는 이미지를 획득하는 일에 집중하는 모습을 보이기도 하는 거고요. 이렇게 무의식적 편견 unconscious bias에 빠져 있는 율법학자에게 예수는 명확한 지침을 알려줍니다. (프라기야 아가왈. 『편견의 이유』. 이재경 역. 참조) 예수는 율법 학자의 자기 의를 '가서 너도 이와 같이 행하여라'라는 한마디로 실천이 없는 지식으로서 무의식적인 편견이라며 흔들어대고 있는 겁니다. 실천이 없는 이론가의 한계로서의 무의식적 편견은 이렇게 헛헛합니다. 그렇지만 성서는 이런 식의 삶을 살아가는 율법 학자들과 대제사장들로 대표되는 무의식적 편견이 돌이켰다는 이야기를 쉽게 기록해내지 못하고 있습니다.

창세기 10장에 기록된 노아의 족보 이야기는 홍수 이후 하나님의 창조 질서에 기반한 생육과 번성으로서의 하나님의 축복을 이야기하고 있습니다. 여기에는 편견에 시달리며 자신의 삶을 분열로 몰아가는 홍수 이전의 인간의 타락상을 극복하고 나뭇잎 옷으로 자기를 숨기지 않아도 되는 순수한 삶으로 복귀하라는 성서 기자의 메시지가 담겨 있기도 합니다. 어차피 인간은 편견에 시달리며 살아갈 수밖에 없는 존재이니 이러한 삶을 최소화하고 보다 타당한 삶의 자리로 나가기 위해서는 자각의 경험을 늘려나가는 삶을 살아가야 할 겁니다. 그렇게 하면 무의식적 편견을 인식하게 되고 하나님의 창조 질서에 부응하는 화해와 일치의 삶을 살아갈 수 있게 될 거니까요. 그러면 우리는 어느 날 문득 무지개를 통해서 끊임없이 우리의 삶을 화해롭게 하시고 일치를 이루게 하시는 하나님을 경험하게 되겠지요.

◇◇◇

바벨탑 이야기

"여기가 어디죠? 사방이 탁 트인 것이 살기가 참 좋아 보이네요. 행여 누군가가 쳐들어오기라도 하면 일찍 알아차려서 대비하기도 좋고요."

"여기는 시날이라는 곳입니다. 근처에 유프라테스강도 티그리스강도 흐르고 하니, 내 생각에도 여기가 삶의 터전으로는 좋은 장소인 것 같네요."

노아의 자손들은 이리저리 흩어져서 삶의 자리를 찾아다니고 있었습니다. 저마다 마음에 드는 장소를 물색하고는 자리를 잡고 살아가기 시작했습니다. 그중에는 니므롯이라는 사람도 있었는데 그는 힘이 센 사냥꾼으로 알려져 있는 인물로 그리 좋은 삶의 모범을 보이는 사람은 아니었습니다. 이름도 반역자라는 뜻이라니 이 사람은 바빌론과 니느웨를 창시한 사람임과 동시에 훗날 히브리 민족을 많이도 괴롭게 한 사람입니다. (송병현.『엑스포지멘터리 창세기 I』. 참조) 노아의 홍수 이후 다시 죄가 만연하기 시작하면서 폭력이 난무하는 시절로 접어 들었을 때에 그 악한 상황을 묘사하기 위해서 '주님께서 보시기에도 힘이 센 사냥꾼'이라는 관용어가 니므롯에서 비롯된 것이라니 홍수 이후의 사람들이 살아가는 도덕적이고 윤리적인 상황을 미루어 짐작해 볼 만합니다.

이렇게 홍수 이후를 살아가는 사람들의 마음속에는 다시금 욕망이 솟아오르기 시작했습니다. 높은 자리에 올라가고 싶은 마음, 그리고 자신의 이름을 널리 떨치고 싶은 마음을 주체하지 못하는 지경에 이르게 된 겁니다.

창세기 11장의 기록을 잘 살펴보면 인간은 나름 문명의 진보를 이루고 있는 것으로도 보입니다. (하경택. "원 역사 안에서의 바벨탑 이야기". 참조) 도시를 설계하고 그 도시 안에 높은 건축물을 세우려는 과정에서 구운 벽돌과 역청tar을 사용하고 있으니 말입니다. 진흙으로 벽돌을 만들고 그것을 단순히 햇볕에 말리는 수준의 벽돌과는 내구성 차원에서도 전혀 다른 품질의 '구운 벽돌'을 생산하는 수준에 이르렀고 단순히 진흙을 개어서 접착제로 사용하던 수준에서 원유에서 추출했을 법한, 방수성과 접착성에서는 진일보한 역청을 사용하는 수준에 이르렀다니 홍수 이후의 인간들은 당시로서는 획기적인 문명의 발전을 이루어냈다고 볼 수 있습니다.

혹자들은 이러한 문명의 발전사를 구속사적 관점으로만 읽어내면서 인간에 의한 문명의 발전은 죄에 이르는 길이라는 도식으로 설명하기도 하지만, 인간이 일구어내는 문명의 발전이 반드시 죄로 이어진다고 선명하게 규정하는 것은 너무 단순한 접근입니다. 어떻게 보면 인간이 문명을 발전시켜나가는 능력은 하나님이 부여해주신 능력이라고 할 수 있기 때문입니다. 그리고 그렇게 부여받은 능력을 사용해서 문명의 진보라는 결과물을 내고 인간을 이롭게 하고 하나님의 창조세계를 더욱 조화롭게 꾸려낼 수 있으면 그건 하나님이 인간에게 주신 능력의 순기능일 거니까요.

그러나 인간은 하나님이 자신에게 주신 이성이라는 엄청난 능력을 오남용하기 시작합니다. 그것은 바로 자신의 이름을 천하에 알리려는 자신의 욕망을 위해서 발전된 문명을 도구로 사용하는 대목에서 나타납니다.

인간은 모여서 살아가는 본능을 가지고 있는 듯합니다. 인간을 사회적인 존재라고 규정하는 데에는 이러한 인간의 본성으로서의 군집성을 간파했다는 측면으로도 이해할 수 있을 겁니다. 어쨌거나 계몽된 인간의 능력은 역할을 나누어 일하는 분업과 협업을 통해서 막강한 구조물을 만들어 내기도 합니다. 분업과 협업을 통해서 진행되는 도시 건설은 모여서 살아가야 하는 인간의 군집 본능을 드러내는 단면이라고 할 수 있습니다. 눈밭에서 눈덩이를 굴리듯이 모이고 또 모이는 일을 반복적으로 하는데 그런 일을 하는 데는 또 다른 의도도 있어 보입니다. 사람들이 모여들어서 커다란 덩어리가 되면 의도하든, 의도하지 않든 간에 힘이 생기기 때문입니다. 그리고는 그 힘을 사용해서 자신들의 능력을 과시하며 세상을 지배하고 정복하자는 의도를 구현해 나가는 욕망의 실현을 경험하게 되는 거죠.

실제로 인간은 자신의 이성을 활용하면서부터는 자연 친화적인 삶을 살아오지 않았습니다. 문명화된 자기들의 삶에 자부심을 가지고 있으면서 어떤 삶의 자리에 가든지 문명의 이기를 끌어들여서 자연을 자신의 편안한 삶을 위한 도구로 소모하는 것을 주저하지 않았던 거죠.

현대인들에게서도 이러한 모습은 쉽게 나타나는데요, 자신들은 현대적 교육을 받은 문명인이라는 자부심을 가지고 있으면서 세계의 오지나 극지에 사는 원주민을 존중하기보다는 일방적으로 가르치려 하고 계몽시키려 하는 '자기중심적 사해 동포애'를 가지고 살아가는 경우를 너무도 손쉽게 드러내기도 했습니다.

그렇지만 정작 지구촌 각 지역의 특성에 맞게 살아가는 사람들은 그 지역의 토착민들이었습니다. 토착민들은 발전된 사회를 살아가는 사람들이 받은 촘촘한 교육은 받지 못했으나 오히려 현지의 삶의 자리에 최적화된 삶의 양식을 가지고 자연 친화적인 삶을 살아가고 있었다는 것이 밝혀지고 있으니까요.

제레드 다이아몬드라는 학자는 그린란드에 진출한 노르웨이 사람들의 이야기를 통해서 이러한 상황을 잘 설명하고 있습니다. 그린란드에 진출한 노르웨이 사람들은 유럽의 교육을 받은 사람이라는 위계적 자의식을 가지고 그린란드에 들어가서는 이미 그곳에서 살아가고 있던 이누이트들의 삶의 방식을 받아들이기보다는 자기들의 삶의 방식을 고집하면서 그린란드의 환경을 망가뜨리는 생활방식을 만들어 냈습니다. 노르웨이 사람들은 이누이트에게서 그린란드에 최적화된 생존법을 배우지 않고, 또는 생존을 위해서 서로 협력하기보다는 이누이트들을 경멸하기도 했다니 문명을 일구는 이들이 보이는 오만함이 이 장면에서도 고스란히 드러나고 있습니다. 비록 노르웨이인들이 그린란드에서 비교적 오래도록 생존했다지만 그들이 끝까지 지켜냈던 문화적 우월감으로 유지했던 유럽식 생활양식, 그리고 족장이나 성직자에게 집중되었던 권력 구조로서의 위계적인 사회 구조는 결국 노르웨이 사람들이 그린란드에서 아사餓死하는 것으로 마침표를 찍고 말았답니다. (제레드 다이

아몬드. 『문명의 붕괴』. 참조)

이런 관점에서 그린란드의 노르웨이 사람들을 바벨탑을 쌓아가는 사람들의 이야기에 비추어 보면 바벨탑을 쌓는 사람들이 한 언어를 사용했다는 대목은 심상치 않게 읽히는 부분이 있습니다. 노르웨이 사람들이 이누이트와 소통을 하지 않고 자기들의 삶의 방식을 고집했다는 측면에서 말이죠.

우리는 때로 같은 언어로 대화를 하는데도 소통의 어려움을 경험할 때가 있습니다. 자신의 생각과 의도를 굳건히 세워놓고 반드시 관철시켜야만 한다는 일방적 대화의 방향성은 상대방의 의도와 생각을 받아들이지 않게 하고, 그래서 결국은 힘센 사람의 의견이 관철되고 힘이 약한 의견은 힘센 사람의 진영에 일방적으로 편입되는 상황으로 판이 짜여지고 마는 겁니다.

이렇게 오만한 인간과 이들이 건설한 문명은 결국 생태질서를 교란시키고, 더불어 살아가는 삶의 방식을 망가뜨리며 나아가서 이웃에게 적대적인 의도를 불편함 없이 드러내는 수준의 삶을 살아가게 하였는데 우리는 이러한 모습을 도시를 세우고 그 도시의 중심에 바벨탑을 세우는 오만한 사람들의 모습에서 볼 수 있습니다.

하나님은 이러한 상황이 난감한 겁니다. 그리고는 이 땅의 상황을 살펴보신 하나님은 다시 걱정이 가득한 얼굴로 한마디하고 계십니다.

“같은 말을 쓰는 한 백성으로서 이렇게 일을 시작하였으니 이제 그들

은 하고자 하는 것은 무엇이든지 하지 못할 일이 없을 것이다." **창11:6**

그리고 하나님은 사람들의 말을 뒤섞어 놓으시고 사람들을 여기저기로 흩어 놓으셨습니다. 물론 이 대목은 오만한 인간의 문명 건설에 대한 하나님의 징벌적 대응이라고 할 수 있습니다만 한편으로는 인간의 획일적인 삶에 대한 하나님의 대안적 대응으로 읽을 수 있는 여지도 가지고 있습니다. 힘센 사람의 말이 힘이 약한 사람의 말을 점령하는 식의 대화가 아닌 다양한 의견이 피력되고 청취되어 공감 어린 결론을 도출하는 식의 삶의 방식을 제안하는 하나님의 대안적 제안 말입니다. 이러한 하나님의 대안적 제안에는 '관점 바꾸기'라는 함의가 담겨 있습니다.

예수께서 활동하실 때 영생eternal life의 문제를 가지고 예수를 찾아온 지도자가 있었습니다. 이 사람은 '무엇을 해야 영생을 얻겠습니까?'(누가18:18)라는 질문에 대하여 한 가지 부족한 것이 있다고 하면서 '가지고 있는 것을 다 팔아서 가난한 사람에게 나누어 주고 너는 나를 따라와라'라고 대답하시는 예수의 대답에 근심이 가득한 모습을 보이고 있습니다. 이 지도자가 보인 반응의 이유는 명확한데요, 자신의 욕망의 문제를 해결하지 못한 채로 똑똑해 보이는 질문만을 하는 수준에 머물러 있기 때문입니다.

바벨탑 이야기에서 보여준 사람들의 살아가는 모습은 한 가지 언어를 사용하고 꽁꽁 뭉쳐서 살아가는 모습이었습니다. 획일적이고 배타적인 모습과 권력 지향적인 모습이 거침없이 드러난 것이었죠. 이러한 삶의 자리에 임재하신 하나님은 인간의 언어를 다양하게 나누시면서 다양성 속에서의 일치를 이루는 삶을 제안하고 계시는 겁니다. 군집 본능에 충실하게 살아가는 이들에게 흩어져서 살아갈 것을 주문하시면서 집중된 권력의 힘을 꾸준히 소분小分하고, 뭉쳐서 만들어진 거대한 덩어리에서 빠져나와 광야에서 꾸준히 하늘의 소리와 소통하면서 살아가는 모습을 요구하고 계시는 것이고요.

도시와 바벨탑을 건설하는 현장의 사람들이 그곳에 임재하신 하나님에게 자기를 개방하고 위탁하는 모습을 보였으면 상황은 어떻게 흘러갔을까요? 힘센 사람의 논리가 힘이 약한 사람의 논리를 잘 헤아리면서 마음을 모아서 연대와 화해의 삶이 실현되는 세상이 만들어지고 하나님의 창조질서에 기여하는 쪽으로 흐름을 잡았을까요?

삶의 자리의 다양함을 이해하고 받아들이며 살아가라는, 서로의 차이를 인정하고 존중하면서 살아가라는 하나님의 요청은 오늘도 은은하게 우리들의 삶의 자리를 맴돌며 차분히 흐르고 있습니다.

◇◇◇

아브람, 여정의 시작

창세기를 꼼꼼히 읽다 보면 흥미로운 장면을 찾아내게 됩니다. 창세기에 나오는 인물들의 나이를 잘 따져 보면 노아(950세)는 아브람이 태어난 이후까지 살았던 것으로 계산이 되는데요, 아브람은 홍수가 난지 292년이 되는 해에 태어났다고 하니까요, 셈(600세)도 야곱이 태어난 이후까지 살아 있는 것으로 볼 수 있는 것이 재미있습니다. (송병현. 『엑스포지멘터리 창세기 I』. 참조)

데라의 여정도 흥미로운데요. 데라는 바빌로니아의 우르에서 출발해서 하란으로의 여정을 소화하고 있고요. 하란에서 생을 마치게 됩니다. 그리고 아브람이 그 여정을 이어서 하나님이 가라고 하는 곳으로 간 곳이 가나안이었습니다. 우르나 하란은 당시로서는 꽤나 번성한 도시로 알려져 있는 곳인데요, 아브람이 그곳을 떠나서 네게브라는 척박한 곳까지 가게 되는 여정에도 함의가 있을 듯합니다.

이 여정을 기록하는 창세기의 저자는 한 가지 독특한 기록을 남기고 있는데요, 아브람의 아내 사래를 아이를 갖지 못하는 '돌여자'로 명시하고 있는 대목입니다. 이 대목은 창세기를 기록하고 있는 J 기자가 살았던 시대 상황과 연관이 있는 듯 보이기도 하는데요.(폰 라드. 『창세기』. 참조) 은근히 인간 능력의 무력함을 암시하면서 하나님의 창조질서를 말하려는 J 기자의 사전포석으로 보이는 대목입니다.

이런 정황에서 J 기자는 하나님의 뜻을 따라 하란을 떠나는 아브람의 이야기를 기록하고 있습니다. 일반적으로 길을 떠나는 아브람의 이야기는 익숙한 것과의 결별, 그리고 낯선 곳에 대한 끊임없는 도전으로 설명되기도 하지만 우리는 이 대목을 비틀어서 볼 필요가 있을 듯합니다. 유목 생활을 하고 있던 아브람은 끊임없이 이동하는 삶을 살아가고 있었으니까요. 그렇기 때문에 아브람의 길 떠남의 이야기는 '문화사적인 성서 읽기'라는 관점으로 뒤집어서 읽어볼 필요가 있음을 염두에 두어야 할 겁니다. 아브람은 유목민이었고 유목민들은 텐트를 가지고 언제든지 떠날 준비를 하고 살아가는 사람들이었다는 거죠. 그렇기 때문에 이 이야기에 일반적으로 접근하는 방식의 이해, 즉 안정적인 삶, 기득권을 누리는 삶의 자리를 떠나는 관점의 본문 읽기는 유목민으로서의 아브람의 삶의 자리를 이해하고 나면 설득력이 떨어지는 접근방식이라고 할 수도 있습니다.

그러면 이 대목에서 아브라함의 길 떠남 이야기를 기록하는 저자의 의도를 살펴볼 필요가 있을 듯한데요. J 기자는 다윗과 솔로몬 시대에 활동했던 것으로 전해지고 있죠. J 기자는 당시의 히브리인들이 통일 이스라엘의 번영과 영광에 취해서 하나님의 품을 떠나 인간 이성의 능력에 기반해서 살아가는 것이 하나님의 시선에서는 좋아 보이지 않는다는 것을 간파하고 있습니다. 그렇기 때문에 J 기자는 당시로서는 엄청난 건축물인 솔로몬의 왕궁과 성전을 건축하고 그 엄청난 건축물을 하늘을 찌르는 자기들의 능력으로 내세우며 날고 기고 있는 인간들을 향하여 당신들은 무력한 존재라는 메시지를 보내고 있는 겁니다. 당시의 왕이었던 솔로몬은 자신의 통치 초기에 나라를 다스리는 지도력을 위하여 하나님의 도움을 구했던 진실함에서 벗어나 이방신과의 정략적 결합을 일상으로 벌이고 있는 반 하나님적인 지도력을 구사하고 있기도 하니까요.

"솔로몬이 시돈 사람의 여신 아스다롯과 암몬 사람의 우상 밀곰을 따라가서 주님 앞에서 악행을 하였다." **왕상11:5-6**

J 기자는 히브리 민족 야웨신앙의 신앙적 정체성이 통일국가의 번영과 영광으로 인하여 흐려지는 시대적인 상황에서 고향을 떠나는 아브람의 이야기를 기록하여 사람들에게 읽게 하고 있습니다. 이렇게 기록된 내용에는 번영과 이로 인한 안정감에 도취되어 있는, 그래서 이방신을 받아들이는 삶의 자리에 기반하고 있는 히브리 공동체의 현 주소를 깨닫고 반 하나님적인 삶의 자리를 떠나서 온전하신 하나님에게로 돌아오라는 메시지를 주고 있는 여지를 가지고 있는 것입니다.

이런 관점으로 셈의 족보에 나오는 데라의 여정과 그리고 아브람의 여정에는 주전 10세기의 상황과 연관되어서 제공되고 있는 J 기자들의 메시지가 있다고 볼 수 있는데요, 그것은 제어되지 않는 인간 이성의 발현을 조심하라는 메시지입니다.

오딜롱 드롱이라는 화가는 〈태양수레를 탄 아폴론〉이라는 그림을 그리는데 이 그림은 태양으로 상징되는 이성의 폭주를 의미한다고 합니다. 너무 높이도 너무 낮게도 날면 안 되는 이 태양수레는 폭주를 하게 되고요, 그렇지만 폭주하는 태양수레에 타고 있는 이들은 폭주 상황을 눈치채지 못한 채 자신들이 몰고 있는 태양수레가 세상을 살기 좋은 세상으로 만들 것으로 생각하고 있습니다. 말의 역동성이 선명하게 그려져 있는 이 그림은 이성의 폭주가 결코 세상을 합리적인 세상으로 만들어 내지 못할 것임을 말해주고 있는 것으로 보입니다. 다행인 것은 태양수레의 폭주를 제어할 수 있는 고삐가 그려져 있는 건데요. 그건 수레의 속도와 방향을 제어할 수 있는 분별력을 의미하는 것이랍니다. (박홍순. 『인문학으로 보는 그리스 신화』. 참조)

그렇지만 인간은 자신의 내면에 장착되어 있는 분별력을 적절하게 사용하지 못한다는 어두운 면을 가지고 있습니다. 인간은 자신의 내면에서 끊임없이 솟아오르는 소유하고자 하는 욕망, 높은 자리에 오르려는 욕심 등에 노출된 채로 살아가는 존재이니까요. 길가에 피어 있는 아름다운 꽃을 꺾어서 자신의 귀밑머리에 꽂고는 '나 예쁘지?' 하며 자기 자랑을 하는 존재가 인간입니다. 자신의 욕심을 채우기 위해 꽃을 꺾을지언정, 그 자리에 가만히 두고 다른 이들과 함께 아름다움을 즐기는 여유로움을 부릴 삶의 여백을 누리지 못하는 존재가 인간인 것이죠.

또한 선을 행하는 사람들의 마음속 깊은 곳에는 자신의 선한 행동을 통해서 인정투쟁에서의 승리를 획득하고 싶은 자기중심적 이해가 자리잡고 있는 경우가 허다합니다. 겸손을 도구 삼아서 높은 자리에 오르려고 하는 인간의 이중적 삶의 태도에 많은 사람들이 마음을 빼앗기고 손뼉을 치며 표를 몰아주는 경우가 있는 것도 사실이고요. 그렇기 때문에 예수께서도 우리들에게 이런 말씀을 하고 계시는 겁니다.

“그러므로 너희는 무엇이든지 남에게 대접받고자 하는 대로 너희도 남을 대접하여라. 이것이 율법과 예언서의 본 뜻이다.” **마태7:12**

분별력을 사용해서 자신의 이성을 제어하지 못하는 인간은 무력한 존재일 수 있습니다. 그리고 J 기자는 이러한 인간의 모습을 아이를 갖지 못하는 ‘돌여자’인 사래의 이야기에 투사시키고 있는 겁니다.(브루스 K. 월키·캐시 J. 프레드릭스. 『창세기주석』. 참조) 인간의 힘으로는 세상을 새롭게 하지 못하고 하나님의 뜻을 펼쳐내는 새로운 세상도 만들어 내지 못하니 차라리 인간을 무력한 존재로 묘사하고 그 인간의 무력함이 오히려 하나님의 희망이 되도록 하면서 일하시는 하나님의 전능함omnipotence을 드러내고 있습니다.

홍수 이후에 노아는 하나님에게 제사를 드리고 하나님은 무지개로 응답하시면서 생육하고 번성하게 하실 것을 약속하지만 인간의 유한성은 하나님의 약속을 무력하게 만듭니다. 인간은 세상에 죄가 만연하게 하는 삶을 반복해서 살아감으로 자신의 삶의 자리를 망가지게 할 뿐만 아니라 하나님의 창조질서까지도 무너뜨리는 지경으로 나가니 J 기자는 인간의 무력함을 ‘인간의 무력함’으로 규정하고 그 인간의 무력함 위에서 새로운 질서를 창조하시는 하나님을 이야기하고 있습니다.

길을 떠나는 것은 길을 만드는 것을 의미합니다. 유목민으로서의 아브람의 ‘길 떠남’은 일상이었지만 하나님의 말씀을 수용하며 길을 떠나는 아브람의 여정은 ‘자기부정’으로 볼 수 있는 길 떠남입니다. 정호승 시인이 ‘길이 끝나는 곳에 길이 있다’고, ‘길이 되는 사람이 있다’고 노래하는 것이 가슴 아리게 들리는 것은 길의 끝에서 다시 길을 만들며 걸어가는 일이 그렇게 만만한 일이 아니기 때문입니다.

아브람은 이러한 여정을 통해서 하나님께로부터 '하늘의 별과 같이 바닷가의 모래와 같이' 자손들이 번성할 것이라는 약속을 받지만 정작 자신이 살아 있는 동안에는 이러한 은총을 경험하지 못합니다. 그러나 그럼에도 불구하고 아브람은 꾸준히 하나님을 신뢰하는 삶을 살아갑니다. 아브람은 자존감이 높은 사람이었음을 알 수 있는 대목입니다. 가지고 있는 것이 상대적으로 적더라도 상대적 박탈감에 시달리지 않는, 타자보다 낮은 자리에서 살아가더라도 불안이나 우울감에 시달리지 않는, 겸허하지만 드높은 자존감을 가지고 살아가는 사람 말입니다.

더불어 아브람이 이렇게 드높은 자존감을 가지고 살아갈 수 있는 이유는 아마도 아브람의 의도가 순수했기 때문일 겁니다. 무엇이 진리인지를 통찰해내고 난 후에 좋은 의도를 가지고 그 길을 꾸준히 걸어가는 사람들은 길을 걸어가는 여정 중에 만나는 고난 때문에 발걸음을 멈추지 않습니다.

아브람은 하나님의 뜻을 받아들이고 꾸준히 자기를 각성하게 하는 신앙의 여정을 걷고 있습니다. 그는 번영에 취해서, 드높은 이성의 능력에 빠져서 하나님을 떠나는 식의 삶을 거부하는 모습을 보여주고 있습니다. 아브람은 의도의 순수성을 활성화시키면서 자신을 이겨내는 길을 묵묵히 걸어가고 있습니다.

◇◇◇

아브람과 불합리한 하나님

아브람이 네게브에 도착한 이후, 살아가는 일은 점점 혹독해져만 갑니다. 어차피 지역의 특성상 일 년 내내 오는 비라고 해야 그리 많은 양은 아니지만, 그마저도 내리지 않고 햇살은 뜨겁게 내리비추기만 하니 풀풀~ 올라오는 마른 먼지 속에서 살아가는 일이 고통스러운 지경에 이르게 되었습니다.

"하~~ 하나님, 가나안이라며 이곳으로 이끌어 주시더니 이 상황에 저를 던지시려는 것이었습니까? 도대체 매번 왜 이러십니까? 제가 아무리 이리저리 다니는 일에 익숙한 인생이라지만 이건 너무하지 않으십니까?"

"............"

"아브람, 우리는 이집트로 가려고 해, 거기는 여기보다는 그나마 상황이 낫다고 하니 거기 가서 한동안 견뎌보려 하네. 아브람 당신도 생각을 잘 해보시게..."

투덜거리는 아브람은 지독한 기근을 견디지 못하고 주변 사람들의 소리를 들으면서 이집트로의 이주를 생각합니다. '그래, 여기서 버티다가

굶어 죽느니 차라리 남의 땅에서 가서 자세를 낮추고 살더라도 생명을 이어가는 삶을 택하는 것이 가장으로서의 바른 선택일지도 몰라' 하는 생각을 하면서 아브람은 내키지 않는 발걸음을 옮기기로 합니다. 그리고는 가족들을 이끌고 이집트로 발걸음을 내딛습니다. 어차피 네게브라는 곳에서 살아가는 일이 고단하니, 그나마 이집트에서는 소수자의 삶이긴 하지만 생명이라도 연장할 수 있다는 기대가 그의 발걸음을 움직이게 합니다.

이집트로 발걸음을 옮기는 아브람에게 한 가지 걱정거리가 떠오릅니다. 보기드문 아름다움을 자랑하는 자신의 아내 사래가 자꾸만 마음에 걸리는 겁니다. 절대권력이 없는 곳에서야 서로 의지하면서 자기 가족의 안전한 삶의 자리를 지켜낼 수 있지만, 사회 구조가 절대권력을 중심으로 구조화된 삶의 자리에서는 아무리 악다구니를 써도 절대권력을 이기는 일이 쉽지 않기 때문입니다. 더군다나 이집트에 들어간다는 것은 자신의 처지가 난민難民으로 급전직하 전락한다는 건데요,(이종록. "아브람과 사래, 그리고 난민들" 참조) 이 정도의 사회적 신분으로 절대권력에 맞서서 내 삶의 지경을 지키려다가 가족이 몰살당하는 것은 눈 깜빡할 사이에 일어날 일이니 걱정이 이만저만이 아닌 겁니다.

비주류로, 또는 소수자로 사회를 살아가는 일은 그리 간단한 일이 아닙니다. 주류 세력에 속해서 살아가는 사람들은 비주류에 속해서 사회의 소수자로 살아가는 사람들이 생존하기 위해서 얼마나 치열한 삶을 살아가는지를 상상하지 못합니다. 생존을 위한 삶의 여정에서 손가락

이, 발가락이 잘려져 나가는 고통, 찢어진 상처를 움켜쥐고 버티는 일이 일상인 삶, 힐끗거리는 눈길들을 받아내면서 자녀를 키워내야만 하는 그 비릿한 삶의 느낌은 주류사회에 속한 사람들에게는 피부로 이해하기가 힘든 감각인 겁니다.

지끈지끈 아파오는 머리를 쥐어 잡고 이집트로 향하는 아브람은 마음을 정합니다. '그래, 내 식솔들을 지키고 내 생명도 지키는 방법을 모색하자. 어쩔 수 없는 노릇이다. 네게브에서 굶어 죽지 않으려고 이집트로 들어가는 건데, 이집트에서도 식솔들의 삶이 위협을 받도록 내버려 둘 수는 없는 노릇이니 어쩔 수가 없구나' 하면서 자신의 아내 사래에게 조심조심 한마디를 던집니다.

"이집트 사람들이 당신을 보고서 당신이 나의 아내라는 것을 알면 나는 죽이고 당신을 살릴 것이오. 그러니까 당신은 나의 누이라 하시오. 그렇게 하여야 내가 당신 덕분에 대접을 잘 받고 또 당신 덕분에 이 목숨도 부지할 수 있을 것이오." **창세기12:12~13**

이집트의 파라오는 팔레스타인의 네게브에서 온 사람들 중에 아름다운 여인이 있다는 소식을 들었습니다. 그리고 그 여인은 네게브에서 온 무리의 우두머리의 누이라는 소식도 함께 들었죠. 파라오는 아브람을 환대하며 많은 재산을 나누어 주고 아브람의 아내인 사래를 취했습니다. 아내를 맞이할 때에는 많은 지참금을 주는 관례를 따랐을 것이니 아마도 왕이 주는 지참금은 엄청난 양이었을 겁니다. 그렇지만 이런저런 정황을 둘러본들 아내를 누이라 하고 파라오에게 내준 아브람의 처신을 타당한 처신이라고 할 수 있을까요?

창세기의 저자도 아브람의 처신에 동의하지 않는 듯합니다. 이야기의 맥락은 남의 아내를 받아들인 파라오가 하나님의 징계를 받았다는 내용으로 흘러가고 있으니까요. 아마도 구체적으로 기록하고 있지는 않지만, 창세기에서 출애굽기로 흐르는 맥락으로 볼 때 파라오에게 임한 징계는 피부병이었을 가능성이 높고 이렇게 본다면 파라오는 심한 피부병을 앓았을 겁니다. 그리고는 깨달았겠죠. '이 여인은 남편이 있는 여인이구나' 그리고는 아브람에게 아내를 데리고 이집트에서 떠날 것을 요구합니다.

"어찌하여 너는 저 여인이 네 누이라고 해서 나를 속이고 내가 저 여인을 아내로 데리고 오게 하였느냐? 자, 네 아내가 여기에 있다. 데리고 나가거라." **창세기12:19**

아브람은 한 번의 거짓말로 많은 재산을 얻고 이집트를 떠나게 되었습니다. 상황이 이상하죠? 하나님의 명령을 따라 길을 떠나면서 믿음의 사람으로 살아가는 모습을 보여주었던 아브람이 갑자기 이중인격의 면모를 보이다니요? 이런 아브람의 모습이 믿음의 조상이 된다니 그것 참 기이한 일입니다. 그래도 어떤 사람들은 이렇게 말하기도 할 겁니다. 하나님의 말을 잘 들더니 복을 받았다고요. 그런 건가요? 아내를 넘겨주고 얻은 재물이 하나님의 복이라고요?

파라오도 할 말이 있습니다. 파라오는 아브람의 말을 믿고 사래를 받아들인 겁니다. 그랬는데 그게 문제라고 하며 하나님은 자신에게 피부병을 앓게 하고는 상황을 원래대로 돌려놓으라 하니 답답한 노릇입니다. 그래도 파라오는 나름 타당한 구석을 보여줍니다. 아내를 돌려주면서 아브람도 살려서 돌려보내니 말입니다. 이런 파라오를 만난 건 아브람에게는 천행입니다.

그렇지만 아브람의 이야기에서 조금만 시선을 돌리면 고단하게 살아가는 사람들의 삶이 모두 아브람처럼 풀리지 않는다는 것을 어렵지 않게 알 수 있습니다. 소수자는 무력한 사람들이거든요. 하나님조차도 때로 소수자의 억울한 상황에 대해서 응답하지 않으시니까요. 히틀러의 가스실에서 600만 명이 죽어가는 동안 얼마나 많은 이들이 살려달라고 기도했겠습니까만 하나님은 600만 명이 죽어가는 내내 침묵하고 말았습니다.

이렇게 보면 하나님은 소수자에게도 권력자에게도 불합리한 하나님입니다.

소수자의 기도에도 응답하지 않으시는 하나님, 약속을 따라 가나안에 이주했음에도 불구하고 기근으로 생명의 위협을 경험하게 하시는 하나님, 그리고는 더욱 척박한 삶으로 이끄시는 하나님, 권력자의 무죄가 추정되는 과실치사상에도 적극적으로 징계하시는 불합리한 하나님을 어떻게 이해하며 한결같이 신뢰할 수 있을까요?

손실회피편향loss aversion bais이라는 말이 있습니다. 얻은 것보다는 잃어버린 것의 가치가 더욱 크게 느껴진다는 말입니다. 1955년 미국 앨라배마 몽고메리시의 나른한 오후에 한 흑인 여성이 버스를 타고 퇴근을 하고 있었습니다. 이 여성은 로저 파크스라는 여성이었죠. 버스의 좌석은 흑인 좌석과 백인 좌석으로 나뉘어 있었고 흑인 좌석에 앉아 있던 파크스는 버스에서 서 있던 백인에게 자리를 양보하라는 운전기사의 요구를 받고는 거절합니다. 이게 문제가 돼서 결국 미국의 시내버스에는 흑인과 백인의 전용좌석이 없어졌답니다. 그런데 이 결정이 만들어졌을 때 상실감을 더 많이 느낀 사람들은 백인이었을까요? 흑인이었을까요? 아마 백인이었을 겁니다. 누리고 있던 것을 빼앗겼다는 느낌을 강하게 받았을 것이니, 백인들은 얼마나 불합리한 제도 개선이라고 느꼈을까요? 실제로는 흑인과 백인 간의 평등이 이루어진 상황인데 말입니다.

욥은 정말 속상했습니다. 하루아침에 자식을 다 잃어버리고 재산도 다 사라졌으며 몸뚱아리는 온갖 곪아터진 상처투성이인 채로 고통스러워하는 자기를 찾아와서 한다는 말이 자신이 나쁜 짓을 했기 때문에, 권력을 사용하여 사익私益을 추구했기 때문에 벌을 받는 거라며 공격을 하는 친구들이 난감한 겁니다. 욥을 찾아온 친구들은 자신의 고통스러운 상황을 인과응보적으로 몰아치며 나쁜 짓을 한 것의 결과라는 확신을 가지고 있습니다.

"오히려 네가 죄가 많고 네 죄악이 끝이 없으니 그러한 것이 아니냐? 네가 까닭 없이 친족의 재산을 압류하고 옷을 빼앗아 헐벗게 하고 목마른 사람에게 마실 물 한 모금 주지 않고 ... 그러기에 이제 네가 올무에 걸려

들고 공포에 사로잡힌 것이다." **욥기22:5~10**

욥은 답답합니다.

몸도 많이 아프지만 친구들의 인과응보적 몰아침이 너무 사무치는 겁니다. 지금까지 어떻게 살아왔는데, 어떻게 하나님의 말씀을 받아들이며 그 고단한 진리의 길을 걸어왔는데 친구들의 한 치 혀로 이렇게 평가절하를 받으며 고통을 받아야 하는 일이 견디기 어렵습니다. 그리고는 하나님에게 '저에게 왜 이러십니까?' 하고 하소연을 합니다.

"네가 나에게 질문을 하는구나. 그래, 그럼 너는 내가 너에게 대답을 하면 그 대답을 이해할 수 있겠냐? 나의 이 불합리함을 네게 설명하면 너는 나의 불합리성을 이해하고 너희들이 납득할 수 있도록 논리적으로 재구성할 수 있겠냐? 내가 하나 물어보자. 내가 우주의 기초를 놓을 때 너는 거기에 있으면서 보기라도 했다는 거냐? 내가 사자를 만들 때 너는 무엇을 하고 있었는데? 내가 타조를 만들 때 너는 무엇을 하고 있었냐? 네가 불합리한 나를 이해한다면 네가 이해한 나는 내가 아닌 거다. 너는 불합리하기만 하다고 느껴지는 나를 신뢰할 수 있을 뿐인 거다."(욥기39장, 40장 참조)

하나님의 말씀을 들은 욥은 잿더미 위에 앉아서 자신의 이론을 거두어 들입니다. 그리고는 자신의 고난이 세상의 평화를 만드는 데 필요한 고난의 양을 채우는 하나님의 설계임을 받아들이는 거죠.

아브람은 절대적 선을 행하는 훌륭한 위인이 아닙니다. 그는 척박한 삶의 자리인 네게브를 살아가는 한갓 평범한 가장입니다. 그 아브람에게 다가가시는 하나님은 여전히 불합리한 하나님이시고요. 아브람은 이 불합리한 하나님을 더욱 신뢰하는 삶의 자리로 나가는 과정 중에 있는 사람입니다.

시편 기자의 노래가 아스라이 들려옵니다.

"나의 하나님, 나의 하나님, 어찌하여 나를 버리십니까? 어찌하여 그리 멀리 계셔서 살려달라고 울부짖는 나의 간구를 듣지 아니하십니까? 나의 하나님 온종일 불러도 대답하지 않으시고 밤새도록 불러도 모르는 체하십니다." **시22:1~2**

◇◇◇

풍요로움 때문에?

"아니 제기랄, 이거 너무하는 거 아냐? 우리 짐승들도 뭘 먹어야 할 거 아니냐고? 이렇게 자리를 차지하고 있으면서 비켜주지 않으면 어떻게 하냔 말야?"

"아니, 우리가 먼저 와서 자리를 잡고 있는데 뒤늦게 와서는 우리보고 비키라고 하면 어떻게 하느냐고? 우리도 움직일 곳이 없으니까 이러고 있는 건데… 다른 곳에는 풀도, 물도 넉넉하지 않은데 어쩌라는 거야? 이렇게 매일 시비를 걸어오는 속셈이 뭐냐고?"

"아브람 님, 큰일 났습니다. 우리 일꾼들하고 롯의 일꾼들하고 매일 싸움을 합니다. 가축들이 함께 엉켜 있으니 서로 불편한 상황이 싸움으로 번지곤 하는데 정말 심각합니다."

아브람은 이집트 생활을 하면서 불어난 재산을 가지고 가나안으로 돌아왔습니다. 불어난 짐승과 금과 은의 재물은 살아가는 일을 조금은 수월하게 하니 편안한 마음으로 베델 근처에 자리를 잡고 살아가기 시작했습니다. 물론 롯도 자기의 짐승들과 삶의 자리를 베델에 마련을 했죠. 둘은 함께 이집트까지 다녀온 가까운 사이니까요. 그렇지만 아무리 가까운 사이라도 더불어 살아가기 위해선 생각해야 할 일이 있습니다.

스피노자라는 철학자는 세상에 있는 모든 것을 '양태mode'라고 불렀습니다. 나와 너, 그리고 지식이 필요할 때 만나는 책, 우울할 때 만나는 친구, 행복할 때 경험하는 질병 등이 그것입니다. 그리고 이 양태는 만나고 헤어지고 하는 과정을 반복하는데 만날 때마다 상호 간에 영향을 주기도 하고 받기도 한다는 겁니다. 그 영향은 긍정적이기도 하고 부정적이기도 하니 때로 양태의 만남은 삶의 에너지를 공급하기도 하고 또는 에너지를 상실하게 하는 것으로 작용하기도 합니다. (이진경. 『삶을 위한 철학수업』. 문학동네. 참조)

아브람이 이집트로 가면서 함께 한 롯은 양태라고 이해할 수 있습니다. 아브람의 일꾼들이 가축을 돌보면서 만난 롯의 일꾼들도 양태라고 할 수 있죠. 그리고 이 양태의 만남은 서로에게 영향을 주는데 두 집안의 일꾼들이 들판에서 만나는 양태의 만남은 부정적인 영향을 주고 있는 형국입니다. 왜냐하면 이 만남은 서로에게 걱정거리를 주고 있으니까 말입니다.

아브람은 묵묵히 생각을 이어갔습니다. 그리고는 조카 롯과 이야기를 나눕니다.

"너와 내가 다투면서 살아가는 삶의 정황이 만들어져서는 안 되는 것 아니냐? 우리가 가까이 지내 온 시간이 있으나 그 친밀한 관계가 유지되려면 우리가 서로의 거리 조정을 해야 할 듯하구나. 그러니 이 좁은 땅에서 아웅다웅하면서 살아가기보다는 조금 떨어져서 화해롭게 살아갈 방안을 궁리해보자꾸나. 네가 먼저 너의 삶의 자리를 선택하면 나는 너의 반대쪽으로 이동하면서 살아갈 자리를 마련해 보겠다. 이렇게 해야 우리 둘이 꾸준히 평화로운 삶을 살아갈 수 있을 것 같구나." (창 13:8~9 참조)

아브람은 소유하는 일을 넘어서서 이웃과 화해와 일치를 만들면서 살아가는 일에 관심이 있는 듯 보입니다. 그는 소유하는 일에 집착하다가 이웃과의 관계가 망가지는 것을 바라지 않는 눈치입니다. 이렇게 보면 아브람은 비움kenosis의 영성에 익숙한 사람으로 보입니다. 내 것을 내 것이라고 하지 않는 소유에 대한 너그러운 태도를 가지고 있는 마음으로서의 비움의 영성 말입니다.

비움의 영성은 거대담론에 의한 세상의 변화를 기대하며 발걸음을 하기도 하지만 한편으로는 자신의 일상에 집중하면서 작은 자 한 사람을 사랑하는 일, 고단하고 어려운 삶의 정황에서도 흔들림 없이 하나님의 뜻을 묵상하면서 자신의 일과를 수행해나가는 꾸준함을 보여주도록 그리스도인의 삶을 이끌어 갑니다. 꾸준히 인간의 내면에서 활성화되기를 시도하는 욕망을 제어하는 작업에 관심을 가지면서 욕망에 의하여 넘어지기보다는 욕망을 다스리면서 생명을 누리는 삶, 이웃과 화해하며 살아가는 삶을 지향하는 삶의 자세를 유지하는 모습을 보이도록 하는 것이죠.

한때 영성적 수련을 하는 사람들은 세상과 단절된 채로 고립된 광야를 찾아가서 자신의 몸에 고난을 채우며, 그리고 물질은 악하고 정신은 선하다는 이분법적 사고방식을 가지고 마음공부에 임했던 시간도 있었습니다. 그러면서 자신들이 악이라고 규정한 그 악을 제거하는 일에 몰입하는 모습을 보이기도 했었습니다. 중세의 마녀사냥이 그 대표적인 예가 될 수 있을 겁니다.

그렇지만 아브람에게서 보이는 비움의 영성은 홀로 고립된 장소에서 묵상하면서 악을 제거하는 것으로 평화를 얻으려는 주관적이고 이상적이기만 한 삶의 영성이 아니라, 삶의 현장 한가운데서 문제의 원인을 파악하고 상관하는 양태와 더불어서 문제를 해결하는 실천적 비움의 영성으로 보여지는 것이 다행입니다.

예수께서 보여주신 비움의 영성은 삶의 현장 속에서 가난한 사람들과 소외당하는 사람들, 그리고 작은 자들과 함께 먹고 마시며 삶을 나누고 결국은 그들을 위하여 자신의 전 존재를 희생제물로 주시는 모습에서 잘 나타나 있습니다. 그리고는 성과 속을 구별하면서 율법을 지키고 의식ritual에만 충실한 영성 수련 방식을 직설적으로 비판하고 계시기도 하니까요.

"율법학자들과 바리새인들이 너희들에게 하는 말은 무엇이든지 다 행하고 지켜라. 그러나 그들의 행실은 따르지 말아라. 그들은 말만 하고 행하지는 않는다. 그들은 지기 힘든 무거운 짐을 묶어서 남의 어깨에 지우지만 자기들은 그 짐을 나르는 데 손가락 하나 까닥하지 않는다." **마태23:3~4**

아브람과 롯이 만난 양태 가운데 하나는 '풍요로움'이었습니다. 하나님은 아브람과의 약속을 지키시면서 풍요로운 삶을 허락해 주셨지만, 아브람과 롯의 일꾼들은 하나님이 허락해 주신 풍요로움을 자비로움과 너그러움으로 받아내지 못함으로써 결국은 갈등과 분열을 경험하고 있는 겁니다. 그렇다면 차라리 산해진미가 차려진 밥상에서 다투기보다 마른 빵 한 조각을 나눠 먹으며 지내는 것이 더 낫다는 잠언 17:1절의 말씀에 기반해서 살아가는 것도 충분히 타당할 수 있을 겁니다.

이렇게 보면 풍요로움이라는 양태가 우리 앞에 나타났을 때 자신의 내면에서 합리적으로 활동하고 있는 욕망의 움직임을 알아차리는 것이 중요한 일이 될 겁니다. 때로 욕구는 자신의 부족함을 채워주고 삶을 준비하게 하는 긍정적인 요인으로 작용하기도 합니다. 그렇게 작용한 욕구에 의해서 결핍의 상황이 해소될 때 우리는 행복을 느끼기도 하니까요. 하지만 지나친 욕망은 우리를 환상 속으로 이끌어 가며 우리의 삶을 불행한 지경으로 밀어 넣기도 합니다. (양명수. "모방욕망의 비극과 솔로몬의 지혜". 참조)

또 한 가지 생각할 수 있는 것은 문제 상황을 만났을 때 사람들이 보이는 반응입니다. 감사하는 마음으로 문제 상황을 바라볼 것인지, 아니면 불평과 원망하는 마음으로 문제 상황을 바라볼 것인지 하는 문제 상황에 대한 태도 말입니다. 문제 상황에서 감사의 노래를 부를 것인지, 아니면 불평과 원망의 마음을 가질 것인지는 우리들의 삶의 질質을 결정하는 중요한 요인이 됩니다.

이스라엘 백성들은 오랫동안의 기도로 이집트에서 빠져나오게 됩니다. 그렇지만 몇 날이 지나지 않아서 앞에는 홍해, 뒤에는 이집트의 군대라는 위기 상황에 빠지게 됩니다. 그리고 백성들은 모세를 원망하는 모습을 보이죠.

“이집트에 있을 때 우리가 이미 당신에게 말하지 않았습니까? 광야에 나가서 죽는 것보다 이집트 사람을 섬기는 것이 더 나으니 우리가 이집트 사람을 섬기게 그대로 내버려 두라고 하지 않았습니까?” **출14:12**

그렇지만 모세는 이러한 원망을 들으면서도 하나님께 의지하는 마음을 내려놓지 않습니다.

“모세가 바다 위로 팔을 내밀었다. 주님께서 밤새도록 강한 동풍으로 바닷물을 뒤로 밀어내시니 바다가 말라서 바닥이 드러났다. 바닷물이 갈라지고 이스라엘 자손은 바다 한가운데로 마른 땅을 밟으며 지나갔다.” **출14:21~22**

눈앞에 펼쳐진 문제를 해결해 나가는데 있어서 백성들의 원망보다는 흔들림 없이 하나님을 신뢰하는 모세의 굳건함이 유효했습니다.

아브람은 문제 상황에서 어떻게 문제를 해결하고 서로의 평화를 도모할 것인가를 모색하고 있습니다. 아브람은 자신의 내면을 꾸준히 들여다보면서 조카 롯이 다툼과 갈등의 대상이 아니라 화해와 일치의 대상이라는 생각을 굳건히 해나가고 있는 겁니다. 우리의 이웃은 이겨내고 극복해야 하는 대상이 아니고 더불어 살아가야 할 삶의 동반자입니다. 이러한 삶은 내 안의 탐심을 눈치채고 비움의 영성을 내 안에 활성화시키는 것으로 가능할 겁니다.

◇◇◇

~처럼 되고 싶은 욕망

창세기 14장은 조금은 특별한 상황을 가지고 있습니다. 아브람이 전쟁을 경험하는 이야기가 펼쳐지고 있는데 여기에 등장하는 인물들이나 나라의 이름들이 구체적으로 확인이 잘 되지 않는다는 점과 더불어서 앞에서 이어져 오던 아브람과는 성격이 많이 다른 아브람이 등장한다는 대목 때문입니다. 창세기 14장에 나오는 아브람은 전쟁 영웅 정도로 묘사되고 있는데요, 이 대목은 기드온과 삼백 용사를 생각나게 하는 대목이기도 하기 때문입니다. 또한 모세오경을 문서설에 의하여 읽어내기도 하는데 창세기 14장은 문서설에 입각해서 읽어낼 수 있는 단서들이 충분하지 않다는 것도 이 본문을 읽어내기 어렵게 하는 하나의 요인인 듯합니다. 이런 이유 때문에 일단의 학자들은 창세기 14장을 읽어내기가 어려운 본문이라고 언급하고 있기도 합니다. 다만 이러한 유형의 이야기 전개는 바빌로니아의 위세에 짓눌려 낮은 자존감을 가지고 살아가던 유대 백성들에게 아브람의 전쟁에서의 승리 이야기를 전해줌으로써 삶의 긍정적인 동기를 부여해주려는 의도가 담겨 있을 거라는 정도로 이해될 뿐입니다. (송병현. 『엑스포지멘터리 창세기 I 』/ 성서와 함께. 『성서 가족을 위한 창세기 해설서, 보시니 참 좋았다』. 참조)

창세기 14장을 중심으로 상황을 살펴보면 아므라벨과 아리옥, 그리고 그돌라오멜과 디달이 소돔의 왕인 베라와 고모라 왕인 비르사, 아드마 왕인 시납, 스보임 왕 세메벨, 그리고 소알 왕과 전쟁을 하는 것으로 이야기가 시작됩니다. 즉 그돌라오멜을 섬기던 왕들이 배신을 하자 그돌라오멜이 자기와 동맹을 맺은 왕들을 데리고 싯딤 벌판에서 맞서서 싸우게 되는데요. 싯딤 벌판은 역청 수렁이어서 소돔 왕은 도망가다가 수렁에 빠져서 패배하게 되고 이 과정에서 소돔에 살고 있던 아브람의 조카 롯이 네 왕에게 사로잡혀 가게 됩니다. 그 와중에 간신히 도망나온 한 사람이 아브람에게 이 사실을 알리면서 아브람의 전쟁이 시작되게 되는 거죠.

인류의 역사를 통해서 전쟁이 오래도록 일어나지 않고 탄탄한 평화가 꾸준히 유지되던 시대는 거의 없었다고 보아야 할 겁니다. 전쟁은 인간 본성으로서의 자기중심성에서 발현되는 인간의 호전성과 포악성을 발판 삼아서 자기의 이익을 실현하기 위한 방편으로 일어나곤 하니까요. (이지원. "전쟁 원인의 복합성과 비극적 서사". 참조) 이렇게 보면 인간은 '~처럼 되고 싶은 욕망'에 평생토록 시달리면서 살아가는 존재인지도 모릅니다. 인간은 자기를 중심으로 세상이 재편되고 운영이 되어야 만족하는 존재이기도 하다는 측면에서 말입니다.

오늘의 본문을 살펴보아도 그돌라오멜은 자기를 중심으로 하는 동맹체제가 꾸준히 이어지기를 바라는 것이고 그 동맹에서 떨어져 나오는 다섯 임금들은 기존의 체제에 이의를 제기하고 결국은 자기들의 호전성을 드러내면서 전쟁의 지경으로까지 나가는 모습이 그려져 있습니다.

'~처럼 되고 싶은 욕망'은 창조 이래로 인간의 내면에서 인간을 괴롭히는 자기중심성으로서의 악의 축이라고도 할 수 있습니다. 이 욕망이 인간의 내면에서 구체적으로 활성화되면서 인간은 하나님의 창조 질서에서 벗어나는 삶을 살아가게 됩니다. 성서도 이 대목을 통찰하면서 한마디 하고 있습니다.

"뱀이 여자에게 말하였다. "너희는 절대로 죽지 않는다. 하나님은 너희가 그 나무 열매를 먹으면 너희의 눈이 밝아지고 하나님처럼 되어서 선과 악을 알게 된다는 것을 아시고 그렇게 말씀하신 것이다." **창3:5**

'~처럼 되고 싶은 욕망'은 문예비평가이자 철학자인 르네 지라르René Girard에게서 이렇게 표현되고 있습니다. 인간은 '모방하는 인간Homo Mimeticus'이라고요. 여기서의 모방은 다른 사람의 삶의 수준에 올라서려는 욕망이고 또는 타자를 압도하고 자신의 우월성I am better then you을 입증하려는 욕망을 말하는 것일 겁니다. (이찬수. "모방 욕망, 소수자 재생산과 그 극복의 동력". 참조) 사실 목이 마를 때 물을 욕망하는 것은 삶을 위한 기본적인 욕구로서 우리의 삶을 지속가능 하도록 순기능을 하는 욕망이라고 할 수 있습니다. 이 기본적인 욕구를 충족시키기 위해서는 평균 물값인 1,000원을 지불하고 일반적인 생수를 구입해서 마실 수도 있지만 때로 어떤 이들은 보다 높은 품질의 물을 4,000원을 지불하고 소비함으로써 다른 이들과 구별되고 싶어하는 욕망, 높은 사회적인 지위를 인정받고 싶은 욕망을 발현시키는 모습을 보이기도 합니다.

지라르는 이런 상황을 모방욕망으로 설명하고 있습니다. 모방욕망은 욕망의 매개자를 보게 합니다. 소비자는 광고 등에 나오는 고품격의 재화를 소비함으로 광고 속의 저명한 주인공과 자기를 동일시하게 하는데 이 과정은 끊임없이 반복되는 욕망의 굴레로써 자기를 욕망의 굴레에 얽매이게 한다는 겁니다. 동시에 모방욕망의 부정적인 현상으로는 사회적인 소수자가 나타난다는 것인데요. 모방욕망을 현실화시킬 수 있는 소비력이 있는 계층은 사회적인 소수자에게 눈길을 주지 않는다는 것이고 오히려 사회적인 소수자를 희생양으로 삼는 문제를 발생시킨다는 것입니다. 이 상황은 폭력적인 상황으로 나가기도 하는데 자신의 길을 막는 이들을 때리거나 자신의 죄를 상쇄시키는 도구로 이용하면서 사회적인 갈등양상을 나타나게 한다는 것입니다. (르네 지라르. 『폭력과 성스러움』. 김진석 외 1인 역. 참조) 특히 욕망의 매개물에 있어서 아무리 흉내를 내도 따라잡지 못하는 외적 매개가 아닌 나도 너처럼 할 수 있다는 내적 매개를 만났을 때는 욕망의 주체와 욕망의 매개자는 짝패double가 되어서 서로를 경쟁 상대로 바라보면서 미움과 갈등, 그리고 우울감에 빠지기도 하고 심해지면 불특정 다수를 향해서 폭력을 행사하기도 하는 겁니다.

이렇게 사람들은 타자의 모습을 욕망하면서 살아가는데 이 작업이 원활히 이루어지지 않을 때에는 무기력한 삶을 경험하기도 하고 이웃과의 갈등 상황을 만들어 내면서 살아가게 되는 겁니다. 그렇기 때문에 믿음의 길을 걸어간다는 것은 이 모방욕망의 상황을 극복하고 하나님의 창조질서에 자신의 삶을 위탁하는 삶의 자리에 들어서는 것을 의미합니다.

이런 의미에서 아브람은 끝없이 순환되는 폭력의 굴레의 끈끈함을 이해하면서 폭력의 굴레에 들어서지 않는 모습을 보입니다. 잘 꾸며진 광고 속 모델들은 상품을 사라고 유혹하고, 그 상품을 소유하는 순간에는 행복을 보장해줍니다. 그러나 자본주의에 기반한 사회의 소비구조는 또 다른 상품을 만들어내고 소비자들을 유혹하는 광고가 만들어지면서 나를 행복하게 했던 재화는 옛것이 되고 다시 새로운 재화를 구입하지 않으면 행복을 경험할 수 없는 이 악순환의 굴레를 경험하게 하는데요.

이런 구조를 눈치챈 것일까요? 아브람은 끊임없이 투쟁하며 타자의 삶을 모방copy하게 하는 삶의 역기능을 눈치채고 자신의 눈길을 하나님에게로 돌리는 삶의 모범을 보여주고 있습니다. 이런 아브람의 모범은 전쟁을 수행하고 돌아온 이후 멜기세덱과 소돔 왕과의 대화를 통해서 잘 나타나고 있습니다.

"아브람은 가지고 있는 모든 것에서 열의 하나를 멜기세덱에게 주었다... 나는 아무것도 가지지 않겠습니다. 다만 젊은이들이 먹은 것과 나와 함께 싸우러 나간 사람들 곧 아넬과 에스골과 마므레에게로 돌아갈 몫만은 따로 내놓아서 그들이 저마다 제 몫을 가질 수 있게 하시기 바랍니다." **창14:20b, 24**

아브람이 전쟁을 수행한 것은 전쟁을 승리로 이끌고 난 이후에 전리품을 취하려는 것은 아니었습니다. 아브람은 다만 자신의 조카 롯을 구하는 것이 목표였습니다. 이 대목에서 아브람이 보여주고 있는 처신은 우리들이 어떤 신앙적인 삶의 태도를 가지고 살아가야 하는가를 생각하게 하는 함의를 제공한다고 할 수 있습니다. 자신의 소유 중에서 십분의 일을 제사장에게 주면서 소유의식을 넘어서서 내 것을 내 것이라고 하지 않는 자발적 포기의 모습을 보여주고 있고 소돔 왕에게는 자신의 분깃을 고집하지 않으면서 자신과 함께 하고 있는 동료(타자)-아넬과 에스골과 마므레-에게로 눈길을 돌리는 모습을 보이고 있는 겁니다.

이렇게 처신하는 아브람의 모습에는 은근히 십자가에 오르시는 예수의 모습이 투사되어 있는 듯합니다. 지라르 또한 예수를 욕망하는 것이 세계의 사람들을 불편하게 해온 폭력의 굴레, 또는 욕망의 굴레에서 벗어나서 구원에 이르는 길이라고 선언하고 있는 것을 볼 수 있습니다. (이건호. "이승우 소설에 나타난 폭력양상연구 -르네 지라르의 이론을 중심으로-". 참조) 지라르에 따르면 우리의 삶은 모방욕망-갈등-희생제의-평화라는 사이클의 반복인데 이 순환적인 질서는 끊임없이 갈등을 양산하고 사회적인 소수자를 고단하게 하는 욕망의 역기능이 가능하게 하도록 작동을 하고 있다는 겁니다.

그렇지만 십자가에 오르시는 예수는 십자가에 오르기 전에 자신의 욕망을 무력화시키는 모습을 보여주셨습니다. '~처럼 되고 싶은 마음'을 넘어서서 자신의 욕망을 무력화시킨 예수는 자기 자신의 발걸음을 걸어가심으로 타자를 희생양으로 삼아 자신의 정당성을 확보하는 욕망으로 시작되는 악순환의 굴레를 극복하고 계십니다. 그리고 자신을 희생양으로 삼음으로써 사회적 소수자들이 애매하게 고난당하는 사회구조의 고리를 끊으셨습니다. 예수는 십자가에 올라서는 '다 이루었다'라고 하시면서 십자가가 그리스도인들이 도달해야 할 궁극적인 삶의 자리임을 암시하고 계시는 겁니다. 즉 모방욕망에서 일어나는 갈등을 희생양을 통해서 상쇄시키는 사회구조가 예수께서 자발적으로 십자가를 지는 여정으로 극복되었으니 오늘의 그리스도인들은 자발적으로 십자가에 오르시는 예수를 욕망함으로 오늘의 모방욕망을 극복하는 삶의 양식을 살아내야 한다는 의미가 우리들에게 주어지고 있는 것입니다.

그리스도교가 말하는 구원은 타당하지 않은 삶으로서의 모방욕망에서 타당한 삶인 십자가에 오르시는 예수에게로의 이전을 말한다고 할 수 있습니다. 예수의 삶에는 폭력을 거부하는 정신이 있고, 예수의 삶에는 자기를 십자가에 올려서 타자를 살려내는 조건 없는 사랑이 담겨 있기 때문입니다.

아브람은 자신의 이익을 욕망하기보다는 타자의 이익을 욕망하고 있습니다. 아브람은 전쟁을 일으키는 상황에서 '~처럼 되고 싶은' 자신의 욕망을 제어하면서 전쟁을 종식시키는 삶을 살아가는 것으로 평화의 하나님을 욕망하는 삶의 양식을 우리들에게 보여주고 있습니다.

◇◇◇

믿음이 위기를 만났을 때

아브람은 답답합니다.

하나님은 아브람에게 살던 곳을 떠나서 자신이 보여주는 땅으로 가라고 하시면서 자기를 복의 근원이 되게 하겠다고 하십니다. 그리고는 기어코 아브람의 자손들이 땅의 먼지처럼 수없이 많아지게 하겠노라고(창 13:16) '떵떵'거리며 큰소리를 치고 계시는 겁니다. 그렇지만 아브람은 불안하기가 짝이 없습니다. 부족 동맹으로 인한 전쟁이 벌어지고 그 와중에 포로로 잡혀간 자신의 조카 롯을 구해오기도 하면서 활발한 삶을 살아가는 아브람이지만 늦은 밤 홀로 앉아 가만히 생각해 보면 자신의 뒤를 이을 후사가 없다는 것이 불안하게 하는 겁니다.

가만히 생각해 보면 일반적으로야 하나님의 부르심은 희망을 향한 발걸음을 가능하게 하지만 하나님의 부르심에 응답하는 아브람의 발걸음은 희망이 잘 보이지 않는 여정을 걸어가고 있는 독특한 발걸음입니다. 애당초 아브람은 하나님의 부르심에 응답하는 순간부터 불임의 상황이라는 희망이 없는 상황을 안고 발걸음을 옮기고 있었던 겁니다.

물론 주변의 사람들이야 불안한 발걸음을 옮기고 있는 아브람에게 하나님의 능력은 불임의 상황을 극복하게 할 거라고, 꾸준히 희망하게 하는 능력으로 나타날 거라고 극구 설득하며 아브람에게 막연한 희망을 강요하기도 하겠지만 정작 아브람은 희망이 없는 상태로 오랜 시간을 보내면서 불안한 밤을 지새우고 있습니다.

"해가 질 무렵에 아브람이 깊이 잠든 가운데 깊은 어둠과 공포가 그를 짓눌렀다." **창15:12**

난감한 노릇입니다.

하나님의 약속은 실현되지 않고 여전히 지연되고 있습니다. 성서는 우리들에게 꾸준히 희망하며 살아가라고 말하고 있는데 아브람이 살아가는 삶의 자리는 고단한 매일이 이어지며 희망이 보이지 않는 삶의 연속선상입니다. 아브람은 하나님의 약속을 신뢰하면서 살아가야 하는 지루한 이 모순의 삶의 자리가 피곤하기만 한 겁니다. 아브람은 짜증이 납니다. 그리고는 흔들리는 마음을 다스리지 못하면서 한마디를 '툭' 하고 던져버립니다.

"하나님, 정말 저에게 자식을 주시는 겁니까? 바닷가의 모래만큼이나 자식을 주신다면서요? 그런데 저에게는 아직 한 명의 자식조차 없는데요? 제 재산을 물려받을 자식이라고는 다마스쿠스 녀석 엘리에셀뿐인데요? 내가 계속 당신을 신뢰해도 별 문제가 없는 건가요? 정말 그래도 되는 건가요?" (창15:3절 참조)

오래도록 기도했는데, 오래도록 신뢰를 주고받으며 건강한 관계를 이어왔다고 자부해왔는데, 자신은 누구에게도 해를 끼친 적이 없고 오히려 선을 베풀며 살아왔다고 자부하고 있는데, 그런데 그 기대와 신뢰가 하루아침에 깨져 나가고 약속했던 이들은 뿔뿔이 자기들의 길로 가버린 것 같은 상황에서는 그 누구도 내면에서 경험되어지는 부정적인 역동을 떨쳐버리기는 쉽지 않을 겁니다. 더구나 예상하지 못했던 고난의 상황, 불의의 교통사고나 치료가 어려운 심각한 질병에 걸리거나 하기라도 하면 사람들은 당황하면서 그동안 자기 삶의 중심에 잘 간직하고 있었던 신념 체계를 놓아버리기도 합니다. 그리고는 자신에게 다가온 위기 상황을 극복하기 위해서 검증되지 않은 주술적인 방식이나 비합리적이지만 대증적인 요법에 자신의 삶을 위탁하기도 하죠. 그렇지만 이런 식의 대응방식은 상황을 더욱 심각하게 몰아갈 뿐입니다. (W.E 오츠. 『신앙이 병들 때』. 참조.)

아브람의 불안은 하나님의 약속이 자신의 아내의 불임 상황을 해결해주지 않는데다 현재 자신은 미래가 불투명한 상황에 직면하고 있다는 데서 밀려오고 있습니다. 하나님의 약속을 신뢰하면서 오랜 시간을 살아왔는데, 그렇게도 오래도록 하나님을 신뢰하면서 살아오고 나서, 문득 자신의 현재적인 상황을 돌아보니 하나님의 약속은 여전히 추상적이기만 하고 흔들림 없이 굳건히 살아보려고 노력한 자신의 삶은 내면 깊은 곳에서 불안과 우울이 올라오는 것으로 결론이 나는 듯합니다.

이런 상황에서는 누가 무슨 소리로 아브람을 위로한다고 한들 아브람의 불안이 극복될 수는 없습니다. 오래도록 하나님의 약속을 신뢰하며 살아왔으나 그것이 대단히 추상적이고 선언적인 하나님의 약속이었다는 것을 오랜 시간을 통해서 깨달은 아브람에게는, 그래도 하나님을 신뢰하고 희망하며 살아가라고 말하는 사람들의 말은 잘 알지도 못하는 것들이 허공을 치는 소리를 반복적으로 떠들어대는 이야기로밖에는 받아들여지지 않을 거니까요.

“아브람아 두려워하지 말아라. 나는 너의 방패다. 네가 받을 보상이 매우 크다... 그 아이는 너의 상속자가 아니다. 너의 몸에서 태어날 아들이 너의 상속자가 될 것이다.” **창세기15:1, 4**

‘푸훗~ 얼마나 오랫동안 어르고 달래며 해온 소린데… 그 소리를 또 하시네… ?’ 아브람은 헛웃음을 치며 헛헛해 할 수 있습니다. 그렇지만 아브람이 하나님의 소리에 헛웃음을 치며 고개를 좌우로 저었다면 그건 아브람이 자신의 신앙 여정에서 꾸준히 해내야 할 작업을 하지 않은 데서 오는 반응일 겁니다. 헛웃음을 짓는 아브람이라면 그것은 자신이 알고 있는 만큼의 지식, 즉 제한된 지식을 가지고 하나님을 판단하고 있다는 것을 방증하는 것이니까요.

누군가가 신앙적인 위기를 경험한다면 그 원인은 위기를 경험하는 사람이 자신이 알고 있는 것이 부분적이라는 것을 인정하지 않기 때문일 겁니다. 신앙이 위기에 처한다는 것은 자신이 알고 있는 이해를 따라서 세상이 움직이지 않을 때, 또는 자신이 알고 있는 지식으로 세상의 모든 이치를 설명하려다가 난관에 부딪힐 때, 그리고 자신의 논리로 자기 자신을 설득하지 못하면서 밀려오는 괴리감 때문에도 신앙의 위기를 경험할 수 있기 때문입니다. 이런 사람들은 자기들이 경험하는 신앙의 위기에서 빠져나오기 위해서 더욱 자신의 논리를 배타적으로 강화시키는 동시에 자기 자신에 대해서는 관대하면서 타자에 대해서는 엄격한 자세를 취하며 타자를 손쉽게 규정하려는 모습을 보이기도 할 겁니다.

그렇지만 신앙의 길을 걸어간다는 것은 제한된 자기 이해의 지평을 확장한다는 측면에서 꽤나 의미 있는 여정입니다. 자신이 모르는 것이 많이 있다는 것을 아는 사람은 타자의 소리에 귀를 기울여 경청하려는 자세를 취할 것이고, 함부로 상대를 규정하거나 손쉽게 틀렸다고 지적하지 않을 겁니다. 신앙의 여정에서 자신의 이해를 확장하는 작업을 하면서 살아가는 사람들은 세상에서 벌어지는 일들 가운데는 설명되지 않는 일들이 있다는 것을 인정하고 밝혀지지 않은 현상의 원인을 탐색하며 알아가는 일에 열린 마음으로 다가갑니다. 그러면서도 단 한 권의 책을 읽고 주장하는 일을 일삼는 이들에게 휩쓸리지 않고, 또는 자신의 이해관계에만 집중하는 이기적인 삶의 여정만을 고집하지는 않는 너그러운 발걸음을 걸어갑니다.

이렇게 자기 이해의 영역을 넓혀가는 작업을 꾸준히 해나가는 사람들은 자신의 삶의 자리에서 벌어지는 일들에 관하여 함부로 판단하거나 자신의 신념을 손쉽게 포기하는 모습을 보이지 않습니다. 하나님의 시간in his time과 섭리가 자신의 제한된 지식으로는 가늠할 수 없다는 사실을 알아차리고 있기 때문입니다. 그저 어느 철학자의 말처럼 '내일 지구의 종말이 온다고 하더라도 오늘 한 그루의 사과나무를 심는 마음'으로 자신의 삶에 성실하게 임하는 모습을 보일 뿐입니다.

그러나 하나님에게 짜증을 내고 있는 아브람의 모습은 아직은 자기 이해의 폭, 즉 하나님의 창조질서를 다 알 수 없다고 하는 깨달음에는 이르지 못한 것으로 보입니다. 생각하고 질문하는 것으로서 기도하는 모습보다는 그저 어린아이처럼 조르고 또 졸라서 자신이 원하는 것을 받아내면 그것으로 좋아하기만 하는 본능적이고 초보적인 모습을 보여주고 있는 겁니다.

이런 의미에서 누가복음 19장에 나오는 삭개오는 자신의 실존의 문제를 가지고 꾸준히 질문하는 사람으로 읽어낼 수 있는 여지를 가지고 있습니다. 군중 속에서 소외를 경험하고 있는 삭개오의 모습은 오늘을 살아가면서 소외를 경험하고 있는 현대인의 모습과 겹쳐집니다. 그리고 뽕나무에 올라가는 삭개오는 꾸준히 자신에게 질문하는, 꾸준히 자신의 문제를 가지고 고민하는 사람의 모습으로 비추어집니다. 이런 삭개오의 모습은 누가복음 18장에 나오는 돈 많은 관리의 모습과 확연히 구별됩니다. 예수에게 영생을 구하는 돈 많은 관리는 성찰적인 삶을 통해서 자기의 실존의 문제를 고민하기보다는 단순히 영생을 구하는 표층적 질문을 하고 있기 때문입니다.

사람은 누구를 막론하고 삶의 여정에서 위기를 경험하게 됩니다. 그리고 때로 우리가 경험하는 위기는 견딜 수 있는 위기가 아닌 우리의 삶을 근본으로부터 흔들어대는 심각한 위기로 다가오기도 합니다. 이렇게 다가오는 위기 상황은 내가 이해할 수 없는 삶의 지경이 다가오는 순간임을 깨달을 수 있어야 할 겁니다. 내가 이해할 수 없는 상황은 나의 이해의 한계를 의미하는 것이고 동시에 자신의 안목의 지평의 범위를 확장하는 기회가 되기도 한다는 깨달음은 위기를 하나님의 은총으로 고백할 수 있게 할 겁니다.

건강한 신앙을 가지고 살아가는 그리스도인은 자신의 믿음의 위기에서 맥없이 좌절하기보다는 꾸준히 자신을 성찰하면서 새로운 믿음의 영역을 탐색하는 사람입니다. 현재 자신을 향한 하나님의 뜻과 섭리가 타당하지 않다고 느껴질 때 그 상황이 자신의 제한된 지식과 상상력 때문임을 인정하는 것이 중요한 거고요, 꾸준히 자신을 성찰하고 자신의 상상력을 뛰어넘는 하나님의 창조섭리를 묵상하며 흔들림 없는 믿음의 길을 걸어가는 사람이 건강한 신앙을 가지고 있는 사람이라는 것입니다.

바울은 이러한 상황에 대하여 에베소 교회의 교우들에게 아래와 같이 권면하면서 위기 상황에서도 흔들리지 않는 그리스도인으로 거듭날 것을 촉구하고 있습니다.

"모든 성도와 함께 여러분이 그리스도의 사랑의 너비와 길이와 높이와 깊이가 어떠한지를 깨달을 수 있게 되고 지식을 초월하는 그리스도의 사랑을 알게 되기를 빕니다. 그리하여 하나님의 온갖 충만하심으로 여러분이 충만하여지기를 빕니다." **에베소서3:18~19**

비록 지금은 하나님에게 지연되는 약속에 관하여 따지고 있는 아브람이지만 그래도 아브람은 생각하는 작업을 해 나갈 겁니다. 그리고 하나님과 끊임없이 소통하면서 자신의 불안을 끌어안으면서도 꾸준히 하나님을 신뢰하는 발걸음을 옮길 겁니다.

◇◇◇

하갈의 시선으로

하갈은 속이 많이 상합니다.

이집트에서 만난 사래는 따듯한 사람이었습니다. 말 한마디, 눈길 하나도 그렇게 온화할 수가 없었습니다. 고단한 삶을 살아가는 자신의 형편을 살펴보고는 선뜻 자기를 거두어줄 때만 해도 너무너무 고마웠으니까요. 그러한 사래의 배려 깊은 마음에 결국 하갈은 자신의 고향인 이집트를 떠나서 타향살이를 감수하면서까지 사래를 따라나선 겁니다. 그리고는 오랜 시간을 함께 생활하면서 사래가 아이를 낳지 못하는 상황 때문에 힘들어하는 속내도 알게 되었습니다.

"그래도 힘을 내세요. 주인어른이 마님을 끔찍이 여기시니 좋은 일이 있지 않겠어요? 주인어른이 섬기는 하나님이 하신 약속도 있고요~"

"그래, 그렇지만 이제 내 나이가 이렇게도 많고 우리 남편도 저리 나이가 많으니…."

사래는 견딜 수가 없습니다. 엄격한 가부장제가 서슬 퍼렇게 작동하고 있는 삶의 자리에서 불임이라니요? 더군다나 아브람은 자신의 후사는 자기의 종인 다마스쿠스 녀석 엘리에셀밖에 없다고 하나님에게 투정을 부리고 있으니 말입니다.

어느 날 문득 사래는 하갈을 불렀습니다.

“하갈아, 아무리 생각을 해봐도 내가 아이를 갖게 될 것 같지가 않구나. 이리저리 생각을 해봐도 이런 상황에서는 뾰족한 수가 보이지를 않으니 내 한 가지 부탁을 하자꾸나…. 네가 이 부탁을 들어주지 않으면 내가 소박을 맞을지도 모를 일이니 말이다.”

그래서 하갈은 아브람에게 들어갔고 아기를 갖게 된 겁니다. 그리고 하갈은 어느 날부턴가 자신을 향하는 사래의 눈길이 조금씩 달라지는 것을 느꼈습니다. (정일승. “하갈은 과연 약자 희생양인가?” 참조)

‘내가 사래를 깔보았다니, 내가 사래를 멸시했다니…. 이런 소문을 사실로 받아들이고 사래가 나에게 이상한 눈길을 보내다니…. 내가 아무리 첩concubain살이를 하고 있기로서니 이렇게까지 모함을 하며 사람을 궁지로 몰아넣는 게 말이 되냐고? 이런 자리에서는 더 이상 살아갈 수는 없는 노릇이니 내가 이런 모욕을 받으면서 살아가느니 여기를 떠나는 것이 나을 거야.’

그렇게 집을 나온 하갈은 정신을 놓고 수르광야의 샘 옆에 앉아 있습니다.

사람들은 참 이상합니다. 특히 자신의 믿음이 좋다고 생각하는 사람들에게서는 이상한 증상을 볼 수가 있습니다. 자기들의 주관적인 느낌과 판단을 검증하지 않고 그냥 삶에 적용해버리는 증상 말입니다. 하갈은 사래를 멸시하거나 무례하게 대하지 않았습니다. 그러나 주변의 사람들은 하갈과 사래의 관계를 자기들의 머릿속에서 임의로 읽어내면서 만들어낸 상상을 현실에 바로 투사시켜버립니다.

본문text이나 상황context을 읽어내야 하는 사람들은 읽기 작업을 시작하기 전에 우선적으로 자신의 배경을 이해하는 일을 해내는 것이 중요합니다. 자신의 사회문화적인 배경, 자신의 성별에서 오는 자기 이해, 인종적인 배경을 바탕으로 수행해온 학습 등의 자기 정황을 잘 성찰해내는 사람이 본문이나 삶의 자리를 읽어내는 일에 있어서 해석학적인 오류를 줄여나갈 수 있습니다. '내가 이런 경험을 했고 그래서 문제를 이렇게 풀었으니 너도 나처럼 문제를 풀어야 하는 거야' 하는 식의 접근은 문제를 더욱 복잡하게 할 수 있습니다. 자기 정황에 대한 이해를 가지고 있지 않은 사람들, 즉 지식이 없는 신념을 가지고 있는 사람들이 '내 생각이 객관적이야'라고 주장합니다. 그러나 누가 자신의 생각이 절대적 객관성을 담보하는 이야기라고 주장할 수 있겠습니까? 오히려 '내 생각이 절대적인 객관이야'라고 말하는 사람들이 심각한 오류를 범할 가능성이 대단히 높은 겁니다.

하갈에 관해서 '하갈이 사래를 멸시했다네'라고 말하는 사람들은 어쩌면 여주인인 사래에게서 뭔가를 받아 챙기면서 살아가는 사람들일지도 모릅니다. 사래는 막강한 여인이었으니까요. 집안의 가장인 아브람도 사래가 들여보내는 여인을 받아들였고 사래가 하갈을 내보낼 때에도 '당신 맘대로 하시구려' 하고 우유부단한 모습을 보이고 있는 것이 사래의 막강한 힘을 추측하게 하는 대목입니다.

하갈은 억울합니다.

고향인 이집트를 떠나서 팔레스타인에서 살아가고 있는 하갈은 이방인입니다. 그리고 강력한 남성 중심적 사회에서의 여성이었고요, 사회적인 신분은 몸종이었습니다. 그러니 의지할 사람이라고는 자신의 여주인인 사래 한 사람뿐이었는데요, 그 여주인이 주변의 말에 휘둘려서 자신을 달리 보기 시작하고 결국에는 자신을 내몰아버리니 너무 속상한 겁니다. 여주인인 사래 한 사람을 믿고 이국땅 팔레스타인에까지 와서 살아가고 있는데, 그러다가 여주인의 부탁으로 첩살이를 살게 된 건데 이상한 신념을 가지고 있는 사람들의 개념 없는 몰아붙임에 의해서 여주인의 생각도 바뀌어 버리고 하갈 자신은 삶의 자리를 박탈당하고 주변으로 밀려나는 신세marginalization가 된 겁니다. (유연희. "어디서 와서 어디로 가야 하는가?" 참조)

'그래 마음을 굳게 먹어야지, 누가 내 인생을 대신 살아줄 것도 아닌데… 여기서 이렇게 살아가다가는 무슨 일을 당할지 모르니, 내 인생은 내가 지켜야 하니 길을 떠나야겠어.'

마음을 굳게 먹고 그렇지만 터덜터덜 방랑자의 길을 걷고 있는 하갈에게 천사가 물었습니다.

'어디로 가고 있는 거냐?'

'제 삶의 자리를 찾아가고 있습니다. 자기들 멋대로 생각하고 자기들 마음대로 판단하는 사람들이 주류를 이루고 있는 곳에서 살아가는 일은 의미가 없습니다. 저마다 자기 생각이 객관적이라고 주장하면서 외국인이라는 이유로, 여성이라는 이유로, 노예라는 이유로 한 사람의 삶을 부정하고 차별하는 곳에서는 저도 살아갈 이유가 없습니다.'

'그러지 말고 돌아가거라. 그곳에서 너의 삶의 자리를 잘 살펴보도록 해라. 함께 살아갈 수 있는 삶의 지평을 넓히는 노력을 해봐야지 이렇게 무책임하게 떠나버리면 어떻게 하겠다는 거냐? 내가 손을 잡아주마. 너의 자손들이 셀 수 없을 만큼 번성하게 해 줄 테니~'

'새로운 삶의 자리에서 속 편하게 살아가게 해 주십시오. 제가 경험한 그 삶의 자리는 너무 혹독합니다. 자비로움이 없습니다. 자기 논리가 너무 강하고 다름을 인정하려는 여유도 없습니다.'

하갈은 수르광야의 샘 옆에서 하나님의 임재를 경험합니다. 하나님은 외국인이고 여성이며 노예 신세인 하갈에게 나타나셔서 살아가는 법에 관한 이야기를 나누어 주고 계십니다. 주변의 사람들은 외국인이기 때문에, 여성이기 때문에, 노예이기 때문에 흘깃거리는 눈길을 보내곤 했지만, 하나님은 하갈에게 다른 의미로서의 따듯한 눈길을 보내고 계시는 겁니다.

그러고 보니 성서에서 하나님을 만나고 족장들이 받은 축복의 유형과 비슷한 하나님의 음성을 들은 여성들이 그리 흔하게 나타나고 있지는 않습니다. 하갈을 괴롭히던 시대정신에 충실한 사람들의 시선으로는 절대로 불가능한 일이 수르의 샘 옆에서 일어난 겁니다. 그리고 하나님의 임재를 경험한 하갈은 이렇게 고백합니다.

"내가 여기에서 나를 보시는 하나님을 뵙고도 이렇게 살아서 겪은 일을 말할 수 있다니 하면서 자기에게 말씀하신 주님을 '보시는 하나님'이라고 이름 지어서 불렀다." **창세기16:13**

하나님은 주류세력에게 견제를 받는 약한 존재인 하갈에게 나타나셔서 일방적인 주류세력은 보아내기 힘든 하나님의 시선을 보여주고 계십니다. 그러니 하갈은 자신에게 임재한 하나님을 '보시는 하나님'이라고 부르는 겁니다.

하갈이 고백하는 '보시는 하나님'은 마태복음 20장에 기록되어 있는 포도원 주인의 이야기에서도 잘 나타나고 있습니다. 포도원 주인은 오후 5시에 고용한 일꾼에게도 아침 9시부터 일한 사람들과 같은 액수의 임금을 지불합니다. 이러한 포도원 주인의 처사는 아침부터 일한 일꾼들의 반발을 일으켰습니다.

"하루 종일 일한 우리는 뭡니까? 저 친구는 한 시간밖에 일을 하지 않았다고요."

자본적 사회에서 경쟁적 질서에 최적화된 사람들이 확신을 가지고 요구하는 자본적 정의의 외침으로는 대단히 타당한 요구입니다. 그러나 이 사람들에게는 한 가지 간과하고 있는 것이 있습니다. 자기들의 제한된 지식으로 초월적인 하나님의 창조질서를 규정하고 정의定意하려는 시도를 하고 있다는 것 말입니다. 이들의 반발에는 사회적인 약자에게도 하루를 살아갈 재화가 필요하다는 자비로운 생각이 담겨 있지 않습니다. 이들은 단지 효율을 따지며 시기하는 마음으로 타자를 공격하고 있을 뿐입니다.(볼프강 스테게만 외.『작은 자들의 하나님』. 참조) 이런 마음을 바탕으로 살아가는 사람들은 포도원 주인의 마음을 절대로 이해하지 못합니다. 그래도 포도원 주인은 한마디 응대를 하기는 합니다.

"내 것을 가지고 내 뜻대로 할 수 없다는 말이오? 내가 후하기 때문에, 그것이 당신 눈에 거슬리오?" **마태20:15b**

포도원 주인이 하나님의 은유적 캐릭터라면 하나님은 이렇게 말씀하고 계시는 겁니다.

"너희들이 나의 통치권에 이의를 제기하는 것이냐? 너희들의 그 밴댕이 소갈딱지만 한 이해력으로 나를 헤아릴 수 있다는 거냐? 오후 늦게까지 인력사무소에서 일자리를 구해야만 하는 절박한 사람에게 후하게 임금을 지불하는 나의 행위가, 약자를 살펴보는 나의 시선이 너희들의 그 좁디좁은 속내에 의해서 이해가 되어야만 한다는 것이냐?"

하갈은 상황에 떠밀려서 광야로 나왔다가 '보시는 하나님'이 임재하시는 은총의 자리를 경험했습니다. 그리고는 차별을 받고 신음하며 살아가야 하는 그 삶의 자리로 돌아갑니다.

◇◇◇

아브람의 아침 묵상

아침에 일어난 아브람은 입술을 굳게 다물고 쌓아놓은 제단 앞으로 습관처럼 나갑니다. 그리고는 눈을 감은 채로 무릎을 꿇고 조용히 앉아 있습니다. 아침 햇살이 천막 사이를 살짝 헤치고 들어와 차분하게 전면에 비추이고 있는 모습이 뭔가 신비롭기도 합니다. 아련해지는 마음을 잘 가다듬으며 앉아 있는 아브람의 귓가에 세미한 울림이 들려옵니다.

"나는 전능한omniscience and omnipotence 하나님이니~~"

매일 아침,

아브람은 잠에서 깨어나는 대로 몸과 마음을 단정하게 하고 묵상하는 시간을 갖습니다. 이리저리 옮겨 다니며 살아가는 신세이지만 그래도 가는 곳마다 제단을 쌓고, 그리고 그곳에 머무는 동안에는 꾸준히 기도하는 시간을 가져왔습니다. 때로는 지루하기도 하고 응답하지 않은 하나님에게 투정을 부리기도 하지만 나름 꾸준히 시간을 보내곤 했던 겁니다.

그런데 웬일인지 오늘은 아침부터 뭔가 마음의 울림이 느껴지기도 하고 천막 안으로 새어 들어오는 햇살이 심상치 않기도 하더니 엄청난 신비와 초월의 무게감이 아브람에게 다가옵니다.

하나님 앞에서의 단독자로 살아가는 아브람은 이렇게 일관된 묵상의 시간을 보내는 모습을 통해서 아무도 없는 곳에서 정직하고 그 누구도 보지 않는 홀로 있는 자리에서도 성실한 자신의 삶의 태도를 만들어 가는 모습을 잘 수행해나가고 있습니다. 그러면서 홀로 묵상하는 중에 들리는 울림에 자신의 몸을 낮추고 귀를 기울이고 있는 겁니다.

'진리를 따라 살아가라… 자비로운 삶을 살아가라… 그러면 너를 번성하게 하겠다. 나는 네 하나님이 되고 너는 나의 백성이 될 거다…' (창세기17:9절 이하 참조)

'할례를 받아야 한다. 그 할례로 너의 진실한 삶과 자비로운 삶을 성찰하도록 해야 한다. 사래가 아들을 낳을 텐데… 모두들 나와의 약속을 잘 지키며 살아가야 한다.' (창세기17:11절 이하 참조)

아브람은 답답합니다.

살던 곳을 떠나서 이리저리 정처없이 떠돌아다니며 살아온 지가 벌써 25년입니다. 살던 곳을 떠나서 어디론가로 향할 때의 아브람의 발걸음은 경쾌하기도 했습니다. '그래? 하늘의 별과 같이 바닷가의 모래알과 같이라고?' 그러면서 '그래, 그렇게만 되면 얼마나 좋겠어? 그렇게 해주신다고 약속을 하시니 약속을 지켜 주시겠지' 하는 마음으로 한동안 기대를 가지고 열심히 걸었던 아브람입니다. 그렇지만 10년이 지나고 20년이 지나 25년 차에 들어서도록 떠돌이 생활은 계속되고 자식이라고는 하갈에게서 얻은 이스마엘 하나뿐이니 '젠장~ 하늘의 별과 같이는 무슨~'이라는 생각이 문득문득 들어오기도 합니다. 천막 안으로 들어온 아침 햇살은 문득 정면의 벽을 타고 천장으로 올라가고 있습니다.

'예, 정직하게 살기는 하겠습니다. 성실하게 사는 것도 그렇게 사는 것이 당연하니 그렇게 살아가도록 하겠습니다. 그렇지만 저도 이제 나이가 100살이고 아내의 나이도 90이니 이스마엘이나 잘 살아가도록 보살펴주시면 감사한 일이라고 생각하겠습니다.' (창세기17:17~18 참조)

아브람은 들려오는 세미한 하늘의 음성에 대해서 두려움과 복종의 자세를 취하여 몸을 낮추고는 있지만 '전능하신 하나님의 이야기'에 대해서는 웃음으로 응대하고 있습니다. 아침마다 기도하며 시간을 따라서 묵상을 이어가는 아브람은 경건의 형식을 꾸준히 취하고 있지만, 그 경건의 형식이 삶의 능력이 되게 하는 것으로는 충분한 내공을 쌓아내지 못하고 있는 듯합니다. 뭐 어차피 인간이 전지전능하신 하나님의 섭리를 모두 이해하면서 살아가는 것은 불가능한 일입니다. 인간의 이해는 제한되어 있으니 아내인 사래의 몸을 통해서 아들을 주신다는 하늘의 울림이 백 살 된 노인에게 받아들여지는 일이 매우 어렵다는 것은 누구라도 인정할 수 있을 겁니다. 그렇기 때문에 사래도 수태고지가 전해지는 자리에서 웃고 맙니다.(창세기18:12절)

인간은 제한된 지식을 기반으로 살아가는 존재입니다. 그러면서도 때로 자신의 지식에 관해서 확신을 가지고 살아가면서 주장하기도 하고 논쟁하기도 하는 존재입니다. 이 논의가 형이상학의 자리에서 이루어지기라도 할라치면 끝없는 논쟁 끝에 함부로 상대를 규정하기도 하고 정죄하기도 하는 무모한 결말을 보이기도 합니다. 이런 상황의 원인은 인간은 제한된 지식을 가지고 살아가는 존재임에도 이 상황을 인간 스스로가 알지 못한 채로 살아가기 때문입니다. 사람들은 형이상학에 관한 추론을 증명해내는 과정을 수행하기도 합니다. 그리고 이 추론을 보편타당한 삶의 가치로 만들어내기 위하여 오랜 시간 동안 토론하고 논쟁하기도 하죠. 그런 과정에서의 논점 대부분은 가설에 기반해 있음에도 불구하고 자신의 논리에 매몰되기라도 하면 자신의 진영에서 타당하다고 주장하는 논리에 기반해서 규칙을 정하고, 자기 진영의 목소리를 키우고 숫자를 늘려 세력화를 이룬 다음에는 세력이 약한 상대를 손쉽게 틀렸다고 규정하는 지식의 오만함을 범하기도 합니다.

아브람은 순간 자신의 제한된 지식으로 하나님의 소리를 들으면서 제한된 지식의 오만함이 발동합니다. '백 살 노인이 아들을 낳는다고? 25년 동안 들어왔던 이야기인데 또 앞으로 25년 동안 들어야 하는 소리는 아닌 건가?' 하는 생각이 들었는지 아브람은 '씩' 웃으면서 비아냥거리듯 한마디 합니다.

'이스마엘이나 잘 살펴주시라고요.'

이런 반응을 보이며 자기 스스로를 제한하고 있는 아브람에게 하나님은 할례를 받으라는 이야기를 하고 계십니다.

일반적으로 고대 근동 또는 아프리카의 부족들에게서 이어지고 있던 할례의식은 성인식이었다는 의견이 많이 있는 것이 사실입니다. 그렇게 알려진 할례는 몇 가지 이유 때문에 시행이 되었다는 의견도 있는데요. 감염의 방지, 또는 결혼을 위한 준비, 액땜을 위한 주술적인 기능, 신에 대한 헌신의 표식 등이 그것이랍니다. (천사무엘. 『창세기』. 참조) 그러나 창세기 17장에서 할례를 요구하는 하나님의 의도는 구별된 삶을 살아가는 하나님의 사람의 헌신과 결단을 몸에 새기고 한결같이 기억하면서 살아가라는 뜻일 겁니다.

그렇지만 문제는 사람들이 그렇게 몸에 흔적을 내면서, 또는 물속에 들어갔다가 나오는 세례 의식을 경험하면서도 자신의 몸에 깊이 배어 있는 과거의 삶의 방식을 흔들어대지 못한다는 것입니다. 할례를 받았다는 사람도 추론에 관하여 논의하는 중에 자신의 지식이 대단히 제한된 지식이라는 성찰을 하지 못합니다. 그렇기 때문에 바울은 일방적으로 주장하고 상대의 의견에 귀 기울이지 않는 '지적 오만' 또는 배타적 신앙의 열정을 보이는 '믿음 좋은 신앙의 이중성'이 얼마나 위험한 것인가 하는 것에 관하여 한마디 합니다.

"율법을 지키면 할례를 받은 것이 유익하지만 율법을 어기면 그대가 받은 할례는 할례를 받지 않은 것으로 되어 버립니다." **로마서2:25**

프랑스의 철학자인 자크 데리다는 할례를 '잘림의 상처'로 설명하고 있습니다.(김이석. "자크 데리다의 할례받은 인식론과 종교 없는 종교성". 참조) 데리다는 자신의 삶의 여정에서 많은 아픔을 경험합니다. 자신의 철학적인 지향에 대한 사람들의 몰이해, 인종적인 차별 등은 데리다의 여정을 물리적으로 늦추는 요인으로 작용한 듯합니다. 그리고 데리다는 이러한 상황을 자신이 직접 경험하기도 한 '잘림의 경험'을 통해서 새로운 가능성을 보는 작업을 해나갑니다. 기존의 질서 가운데서 차별을 가능하게 하는 사회적인 인식과 관점은 잘라버리는 것으로 해체되어야 하고 새로운 대안적 질서가 제공되어야 한다는 것입니다.

데리다는 개인적으로 병원에서 채혈하는 것을 무서워했답니다. 그러나 그럼에도 불구하고 데리다는 이 과정을 '혈관을 찾아라'라는 문장으로 받아냈다는군요. 즉 여러 가지 불편한 상황에서도 나는 여전히 살아있고 나의 살아 있음을 나의 혈관을 찾아서 명확하게 보여주려는 의도였다는 겁니다.

어쩌면 아브람은 자신의 제한된 지식으로 전지전능하신 하나님을 제한하는 식의 신앙 여정을 걸었을지도 모릅니다. 그런 식의 신앙 여정을 걸었으니 하나님의 수태고지에 관해서 웃음으로 반응하면서 '이스마엘이나… '라는 소리를 할 수 있었을 거니까요.

아브람은 제단을 쌓고 기도는 규칙적으로 했지만 어쩌면 이 과정이 자신의 제한된 지식에 기반한 신념을 강화시켜 다른 이야기에 대한 유연성과 탄력성을 떨어뜨리는 것으로 역기능을 경험하고 있었을지도 모를 일입니다. 하나님의 소리를 들으면서 웃고 있는 아브람은 하나님을 경멸하거나 그 존재를 무시하는 것은 아니겠지만 자신이 제한된 지식에 근거한 신념을 가지고 있다는 것을 성찰해 내지 못하고 있는 모습을 언뜻 보여주고 있습니다. 자기를 성찰하지 못하는 삶의 자리에서 살아가고 있는 사람은 하나님에게 신뢰를 보낸다고 하면서도 자신의 이해

범주를 벗어나는 은총을 베풀어 주시는 하나님을 향해서는 비아냥거리는 웃음을 보내기만 할 뿐인 겁니다.

이런 상황이 일반적인 사실이고 많은 그리스도인들이 이러한 신앙여정을 걷고 있다면 그건 정말 큰일입니다. 일방적인 그리스도인이 하나님의 뜻에 자기주장을 올려놓고 목소리를 키워나갈 가능성이 높으니까요. 그리고 그런 이들이 힘을 갖기라도 하면 그땐 정말로 폭력적인 행태가 주류를 이루는 일방적인 세상이 될 겁니다.

아브람은 꾸준히 아침 묵상을 이어갑니다.

◇◇◇

나그네를 환대하는 아브라함

아브라함은 자신이 머무는 천막 앞에 앉아 있습니다. 저 멀리 흐릿해 보이는 실루엣이 조금씩 다가오더니 푸석한 사막길을 힘들게 걸어가는 사람들의 모습이 아브라함의 눈에 들어왔습니다.

'여행자들이구나!'

상대의 정체를 알아차린 아브라함은 주저하지 않고 사막의 여행자들을 향하여 달려갑니다.

고대 근동의 사막을 걸으며 여행을 하는 것은 어쩌면 생명을 담보하는 일이기도 합니다. 비가 오지 않는 사막, 그래서 물을 구하기는 더욱 힘이 든 장소, 건조한 날씨는 금방 목이 타오르게 하고 은밀히 숨어 있는 전갈과 독사들의 위협은 사막을 걷는 일에 신경을 곤두서게 하기도 합니다.

그래서인가 고대 근동을 살아가는 사람들은 사막의 여행자들이 보이기라도 하면 주저하지 않고 달려가서 그들의 고단함을 덜어주고 피곤을 털어버릴 수 있도록 최선의 배려를 하곤 했습니다. 당시를 살아가는 사람들은 잘 알고 있었습니다. 사막의 여행자를 살리는 일은 곧 자신을 살리는 일이라는 것을 말이죠. 어차피 아브라함도 한곳에 집을 짓고 천년 만년 살아가는 정착민은 아닙니다. 지금 사막의 여행자를 환대하기 위하여 아브라함이 앉아 있는 곳도 천막 앞이니까요. 이건 아브라함도 꾸준히 옮겨 다니는 유목민이고 사막의 여행자라는 사실을 보여주는 대목입니다. 그러니 아브라함은 환대를 실천하는 사람임과 동시에 언제든지 환대를 받아야 하는 여행자와의 동질성을 가지고 살아가는 사람이었던 겁니다. 그리고 서로를 받아들이고 물과 식량을 나누며 피곤을 덜어주는 환대의 관습은 거친 삶의 자리를 살아가는 사람들이 상호 간에 생존을 보장해주는 약속을 주고받는 의식이었던 셈입니다.

여기에다가 당시의 하나님 신앙이 이러한 환대를 신앙적으로 묘사하고 있는 것도 환대의 당위를 뒷받침해주는 요인이 되고 있습니다.

"주 당신들의 하나님이 당신들에게 주시는 땅의 어느 한 성읍 가운데에 가난한 동족이 살고 있거든 당신들은 그를 인색한 마음으로 대하지 마십시오. 그 가난한 동족에게 베풀지 않으려고 당신들의 손을 움켜쥐지 마십시오. 반드시 당신들의 손을 그에게 펴서 그가 필요한 만큼 넉넉하게 꾸어주십시오." **신명기15:7~8**

이러한 생활 전통이 온몸에 배어 있는 아브라함은 사막의 여행자들에게로 달려갔습니다. 그리고 자세를 낮춰 땅에 엎드리고서는 자기의 집에 머물기를 청하고 있습니다.

"여러분들께서 저를 좋게 보신다면 저희 집을 그냥 지나치지 마시고 좀 쉬었다 가시면 좋겠습니다."

"좋습니다. 정 그렇게 청하신다면 우리가 당신의 집에 잠시 머물다 가겠습니다." (창세기18:3, 5 참조)

그리고 아브라함은 최선을 다해서 자기 집에 머물기로 한 여행객들을 대접합니다. 좋은 밀가루를 내놓고 송아지를 잡으며 고급 유제품들을 손님들의 식탁에 올립니다. 이러한 환대 덕분이었는지, 아브라함은 아내 사라가 아기를 낳을 것이라는 하늘의 고지를 다시 한번 듣게 됩니다. 그러고 보면 아브라함은 거친 광야를 여행하는 여행자를 환대하면서 하나님의 현존을 경험하고 있는 겁니다.

이렇게 환대를 실천하고 있는 아브라함은 참 대단한 사람입니다. 일단 아브라함은 환대를 위하여 자기를 낮추는 일을 서슴지 않았습니다. 뭔가를 가지고 있는 사람이 자신의 것을 남에게 내어줄 때에는 은근히 우위를 점했다는 자기 우월감에 빠질 위험이 있습니다. 그러나 아브라함은 청하는 순간부터 자기를 낮춤으로써 자신의 이력에 '선행'이라는 한 줄이 첨가되는 것을 원천적으로 막아내는 모습을 보이고 있습니다. 더불어 익숙하지 않은 낯선 사람을 자기 집에 들이고 있으면서 다름(차이)을 인정하는 너그러움을 보여주고 있습니다.

타자를 수용하고 환대한다는 것은 차이가 있는 이웃을 인정하고 받아들인다는 것을 의미합니다.(문성훈. "타자에 대한 책임, 관용, 환대 그리고 인정". 참조) 즉 보편적 가치가 제공하는 획일적 범주를 극복하는 모습을 보인다는 것이죠. 우리는 인간이라는 커다란 범주에 속해 있지만, 가만히 그 속을 들여다보면 인종적 차이, 성별의 차이, 지역적 차이, 그리고 경제력에 의한 삶의 질적 차이 등을 경험하게 됩니다. 그리고 이러한 차이는 인종적 차별을 경험하게 하고 지역감정으로 인한 아픔을 경험하게도 하며 성별에서 오는 차별도 경험하게 합니다. 경제력에서 오는 차이는 자본주의 사회에서 1등석, 2등석, 3등석으로 등급을 매기고 있는데 별다른 불만 없이 당연하게 받아들여지는 사회적 질서로 자리를 잡고 있는 상황이기도 하죠.

한국의 건축 현장을 가만히 들여다보면 힘들고 어려운 일을 하는 근로자들은 대체로 외국인 근로자인 경우가 많음을 볼 수 있게 됩니다. 외국인 근로자들은 자기들이 살던 나라에서는 주류에 속해서 살아가던 사람들이었지만 한국이라는 다른 나라에 오게 되면서는 졸지에 소수자가 되어서 따가운 눈총을 받으며 살아가게 된 겁니다. 그리고 외국인 근로자와 한 자리에서 살아가는 것이 불편한 홈그라운드의 주류세력인 정착민은 때로 차별과 심지어는 혐오의 눈길로 사회의 소수자인 이민자들을 바라보기도 합니다. 홈그라운드에서의 주류세력도 다른 나라의 공항에 도착하면서부터는 소수자가 되어 살아가게 되는 건데 말입니다.

검은 양 효과black sheep effect라는 것이 있는데요.(신고은. 『인간의 마음을 이해하는 수업』. 참조) 이건 보편적 사고는 폭력성을 가지고 있다는 것을 폭로하는 이론입니다. 이 폭력성은 개인의 개별성을 인정하지 않고 보편적 범주를 기준으로 삼아서 솎아내는 것을 말하는 겁니다. 흰색 양들이 다수를 이루고 있는 양의 무리에 검은색 양 한 마리가 섞여 있다는 것은 눈에 잘 띈다는 면에서 맹수의 위협에 쉽게 노출이 될 거고, 그건 목장 주인에게는 손해가 될 테니 검은 양을 지목하고 무리에서 제외시키는 거죠.

한국인이라는 보편적 범주 속을 가만히 들여다보면 거기에는 소득이 높은 사람과 낮은 사람이 있는데 소득이 높은 사람이 소득이 낮은 사람 때문에 자신의 삶의 질이 떨어진다면 자신이 속한 범주에서 소득이 낮은 사람을 밀어내기도 하는 상황을 설명하고 있는 이론이기도 합니다.

이 상황은 사사기 19장에 나오는 기브아라는 동네에서 벌어진 일로도 설명이 가능할 듯한데요. 친정으로 가버린 아내(첩)를 데리고 집으로 돌아가던 레위인은 기브아에 도착하게 됩니다. 그리고 이 레위인을 환대한 사람은 에브라임 산간 지방 출신인 한 노인이었습니다. 그러나 기브아 사람들은 이 노인의 환대를 인정하지 않습니다. 너는 우리 동네 토박이가 아니니 너에게는 환대할 수 있는 권리가 없다는 것이죠. (임봉대. "구약성서에 나오는 환대에 관한 소고". 참조) 기브아 사람들은 자기들과 함께 살아가는 노인을 검은 양으로 지목하고는 자기들의 신념으로서의 환대의 권리를 수호하기 위해서 노인의 환대를 제거해버리는 겁니다. 그리고는 레위인의 아내를 성폭행하고 죽음으로 몰아버립니다. 검은 양 효과는 이렇게 무서운 겁니다.

기브아 사람들은 보편적 가치가 제공하는 일반적 범주 안에서만 살아가는 사람들입니다. 그들은 자기들의 범주를 넘나드는 삶을 살아가고 싶지 않습니다. 그저 살아온 대로 살아가고 그렇게 잘 유지해나가는 삶에 걸림돌이 되는 낯선 삶의 양식은 '죽임'이라는 생활방식을 앞세워서 제거해버리는 무서운 삶을 살아가고 있습니다. 비록 자기들의 범주 안에서 살아간다는 확신과 '죽임'이라는 생활방식이 한 여인을 죽음으로 몰아갔고 그 죽음 때문에 치열한 전쟁을 경험하게 되었지만, 이들은 그 전쟁도 자기들의 신념의 결과물로 선뜻 받아낼 겁니다. 그렇게 살아가는 기브아 사람들에게서 자기성찰을 통한 돌이킴은 나타나지 않을 건 당연할 거고요.

차별과 혐오를 무기로 삼고 살아가는 사람들이 주류세력을 이루고 살아가는 사회가 환대를 중심으로 살아가는 사회로 전환되는 일은 매우 어려운 일입니다. 모두들 자기 신념을 기반으로 해서 살아가면서 흔들림 없는 신념 수호대임을 자임하기 때문입니다. 그렇지만 꼭 한 가지 기억해냈으면 하는 내용이 있습니다. 차별과 혐오를 무기로 하여 살아가는 사람들의 생활양식과 그들이 구축한 사회구조 때문에 누군가가 죽어간다면 거꾸로 그런 생활양식과 사회구조를 만들어 낸 사람들도 언젠가는 차별로 인한 죽음을 경험하는 고단한 상황에 처할지도 모른다는 생각 말입니다.

아브라함은 이러한 상황을 잘 이해하고 있는 것으로 보입니다. 메마른 사막을 여행하는 여행자는 내가 살아가는 삶의 방식과는 많이 다른 삶을 살아가고 있을 테지만, 그 차이가 그들에게 먹을거리를 주지 못하게 하는 요인은 되지 않는다는 것을 말이죠. 내가 주는 먹거리로 저들의 생명이 유지될 때, 언젠가는 저들이 주는 빵으로 나의 생명이 이어질 것이라는 '함께 살아감'에 관한 이해는 아브라함이 지나가는 여행객을 주저함 없이 자신의 집으로 들이는 동력입니다.

아브라함과 사막의 여행자라는 대비에서 아브라함은 상대적으로 안정적인 삶의 자리를 소유하고 있는 상황입니다. 그러나 아브라함은 자신의 상황보다 열악한 삶의 자리를 살아가고 있는 이, 나와는 다른 방식의 삶을 살아가고 있는 이를 내려다보지 않고 군림하려고도 하지 않으며 차이를 인정하고 상대를 존중하는 삶을 실천해내고 있습니다.

보편적 가치가 만들어 낸 획일적 범주를 살아가는 사람들은 동질성이라는 개념을 익숙해합니다. 그동안 살아온 자기에게 익숙한 삶을 살아가는 사람들은 자기들의 생각과 조금이라도 다른 이야기들이 들려오면 힘들어하고 쉽게 분노지수를 높이곤 합니다. 그러다가 결국 나와는 다른 삶을 살아가는 사람들을 극단적인 상황으로 몰아가는 자기들만의 신념어린(?) 모습을 보이곤 하는 겁니다.

그렇지만 아브라함이 보여준 실천적 환대에는 타자 중심적 윤리라는 의미가 담겨 있다고 할 수 있습니다. 아브라함은 자신의 관점으로 사막의 여행객을 바라본 것이 아니고 여행객들의 입장을 자신의 입장으로 전환시킬 수 있는 입장의 동일함을 가능하게 하는 사람입니다. 글쎄요, 그리스도인들이 하나님의 은총을 경험해야 한다면 그것은 타자를 위한 기여 능력을 확보한다는 자기 고백이 아닐까요? 또는 우리 사회의 주류 세력이 구축하고 있는 경쟁의 질서에서 한 발 물러나 이웃에게 기회를 양보하는 것으로써 평등한 삶의 자리를 만드는 일에 마음을 모은다는, 이웃과 함께 행복한 세상을 만들며 예수가 꿈꾸었던 하나님의 나라를 구현해 나간다는 자기 고백으로서의 하나님 은총의 경험이고 실천이라면 그건 정말 즐거운 일일 겁니다.

아브라함은 자신의 집을 방문한 여행객들에게 이렇게 이야기합니다.

“이렇게 이 종에게로 오셨으니 좀 잡수시고 기분이 상쾌해지신 다음에 길을 떠나시기 바랍니다.” **창세기18:5절**

◇◇◇

불의를 부끄럽게 하기

소돔성 어귀에 앉아 있는 롯의 눈에 바쁘게 걸어가고 있는 두 사람이 들어왔습니다. '여행자구나' 환대가 몸에 배어 있는 롯은 지체하지 않고 자리에서 일어나 여행자들에게로 달려갔습니다.

"여정이 힘드실 텐데 우리 집에 오셔서 묵으시면서 피로를 푸시고 힘을 회복하신 후에 길을 떠나시면 좋겠습니다."

자기를 한껏 낮추고 지나가는 여행객을 환대하는 롯의 모습에서 아브라함의 환대의 모습이 겹쳐overlap 보이는 것은 고대 근동을 살아가는 사람들이 살아가는 생활의 모습을 살펴볼 수 있는 대목입니다. 더불어 가지고 있는 것을 나눈다는 것은 나눔을 실천하는 사람이 우월감을 느끼게 하기 십상인데 롯도, 아브라함도 자신의 몸을 한껏 낮추며 여행객을 자신의 집으로 초대하고 있으니 나그네, 그리고 여행자를 맞이하는 것이 자신의 선행을 과시하려는 것이 아니라 일상적인 삶의 양식으로, 이웃과 함께 살아가는 마음으로 실천하는 고대 근동인들의 평범한 생활인 것을 알아볼 수 있게 합니다.

바쁜 발걸음을 옮기던 두 나그네는 롯의 간청을 거절하지 못하고 롯의 집에 머물게 됩니다. 롯의 환대를 경험하게 되는 겁니다. 그런데 여기서 소돔 사람들의 패악질이 시작됩니다. 일단 이들의 논리는 대단한 자기중심성을 드러내고 있는데요, 지나가는 나그네를 환대하는 것은 소돔이라는 지역에서 정착해 살고 있던 본토박이인 자기들의 권리라는 것을 명확하게 드러내고 있는 겁니다. (임봉대. "구약성서에 나오는 환대에 관한 소고". 참조)

"그러자 소돔의 남자들이 롯에게 비켜서라고 소리를 지르고 나서 '이 사람이 자기도 나그네살이를 하는 주제에 우리에게 재판관 행세를 하려고 하는구나. 어디, 그들보다 당신이 먼저 혼 좀 나보시오.' 하면서 롯에게 달려들어 밀치고 대문을 부수려 하였다." **창세기19:9**

그러고 보니 롯은 소돔에서 태어나고 자라난 소돔의 원주민은 아니었습니다. 아브라함과의 유목지 분쟁을 피해 소돔으로 옮겨 온 이주민 신분입니다. 그리고 본토박이임을 주장하는 소돔 사람들은 환대의 권리는 자기들의 고유한 권리임을 주장하고 있는 겁니다. 세상을 바라보는 시선을 자기들이 보고 싶은 것만 볼 수 있도록 초점을 맞추어 놓고 그 초점 안에 들어오지 않는 것은 인정하지 않는 일방성은 함께 살아가는 일에 걸림돌이 되기도 합니다.

이렇게 자기들만의 논리인 일방성으로 무장한 소돔 사람들은 롯의 집에 머물고 있는 나그네들을 내놓으라고 소리 지르며 자신들의 폭력성을 거침없이 드러냅니다. 뭐 당연한 일입니다. 어떤 식으로든 '고착된 신념'에 굳게 기반하고 그 신념이 진리라는 확신을 가지고 살아가는 사람들은 자신의 생활방식을 쉽게 돌이키지 못합니다. 그리고 그러한 기존의 질서에 기반해서 살아가는 사람들은 나그네에게 폭력을 행사하고 결국 나그네를 죽이기까지 하더라도 자기들의 관점을 지켜냈다는 것을 축하하며 축배를 들기도 합니다. 이들은 자기들의 고착된 신념을 따라서 행사한 폭력이 정당하다고 굳게 믿는 사람들이니 역설적이긴 하지만 이들이 축배를 드는 것을 탓할 일도 아닌 듯합니다. 누군가가 사람이 죽어간다고 하소연을 해도 이들은 자기들이 살아가는 법 이외의 방식은 받아들일 줄을 모르는데 그건 지난날의 학습 결과이기도 하기 때문입니다. 관성에 편승해 있는 사람들에게는 함께 살아가자고 간곡하게 청하는 이웃의 소리가 들리지 않습니다. 시간과 공간을 통과하면서 검증된 건강한 가치를 수용하고 그 가치를 따라서 신념어린 삶을 살아간다는 것은 시대적인 상황을 섬세히 살피고 염두에 두면서 유연성이 작동하는 삶을 살아간다는 것을 의미하는 것일 텐데요, 고착된 신념은 이러한 삶을 쉽사리 허용하지 않습니다.

인류의 역사는 18세기에 접어들면서 엄청난 변화를 경험하게 됩니다. 인간의 이성이 눈을 뜨는 계몽의 시대를 맞이하게 된 거죠. 합리적이고 정교한 논증에 의해서 천동설은 극복이 되고 천동설이 진리인 줄로 알고 있었던 이들에 의해서 기록이 된 성서도 발전된 학문적 기술에 의해서 새로운 시각으로 읽을 수 있게 되면서 '지금 여기'에 타당한 하나님의 뜻을 새로이 깨닫게 되기도 했습니다. 이런 시대정신의 발전은 인간의 이성에 대하여 한없이 낙관하는 삶을 가능하게 했습니다. 인간의 이성은 유토피아를 건설할 수 있게 한다는 확신을 가지게 했으니까요. (김용규, 『철학카페에서 문학읽기』, 참조)

이렇게 인간의 이성이 활성화되는 대목은 프랑스의 화가인 들라크루아의 '민중을 이끄는 자유의 여신'이라는 그림에서 확인이 되기도 하는데요, 이 그림에서 묘사된 여인의 풍만한 가슴은 인간의 이성을 한없이 낙관하는 것으로 해석이 되기도 한답니다.

그러나 이러한 인간의 이성을 중심으로 하는 역사의 발전도 심각한 부작용을 가지고 오고 말았습니다. 인간의 이성에 의하여 발전한 과학적 성과가 전쟁으로 인해서 지구촌을 폐허로 만들었으니까요. 그것은 인간이 자기의 중심성을 간과하고 이성의 능력을 무조건적으로 낙관했다는 데서 극명하게 나타났습니다. 욕망의 자녀로서 이기적인 삶을 살아가는 인간은 자신의 발전된 이성을 가지고 하나님의 나라를 세워나가기보다는 자신의 이익을 실현시키는 데 적극적으로 사용했습니다. 결국 인간 이성의 발전이 인간이 살아가는 세상을 보다 좋은 세상으로 만들어 낼 수 있을 줄 알았던 기대는 전쟁으로 인해 폐허가 된 세계를 넋을 놓고 보아야 하는 지경으로 전락하고 말았던 겁니다.

소돔을 살아가고 있는 주류세력들은 이렇게 활성화된 자기들의 이성에 기반해서 일구어놓은 결과물로서의 도시를 건설하고 풍요로운 삶을 누리고 있었지만, 자기중심성이 활성화되는 것을 제어하지 못하면서 폭력적인 삶을 가능하게 하는 일방성이라는 삶의 자리에 들어서고 말았습니다. 이런 상황에서 소돔을 징계해야겠다는 하나님에게 의인 10명으로 타협을 시도하고 있는 아브라함의 시도가 무색해지는 건 당연한 일입니다. 사회구조적으로 일방성에 올라타 폭력적 생활양식에 익숙해진 소돔에서는 의인 10명을 찾는 일이 불가능했기 때문입니다.

아브라함은 소돔을 향한 하나님의 징벌로부터 소돔 사람들을 구하기 위하여 치열하게 기도하며 징계에서 벗어날 길을 모색하고 있는데, 소돔 사람들은 아브라함이 무엇 때문에 저리도 처절하게 기도하는지를 알지 못한 채로 무심히 지나치면서 자기들의 폭력적인 모습을 거두어들이지 않습니다. 그리고는 자기들의 폭력으로 만들어 낸 결과물을 보면서 자기들의 규칙과 생활방식을 지켜냈다고 좋아하며 키득거릴 겁니다.

그렇지만 이런 상황을 소돔의 외부에서 보고 있는 사람들은 그런 식의 삶을 살아가는 소돔 사람들을 다중인격자로 볼지도 모를 일입니다. 자기들끼리는 서로 환대하고 격려하며 살아가지만, 자기들과 조금이라도 다른 이들이 자기들의 삶의 영역에 들어오기라도 하면 일방적으로 자기들의 기준을 들이대고 그 기준을 받아들이면 우리 편, 그렇지 않으면 적으로 규정하며 잔인한 폭력을 행사하고 있으니까요, 그러면서도 상대의 아픔에 공감하지 못하고 심지어 타자의 죽음을 애도하지 않는 소돔 사람들은 '편집성 인격장애Paranoid personality disorder'라는 질병을 앓고 있는 이들일지도 모릅니다. 일방성이라는 자기들만의 세계에 갇혀 있음에도 그 세계를 살아가는 모든 사람들은 한결같은 모습으로 살아가니 자기를 객관적으로 들여다볼 여지를 가지고 있지 않은 거죠. 이건 집단적으로 편집성 인격장애라는 질병을 앓고 있다고 봐야 할 겁니다. 편집성 인격장애는 일반적이라는 범주를 벗어나 심각한 편견에 휩싸여 살아가는 상황을 일컫는 말입니다. 이건 통전적 사유를 하지 못하는 일방적이고 자기중심적 신념을 가지고 있는 이들에게서 나타나는 현상이기도 한데요, 함부로 상대를 규정하고 의심하며 건강한 신뢰를 보내지 않기도 합니다. 편집성 인격장애의 원인은 명확하게 밝혀져 있지는 않습니다. 유전적인 것이 원인일 수도, 과거의 경험 중에 학대나 심각한 결핍을 경험한 사람들이 특정 신념에 집중하다가 이런 증상을 보일 수도 있습니다. 특히 종교 생활에 심취해 있는 이들에게서 나타나기도 하는데요, 내가 가지고 있는 신념은 신의 뜻이라는 데 굳건하게 기반하고 있기 때문에 이들이 신으로부터 받았다고 믿는 신념은 일방적이기만 합니다. 본래적인 신의 요청은 우리에게 유연할 것을 요구하고 있고 그 신념에 기반한 사람들은 꾸준한 성찰을 담보해야 한다는 제언이 주어지는 건데, 이들에게 이러한 제언이 받아들여질 가능성은 거의 없습니다.

이런 사람들은 상대방의 말을 자신의 '일방적인 분석틀'을 활성화시켜서 받아들입니다. 그런데 그 분석틀이 일방적이기 때문에 꾸준한 대화의 자리에는 나오지 않으면서 함부로 상대방을 불신하고 근거없이 상대방을 의심하며 틀렸다고 몰아붙입니다. 동시에 자신들도 자기들의 분석틀을 마련하기 위하여 나름 열심히 학습을 하고 있기 때문에 대단한 자기 확신을 보이기도 합니다. 이건 '자기 참조성self-referential'으로 나타나기도 합니다. 자신의 말과 행동의 근거를 자신의 논리와 이론에서 찾아내며 text도 선택적으로 읽어나가는 겁니다.(https://ko.wikipedia.org/wiki/편집성_인격장애)

결국 이들이 모여서 다수세력을 이루어내기라도 하면 이 세력은 시대의 주류정신으로 자리를 잡기도 합니다. 이런 상황 때문에 편집성 인격장애는 치료가 매우 어렵습니다.

아마도 아브라함이 소돔성에서 의인 10명을 찾아내지 못한 건 이러한 병증의 특성 때문에 그럴 수도 있을 겁니다. '나는 옳고 너는 틀리다'

라는 단순한 논리를 신념으로 받아들인 이들은 '우리 가운데 의인'이라는 아브라함의 접근방식이 달가울 리가 없습니다.

구약성서는 여러 곳에서 이러한 소돔의 상황을 언급하고 있기도 하는데요, 구약에서 언급하고 있는 소돔과 고모라의 이야기 중에 이사야 1장 9~10절에도 소돔과 고모라에 관련된 이야기가 기록되어 있습니다.(강철구. "소돔과 고모라에 대한 구약성경의 수용과 새로운 접근". 참조)

"만군의 주님께서 우리 가운데 얼마라도 살아남게 하시지 않으셨다면 우리는 마치 소돔처럼 되고 고모라처럼 될 뻔하였다. 너희 소돔의 통치자들아, 너희 고모라의 백성들아, 우리 하나님의 법에 귀를 기울여라."

이건 정의와 공정을 담보해야 하는 이스라엘 사회가 그 관점을 놓아버린 것에 대한 예언자의 질책인데요, 그러고 보면 소돔과 고모라는 성적 타락뿐만이 아니라 사회적인 약자인 나그네를 돌보지 않고 외면함으로써 하나님의 공의와 정의가 이루어지는 사회를 만들어 가는 데 사회의 구조적인 힘을 모으지 않는 것을 반증한다고 할 수 있습니다. 이사야 선지자는 위의 본문 바로 뒤에서 '정의를 찾아라. 억압받는 사람을 도와주어라. 고아의 송사를 변호하여 주고 과부의 송사를 변론하여 주어라… 그러나 너희가 거절하고 배반하면 칼날이 너희를 삼킬 것이다.'(이사야1:17, 20) 라고 일갈하고 있으니까요. 그러나 심각한 병증에 시달리고 있는 소돔 사람들에게 이러한 예언자의 소리가 들릴 일이 없습니다.

아브라함과 롯이 지나가는 나그네(여행객)를 자신의 자세를 낮추고 환대하는 것은 함께 살아가는 고대 근동의 지혜였습니다. 아브라함은 함께 살아가는 사회로서의 가능성이 보이지 않는 소돔을 위하여 끊임없이 기도하고 있습니다. 아브라함의 기도는 무의미한 삶을 제공하는 나쁜 생각을 자신의 성실성으로 극복해내는 작업입니다. 아무리 불의한 폭력이 주류세력을 이루었다 하더라도 그 불의함의 한 복판에서 꾸준히 성실한 삶을 살아가는 것은 무의미성을 의미없게 하는, 불의를 부끄럽게 하는 역설적 삶의 양식일 수 있습니다.

함께 살아가는 것은 서로의 다름과 차이를 존중하고, 더불어 살아가는 사회에서 사회적인 약자를 배려할 수 있도록 정의와 공의, 그리고 어울림이 보장되는 시간과 공간에서 가능한 일입니다.

◇◇◇

아브라함과 아비멜렉

한동안 네게브 지역에서 생활을 하다가 잠시 그랄 땅에서 살아야 하는 상황에 놓인 아브라함은 밀려오는 두려움에 잠을 이룰 수가 없습니다. 이집트에서 생활할 때도 자신의 아내를 파라오에게 내어준 적이 있는 아브라함은 고민에 빠진 겁니다. 힘이 센 누군가가 자신의 아름다운 아내로 인하여 시비를 걸어오면 어떻게 해야 하는가 하는 문제는 매번 아브라함에게 고민거리였습니다.

아브라함은 나름대로 용맹하기도 한 사람이었습니다. 시날 왕 아므라벨, 엘라살 왕 아리옥, 엘람 왕 그돌라오멜, 그리고 고임 왕 디달이 연합해서 전쟁을 일으키고 그 여파로 자신의 조카인 롯이 잡혀 갔을 때 아브라함은 분연히 일어나 자신의 사병을 데리고 뒤쫓아가서 자신의 조카 롯을 구해오는 전과를 올리고 이로 인해서 멜기세덱에게 축복을 받기도 한 사람이니까요.

그런 아브라함이 그랄의 왕 아비멜렉이 자신의 아내를 빼앗아 갈 수 있는 상황에서 마음을 단단하게 하고 아내와 가정을 지킬 수 있는 방안을 생각하지 않는 것은 아무리 생각해봐도 이해가 되지 않는 대목입니다.

"여보, 당신은 사실상 나의 이복누이가 아니오? 어차피 같은 아버지이나 어머니는 다르다는 이유로 우리가 결혼할 수 있었지만 말이오. 그러니 그랄 땅에서 누가 우리의 관계를 물어보거든 당신은 나를 오라버니라고, 나는 당신을 누이라고 부르는 것으로 합시다."

성서는 이렇게 처신하는 아브라함의 심리를 묘사하고 있습니다. 그건 자기만 살아남으려고 하는 지독한 이기심의 발로였다는 것이었습니다.

"아브라함이 대답하였다. "이곳에서는 사람들이 아무도 하나님을 두려워하지 않으니까 나의 아내를 빼앗으려고 할 때에는 사람들이 나를 죽이려고 할 것이라고 생각하였습니다. 그러나 사실을 말씀드리면 나의 아내가 나의 누이라는 것은 틀린 말이 아닙니다. 아내는 나와 어머니는 다르지만, 아버지는 같은 이복누이이기 때문입니다." **창20:11~12**

아무리 자신의 이복누이였다는 것이 사실이라고 하더라도 이제는 자신의 아내로서의 삶을 살아가고 있는 사라인데 자신의 아내를 보호하기보다는 자신의 생존을 위해서 아내를 도구화하는 아브라함은 참 비루하기 짝이 없는 인물로 보여지는 대목입니다.

어차피 성서는 위대한 인물의 이야기를 긍정적으로 기록하고 있는 위인전기는 아닙니다. 하나님 앞에서 한없이 나약하고 항상 죄에 직면해서 살아가는 인간에 관한 기록이니 아브라함의 인간적인 약점이 드러났다고 해서 실망할 일은 아닙니다. 성서는 아브라함의 부정적인 측면에 대하여 기록하는 일을 주저하지 않고 있는데요, 창세기 21장에서 아비멜렉은 아브라함에게 '당신이 나와 나의 아이들과 나의 자손을 속이지 않겠다고 맹세하십시오.'라고 말하는 대목을 명시적으로 기록함으로 거짓을 말하는 아브라함의 부정적인 면을 드러내고 있습니다.

그렇더라도 믿음의 조상이라고 불리는 아브라함의 처신이 이 정도였다니 아브라함에 관해서 믿음의 조상이라는 선이해를 가지고 있는 입장에서는 당황스러운 장면입니다.

아브라함은 왜 이렇게도 당황스러운 처신을 하고 있는 걸까요? 인간은 자신의 이익을 위한 일이라면 신의 명령을 어기면서까지 할 수 있는 모든 일을 하는 존재입니다. 그러니 가인은 아벨을 죽이고 압살롬은 자신의 권력 획득을 위해서 아버지 다윗을 죽이려고 추격하는 모습을 보이는 겁니다. 그렇지만 이렇게 살아가는 삶은 인간의 내면에 두려움이 올라오게 합니다. 가인은 자신의 동생을 죽인 과거경험 때문에 치명적인 두려움에 휩싸여 있는 모습을 보이니까요.

"오늘 이 땅에서 저를 쫓아내시니 하나님을 뵙지도 못하고 이 땅 위에서 쉬지도 못하고 떠돌아다니게 될 것입니다. 그렇게 되면 저를 만나는 사람마다 저를 죽이고자 할 것입니다." **창4:14**

그랄이라는 새로운 환경에서 살아가야 하는 아브라함은 자신의 아내와 더불어 새로운 삶의 자리에서 '살아감의 방식'을 모색하고 어려움을 함께 극복하는 모습을 보여야 하는데요, 그렇게 하기보다는 자신이 살기 위해서 아내를 도구로 삼는 이기적인 모습을 보이는 이유가 무엇인지 짐작할 만한 단서를 찾아보기는 쉽지 않습니다. 다만 창세기 20

장에서 살짝 보이는 단서는 사라가 아브라함의 이복누이였다는 것입니다. 이는 아브라함의 유년기를 짐작해볼 수 있는 간접적인 단서가 되는데요, 안정적인 유아기를 보내지 못했을 수도 있다는 추측 말입니다.

유아기에 자신의 양육자와 만들어 가는 애착관계는 성인이 되어서 살아가는 삶의 양식에 지대한 영향을 끼치기도 하는 건데요. 이러한 관점에서라면 사라를 내어주고 자신의 안전만을 도모하는 아브라함의 처신은 어려서 경험한 불안정한 애착 관계의 결과물은 아닐까 하는 생각을 할 수 있게 합니다. 불안정한 애착 관계는 낮은 자존감의 원인이 되기도 합니다. 낮은 자존감을 가지고 살아가는 사람들은 그것을 그것이라고 하기보다는 끊임없이 핑계를 대고 변명하며 살아가는 모습을 보입니다.

아브라함은 자신의 처신에 관해서 변명으로 일관하는 모습을 보입니다. 내가 죽을까 봐 두렵다는 변명이 그것이죠. 이런 모습은 프로이드의 방어기제에 의하면 '합리화'라고 말할 수 있는 대목입니다. 자아존중감이 낮은 사람은 자신이 벌여놓은 일이 잘못된 일인데도 그것을 인정하는 일이 쉽지 않습니다. 그것을 그것이라고 하기보다는 자꾸 변명하고 핑계를 대는 방식으로 살아가는데 결국 그런 삶은 주변의 신뢰를 얻기가 쉽지 않습니다. 또한 이렇게 자존감이 낮은 사람들은 승화나 이타주의, 유머 같은 성숙한 방어기제를 사용해서 자신의 삶을 타당하고 성숙한 삶의 경지로 끌어 올리지 못하기도 합니다. (박유경. "내적 두려움에 대한 방어기제 표현". 참조)

그런데 이 대목에서 아브라함과 대비되는 처신을 하는 사람이 보입니다. 바로 그랄의 왕인 아비멜렉의 처신입니다. 하나님은 아브라함의 아내 사라를 데리고 간 아비멜렉의 꿈에 나타나셔서 이렇게 말씀하십니다.

"네가 남편이 있는 여자를 데리고 왔구나. 네가 이 여자를 데리고 왔으니 너는 곧 죽을 것이다." **창20:3절**

고대 사회에서의 부부 관계는 신에 의하여 보호를 받는다는 정황이 있습니다. 이렇게 보면 고대 사회에서의 부부 관계는 대단한 정당성을 확보하고 있는 사회제도로 자리를 잡고 있다고도 볼 수 있는데요. 그런 상황에서 아비멜렉이 다른 이의 아내를 빼앗은 꼴이 되었으니 상황이 참 고약하게 된 겁니다. 그러나 아비멜렉은 이러한 상황에 대하여 솔직하게 자신의 입장을 변증하기 시작합니다. 아비멜렉은 자신의 양심에 거스르는 일을 하지 않았다는 것입니다. (폰 라드. 『창세기』. 참조)

"주님, 주님께서는 의로운 한 민족을 멸하시렵니까? 아브라함이 저에게 이 여인은 자기 누이라고 하지 않았습니까? 또 이 여인도 아브라함을 오라버니라고 말하지 않았습니까? 저는 깨끗한 마음으로 떳떳하게 이 일을 하였습니다." **창20:4b~5**

문서설에 의하면 창세기 12장에 기록되어 있는 파라오에게 아내를 내어주는 이야기는 J 기자의 기록으로, 그리고 창세기 20장의 이야기는 E 기자의 기록으로 정리하고 있습니다. 그리고 E 기자는 아브라함과 아비멜렉이 벌여 놓은 일의 책임소재를 논쟁을 통하여 풀어내는 형식으로 기록하면서 아비멜렉의 잘못을 상쇄시키려는 관점을 드러내고 있

는 것으로 보이기도 합니다. (폰 라드. 위의 책. 참조)

어쨌거나 아비멜렉은 자신의 문제를 정확하게 짚어가면서 당당하게 풀어나가고 있는 모습이 아브라함과는 많이 다른 모습입니다. 또한 아비멜렉은 사라의 내면의 문제에도 관심을 갖는 모습을 보여줍니다. 자기 결정권이 없는 고대 사회에서의 아내의 입장은 남편의 요구를 거스르기가 쉽지 않아 보입니다. 그렇기 때문에 사라는 자신의 마음속으로 남편의 생존을 위하여 도구화되는 자신의 처지를 한없이 처량하고 안타까운 모습이지만 받아들일 수 있는 겁니다. 이건 마치 권력자의 안전을 위하여 사회적 소수자를 제물로 바치는 상황과 다를 바가 없는 거니까요. 이러한 상황을 배려한 아비멜렉은 사라를 성심껏 위로합니다.

“나는 그대의 오라버니에게 은 천 세겔을 주었소. 이것은 그대와 함께 있는 여러 사람에게서 그대가 받은 부끄러움을 조금이나마 덜어보려는 나의 성의의 표시요. 그대가 결백하다는 것을 모두가 알게 될 것이오.” **창20:16**

이렇게 보면 이 시점에서는 아비멜렉이 아브라함의 처신보다 훨씬 도덕적이고 인간적인 모습을 보인다고 할 수 있을 겁니다. 아비멜렉은 자신이 벌여 놓은 상황에 합리적으로 대처하는 모습을 보이는 동시에 사라의 명예를 회복시켜주는 인간적인 모습을 보여주고 있으니까요.

에덴에서의 타락 경험 이후, 인간은 자기를 중심으로 하는 생활방식에 최적화된 이기적인 존재가 되었습니다. 이러한 모습은 일상 속에서 언제든지 갈등을 유발할 수 있는 가능성을 가지고 있는 것을 의미합니다. 그리고 이러한 인간의 불완전함을 인지한 사람들은 인간의 내면에서 호시탐탐 활성화의 기회를 엿보고 있는 이기심을 이겨내기 위한 꾸준한 학습을 제언합니다. 솟아오르는 이기심으로서의 본성적 힘보다 훨씬 강도가 강한 교육에 꾸준히 자기를 노출시킴으로써 이타적인 마음을 강화시켜야 한다고 말입니다. 그래야 이타적인 마음이 강해지는 것에 따라 이기적인 마음은 반비례해서 작아질 수 있다는 희망을 가지고 살아갈 수 있다는 겁니다. (정철영. "인간의 도덕적 결함과 도덕교육에 관한 연구". 참조)

그렇지만 현실의 교회를 보면 이런 기대를 하기가 만만하지는 않습니다. 획일화된 교회 질서 속에서는 믿음이 좋아지면 좋아질수록 배타적인 자기중심성이 강화되는 모습을 보이기도 하니까요. 획일적 교회 질서를 통해서 획득한 굳건한 믿음이라는 것은 배타적 자기 확신에 머무르게 할 뿐 유연한 자기성찰의 자리로 나가는 일을 서투르게 하기도 합니다.

창세기 20장에서 묘사되고 있는 아브라함은 과정 중에 있는 인물입니다. 과정을 경험하는 아브라함은 하나님의 말씀을 하나님의 말씀으로 받아들이는 경지를 향해서 나가고 있는 겁니다. 패거리를 지어 다니는 무리들은 저급한 문화로서의 '우리 편 논리'에 편승해서 여기저기 돌아다니면서 소리를 높이다가 홀로 있는 시간에 두려움을 경험하기도 합니다. 하지만 아브라함은 두려움의 문제를 극복하고 이것을 이것이라고 하는 격조 높은 자존감을 가지고 살아갈 수 있는 곳으로 차분히 나아가고 있습니다.

◇◇◇

모리아 산의 아브라함

아브라함은 깜짝 놀랐습니다. 오후 묵상을 이어가던 중에 마음속을 울리는 소리가 가슴을 철렁하게 했기 때문입니다.

"으응? 이삭을… ? 이삭을 바치라고… ? 하나님, 이게 무슨 말씀이신지요? 이삭을요?"

철렁거리는 가슴을 부여잡고 고민하던 아브라함은 다음 날 아침 일찍 나귀의 등에 이런저런 제사 물품들을 싣고 길을 떠났습니다. 사흘을 걸어서 도착한 모리아 지역의 어느 산 아래에 도착한 아브라함은 아들 이삭의 등에 장작을 둘러메게 하고는 단둘이서 산을 오릅니다. 그리고는 제단을 만들고 제단 위에 펼쳐진 장작 위에 자신의 아들을 누이고는 칼을 치켜들었습니다.

"이거는 정말 너무한 거 아닙니까? 아무리 하나님이라지만 사람을 제물로 바치라고 하다니요? 이런 이야기에도 신앙적인 교훈과 의미가 담겨 있는 건가요? 그리고 아브라함도 그렇지 아무리 하나님이 그렇게 이야기한다고 하더라도 자기 자식에게 칼을 겨누다니요? 이걸 어떻게 이해하라는 겁니까?"

"그렇지요? 그렇지만 아브라함이 칼을 치켜든 장면에 이입되는 감정을 잘 달래보시고요, 성서를 기록하는 정황과 당시의 상황부터 차분하게 생각해보시자고요."

현대의 그리스도인이 성서를 읽을 때에는 성서의 기록방식과 성서가 기록되던 시대의 상황을 잘 살펴볼 필요가 있습니다. 이런 내용을 설명하고 있는 과목이 '개론'이라는 과목이죠. 언제, 어디서, 누가, 어떻게, 무엇을, 왜 기록했는지를 살펴볼 수 있는 생각의 힘을 가지고 있는 사람은 기록된 문자에 매몰되어서 하염없는 오해의 바닷속을 헤매지 않아도 되니까요.

구약성서는 대략 3천 년 전에 쓰여진 책입니다. 이러한 성서의 저작 시기는 지금 우리가 경험하고 있는 성서의 표현방식을 가능하게 했습니다. (목창균, 『현대신학논쟁』, 참조) 일단 고대인들은 하늘에서 형이상학적으로 살고 있던 신들을 형이하학의 세계인 이 세상으로 불러냈습니다. 대표적인 구절이 "오히려 자기를 비워서 종의 모습을 취하시고 사람과 같이 되셨습니다. 그는 사람의 모양으로 나타나셔서…"라는 빌립보서 2장 7절 같은 구절입니다. 더불어 성서는 오늘날처럼 과학이 발달하고 인간의 이성이 계발된 시절에 기록된 책이 아닌 신화적인 세계관이 지배하던 시절에 기록된 책이라는 것입니다. 요한복음 9장에는 예수께서 침으로 진흙을 이겨서 시각장애인의 눈에 발라주고 연못가에 가서 씻으라고 해서 눈을 뜨게 해주셨다는 기사가 나옵니다. 만약에 이러한 치료법이 유효한 치료법이었다면 예수 당시의 조건이 충족되는 상황에서는 오늘날에도 여전히 진흙을 눈에 바르는 처방으로 눈을 뜨는 사람이 나타나야 할 겁니다. 그러나 이 이야기는 요한복음 9장 자체로도 보아야 할 것을 보지 못하는 바리새인들을 향해서 뭔가 말하고 싶은 의도를 가지고 있는 이야기라는 것을 알 수 있으니 성서를 읽을 때의 해석학적 통찰이 얼마나 중요한지를 헤아릴 수 있는 대목입니다.

성서를 잘 읽어내기 위한 전제로서 해석학적 기법이 중요한 것은 이렇게 고대의 세계관에 기반해서 기록됨으로 고대의 포장지에 싸여 있는 하나님의 말씀에서 그 포장지를 벗겨내고 오늘 우리의 삶에 적절한 하나님의 말씀으로 재해석해내야 하는 작업 때문입니다. 그렇지만 때로 사람들은 고대의 포장지에 시선을 빼앗겨서 정작 그 포장지를 벗겨내고 찾아내야 할 하나님의 말씀을 찾아내지 못하는 오류를 범하기도 하는 것이죠.

이렇게 보면 아브라함에게 이삭을 제물로 바치라고 하시는 하나님의 요청과 그 요청에 응답하는 아브라함의 이야기를 기록한 기자의 의도와 그 기자가 살았던 시대적인 상황을 살펴보는 일은 본문을 타당하게 이해하게 하는 중요한 작업이라고 볼 수 있습니다.

사실 고대 가나안 땅에는 사람을 제물로 바치는 일이 행해지고 있었습니다. 특히 어린아이는 몰렉이라는 신에게 바치는 최고의 제물로 받아들여졌던 시대였습니다. (성서와 함께. 『창세기 해설서, 보시니 참 좋았다』. 참조) 이런 인신 제사는 고대 사회의 여기저기에서 행해졌다는 기록을 볼 수 있는데요, 고대 잉카에서 행해진 인신 제사의 유물로 보이는 15세 정도 되는 여아 미라의 이야기는 꽤나 유명한 이야기입니다. 카르타고의 타니트 신전은 몰렉을 섬기는 신전이라고 하는데요, 여기에서 발굴된 항아리에서 어린아이들의 뼈가 나왔다고 하고, 우리나라의 신라 시대에도 이러한 의식이 있어서 인신 제물로 바쳐진 어린아이의 유골이 경주에서 발굴되기도 했습니다. (중앙일보 2017년 5월 16일자 보도)

이러한 인신제의 정황은 이스라엘 민족이 가나안에 정착을 하고 이방 문화를 수용하는 과정에서 이스라엘의 문화에 스며들어온 듯 합니다. 그러나 본래적인 하나님 종교는 이러한 제의문화를 허용하지 않았습니다. 그러므로 이 이야기를 기록하고 있는 E 기자는 사람을 제물로 드리는 바람직하지 않은 이방 문화를 배격하고 사람 대신 짐승을 제물로 드리라는 이야기를 하면서 제의 문화의 바른 정착을 촉구하고 있는 것으로 보입니다.

이러한 기조는 예언자 전통에서도 잘 나타나고 있는데요, 에스겔은 아들, 딸들을 불 속으로 지나가게 하는 사람들을 고발하고 있고, 예레미야는 보다 적극적으로 아들, 딸들을 불태워 제물로 바치는 것은 하나님의 뜻이 아니라는 것을 명확하게 지적하고 있습니다.

"그들은 간음을 하였으며 손으로 피를 흘렸으며 우상들과도 간음을 하였으며 또 나에게 낳아 준 제 아들딸들마저 불 속으로 지나가게 하여 태워죽였다." **에스겔23:37**

"또 그들은 자기들의 아들과 딸들을 불태워 제물로 바치려고 '힌놈의 아들 골짜기'에 도벳이라는 신당을 쌓아놓았는데 그런 것은 내가 명하지도 않았고 상상조차도 하여 본 적이 없다." **예레미야7:31**

이렇게 노력하는 예언자들의 수고는 인신 제물을 허용하는 제사에서 짐승을 제물로 바치는 제사로, 그리고 예수에게 와서는 신령과 진정함으로 예배를 드리라고 함으로써 참된 예배는 예배자의 실천이 담보된 생활의 열매를 가지고 드리는 것으로 정리가 되었습니다.

하지만 고대의 인신 제사의 모습이 오늘의 교회 안에서는 보이지 않는 내용일까요? 내용과 형식이 바뀌었을 뿐, 오늘날에도 여전히 사람을 도구로 삼는 교회 운영이 남아 있음을 염려하게 하는 교회의 모습이 보여지는 것이 걱정입니다. 오늘의 교회는 교회 성장이라는 맘몬의 논리에 사로잡혀 있으면서 교회의 구성원들을 교회 성장의 도구로 소비하는 풍토를 보이고 있는 것이 사실이니까요. 집사, 권사, 장로의 직분을 주면서 고액의 헌금을 당연하게 요구하는 교회들이 부흥하는 교회의 모델이 되기도 하고요, 그런 맥락의 연장선에서 남들이 그렇게 할 때는 정색을 하며 비판의 날을 세우는 사람도 정작 자신이 직분을 받는 상황이 되면 당연하다는 듯이 많은 액수의 연보를 내면서 직분을 받아내기도 합니다. 한편으로는 재정적 여력이 되지 않는 이들은 비용을 지불하지 못해서 직분을 받지 못했노라고 탄식하기도 합니다. 이렇게 맘몬이라는 물질만능주의가 교회 안에서 활개를 치고 있는데도 그 누구도 모르는 척하며 묵인하는 모습은 어린아이를 제물로 바치고 자신의 안위를 보장받으려 하는 고대의 야만성과 비교될 만한 모습은 아닐까 하며 고개를 갸웃거리게 만듭니다.

그렇기 때문에 창세기 22장은 모리아 산의 이삭 이야기를 기록하면

서 하나님이 아브라함을 부르신 것은 아브라함을 시험하기 위함이라고 기록하고 있습니다. (창22:1)

아브라함은 투덜이 스머프 같은 캐릭터를 종종 보여주는 인물입니다. 뭔가가 조금이라도 자신의 생각대로 이루어지지 않으면 투덜거리며 하나님에게 따지듯이 이야기를 하곤 했으니까요. 하나님의 약속이 자신이 기대했던 시간에 이루어지지 않을 때에는 이렇게 투덜거리기도 했습니다.

"저에게는 자식이 아직 없습니다. 저의 재산을 상속받을 자식이라고는 다마스쿠스 녀석 엘리에셀뿐입니다... 저의 집에 있는 이 종이 저의 상속자가 될 것입니다." **창15:2~3**

그렇지만 E 기자는 모리아 산의 상황을 '하나님은 아브라함의 일관된 신뢰를 확인해보고 싶으셨나 보다'라는 맥락으로 기록하면서 하나님 종교의식의 모범을 엿볼 수 있게 하는 듯합니다. 이 맥락에서 아브라함은 예상하지 못한 하나님의 요청에, 그리고 이해가 되지 않는 하나님의 요청에도 하나님을 신뢰하는 마음을 내려놓지 않는 모습을 보이고 있습니다. 사실 이집트에서 나와 광야를 떠돌아다니던 이스라엘 사람들 가운데 어떤 이들은 광야에서의 고난과 역경을 겪으면서 하나님을 원망하기도 했지만, 또 어떤 이들은 한결같이 하나님을 신뢰하는 모습을 보이기도 했습니다. 그렇기 때문에 신명기는 이스라엘 백성들의 광야 생활은 하나님이 이스라엘 사람들의 신뢰를 확인하기 위한 과정이었다고 설명하고 있습니다.

“그렇게 오랫동안 당신들을 광야에 머물게 하신 것은 당신들을 단련시키시고 시험하셔서 당신들이 하나님의 계명을 지키는지 안 지키는지, 당신들의 속마음을 알아보려는 것이었습니다.” **신명기8:2**

하나님을 향한 신뢰를 기반으로 해서 믿음의 길을 걸어가는 그리스도인들은 등가의 법칙을 넘어서는 발걸음을 보여줍니다. 자資가 본本이 되는 현대 사회에서는 같은 가치의 재화를 교환하면서 보다 좋은 재화를 획득할 수 있는 거래 질서를 가지고 있습니다. 그리고 이런 사회질서는 인간의 존엄을 해치고 맘몬에게 인신 제물을 바치는 음침한 그늘을 유지하게 하는 겁니다.

그렇지만 하나님을 신뢰하는 사람들은 자본의 신인 맘몬을 부끄럽게 하는 삶을 살아갑니다. 그것은 그리스도인이 아무리 높은 가치의 대체물을 제공해도 교환하지 않겠다는 상품을 가지고 있다는 것입니다. 그러면 자본의 신인 맘몬이 부르던 everything is possible with money라는 노래는 무력화되고 사람을 사람답게 이끌어가시는 하나님의 질서가 이 세계에 주류세력으로 자리하게 되는 겁니다.

그리스도인들이 하나님을 신뢰하는 마음으로 굳건히 지켜내는 교환불가능한 가치는 사람을 도구화하는 맘몬의 세력을 무력화시킵니다. 하나님을 신뢰하는 마음으로 우리의 내면에서 활발하게 일어나는 가치가 사랑이든, 섬김이든, 낮아짐이든, 순명이든 간에 말입니다.

아브라함은 사람을 제물로 달라고 요청하는 이방 문화를 넘어서서 하나님의 온전하심에 순명하는 자세를 보임으로 인신 제물을 요구하는 이방신(맘몬)을 무력화시키고 있습니다.

“그 아이에게 손을 대지 말아라. 네가 너의 외아들까지도 나에게 아끼지 아니하니 네가 하나님을 두려워하는 줄을 이제 알았다.” **창세기 22:12**

◇◇◇

리브가 - 암탉이 울다?

아내인 사라가 죽은 이후 아브라함은 허전한 마음을 가눌 길이 없습니다. 평생을 서로 의지하면서 살아온 사라를 잃어버리고 헛헛한 자신의 마음을 가누고 있는 아브라함은 이제 노인이 되었습니다. 힘차게 하나님의 약속을 따라서 살아가던 발걸음에 더 이상 이전처럼 힘찬 에너지가 실리지 않는 지경에 이른 겁니다. 그렇게 슬픔을 달래며 조심조심 생활하던 아브라함의 눈에 어머니를 여의고 시무룩한 얼굴로 '터덜터덜'거리며 살아가고 있는 아들 이삭이 들어왔습니다.

"우리 아들도 힘들구나…."

그리고는 가만히 눈을 감고 생각에 잠깁니다.

'아내도 떠나갔고 아들은 슬픔에 잠긴 채 살아가고 있으니 내게 더 이상 무슨 낙이 있을꼬….'

그러다가 문득 '그래, 이삭에게 짝을 지어 주어야겠구나. 그래서 집안에 활력을 불어넣고, 그리고 나도 며느리와 함께 살아가면서, 손주들의 재롱을 보면서 힘을 내야겠구나' 하는 생각이 문득 들어옵니다.

"이보게 자네가 내 심부름을 해줘야겠네, 내가 살던 하란이라는 곳에 가서 이삭의 신붓감을 찾아오게. 이 일은 하나님이 나에게 약속해주신 일을 수행하는 일일세. 그러니 자네가 나의 말을 듣고 이 여정을 잘 다녀오겠다고 하면 주님이 자네를 도와주실 걸세."

"예, 그러겠습니다."

아브라함의 종은 자기 주인의 말을 잘 따르는 사람이었습니다. 그리고는 열 마리의 낙타에 온갖 패물 등 지참금을 가득 싣고는 길을 떠났습니다. '주인어른께서 하나님을 굳게 의지하며 하늘의 하나님, 땅의 하나님이 함께해주신다고 했으니 이 여정은 잘 되겠지~' 하는 마음으로 여정에 임한 아브라함의 종은 결국 하란 땅에 도착했습니다. 그러나 낯선 곳에 이르러 여기가 도착해야 하는 그곳인지, 누가 이삭의 신부가 될 사람인지를 알아보는 일은 만만한 일이 아니었습니다. 그러나 지혜로운 아브라함의 종은 초저녁 즈음에 도착한 동네 어귀의 우물가에서 이삭의 신붓감을 알아볼 방법을 궁리하기 시작합니다.

'아브라함의 하나님, 낯선 곳에서 조금은 혼란스러우니 저를 도와주십시오. 제가 물을 길러 나온 마을 사람들의 딸들에게 물을 달라고 청할 때 나에게도 물을 주고 낙타에게도 물을 주는 그 사람이 이삭의 신붓감인 줄로 알겠습니다. 그러니 저의 기도를 들어주셔서 오늘 이 일이 잘 될 수 있도록 살펴주시기 바랍니다.'(창세기24:12~14 참조)

"리브가야, 저녁을 해야 하는데 물이 없구나. 우물가에 가서 물을 좀 길어와야겠다."

"예, 어머니~"

리브가는 차분히 물항아리를 머리에 올리고는 우물가로 향했습니다. 평소와 다름없이 우물가에 거의 다다른 리브가의 눈에 웬 낯선 일행이 들어왔습니다. '응? 왜 사람을 아래위로 쳐다보는 거지? 행색은 오래도록 여행한 나그네 같은데…?' 하면서 조심스럽게 우물가로 다가가 물을 길어 올립니다.

"이보시오, 우리가 오래도록 여행을 하면서 물이 떨어졌다오. 물을 좀 마시고 싶은데 우리들에게 물을 나누어 줄 수 있겠소?"

'어머머, 낯선 사람이 말을 걸어오다니, 그것도 낯선 여인에게 말을 걸다니' 하며 깜짝 놀라는 리브가는 금방 마음을 정합니다. '오랜 여행을 한 나그네들이니 피곤하기도 하겠구나' 하면서 "그러시죠. 여기 제가 길어 올린 물이 있으니 이 물을 잡수시지요. 제가 낙타들을 위해서도 물을 길어 올리겠습니다." 하고는 다시 물을 길어 올립니다.

결국 아브라함의 종은 리브가의 집에 묵게 되고 아브라함의 소식을 전하게 됩니다. 그리고 더불어 이삭의 이야기와 하란까지 오게 된 이야기, 우물가에서 리브가와 경험한 이야기를 풀어놓습니다. 리브가의 아버지 브두엘은 고민에 빠졌습니다. '곱게 곱게 키워온 딸을 머나먼 타향으로 보내야 하다니… 그렇지만 삼촌뻘이 되는 아브라함의 부탁이니 마냥 거절할 수도 없고 이것 참 난감하구나.' 고민에 빠진 브두엘은 가족들과 의논하기로 합니다. 그러나 의견이 이리저리 갈리니 그것도 쉽지 않습니다.

"차라리 리브가에게 물어보세요."

가족 중에 누군가가 나지막히 말했습니다.

"그래, 리브가에게 물어보자. 우리 딸이 현명하니 딸의 의견을 존중하는 것도 좋겠구나."

"어떻게 할 테냐? 먼 곳으로 가서 살아가야 할 텐데… 어떻게 할 테냐?"

"예, 가겠습니다."

주저하지 않고 대답하는 리브가의 명료한 대답에 가족들은 모두 할 말을 잃었습니다. 평소에도 자신의 의견을 명확하게 표현하곤 했던 리브가이지만 이건 경우가 다를 거라고, 쉽게 대답하지 못할 거라고 생각했던 대부분의 가족들에게 리브가의 대답은 충격이었습니다. '정말이냐'라고 물어봐도 리브가의 대답은 명료했습니다. '갈 거라고요. 내 인생은 내가 알아서 잘 펼쳐내도록 할 거라고요.'

리브가를 묵상하면서 만나게 되는 이러한 리브가의 반응은 속이 시원하기도 합니다. 남성 중심적 질서가 주류를 이루고 있는 사회에서, 여성의 선택권이 보장받지 못하는 사회에서, 가부장제가 시퍼렇게 살아 숨쉬는 시절에 자신의 아버지에게 자신의 삶의 방향을 소신껏 이야기하는 리브가는 기존의 일방적인 질서에 저항을 하고 새로운 대안을 제시하는 상쾌한 모습을 보이고 있기 때문입니다. 누군가의 삶이 딱딱한 껍질에 단단하게 싸여 있는데 용기 있는 누군가가 자신을 둘러싸고 있던 딱딱한 껍질을 꿋꿋하게 깨뜨리고 있는 모습은 짓누르고 있던 무언가가 떨어져 나가고 불편한 억압이 해소되는 듯한 카타르시스가 느껴지면서 영화 '히든 피겨스Hidden Figures'의 한 장면이 떠오릅니다.

미국 나사Nasa에는 백인들로만 구성되어 있는 사무실이 있었습니다. 이 사무실에 수학 천재인 흑인 여성 캐서린 존스가 일하게 됩니다. 그러나 이 사무실의 백인 직원들은 흑인인 캐서린 존스를 주변화시킵니다. 검토해야 할 서류를 건네주면서 서류의 중요한 부분은 검은 펜으로 지우기도 하고, 커피를 마시는 캐서린 존스를 무안하게도 쳐다보다가 결국 다음 날에는 유색 인종 전용 커피포트를 가져다 놓기도 합니다. 무엇보다도 캐서린 존스가 힘들었던 것은 근무하는 빌딩에는 백인 전용 화장실만 있으니 흑인 전용 화장실을 가려면 800미터나 떨어진 건물까지 질주를 해야 하는 상황이었습니다. 결국 참다못한 캐서린 존스는 모두가 보는 앞에서 자신의 상황을 이야기하게 되고 이러한 사무실의 분위기를 파악한 사무실의 책임자 해리슨은 커피포트에 붙어 있던 'Colors'라는 스티커를 떼어버리고 백인들만 이용하는 화장실의 푯말을 부숴버립니다. 해리슨이 쇠몽둥이로 화장실의 푯말을 부숴버리는 장면은 정말 통쾌한 장면이었죠.

기존의 주류세력들은 자신들의 영역을 침범하는 모든 것들을 대상화하고 주변화시켜버리는 습성을 가지고 있습니다. 자신들에게 질문하는 것을 허용하지 않고 상대를 설득하려고만 하죠. 그리고 설득이 되지 않으면 주저하지 않고 제거합니다.

리브가가 '가겠습니다.'라고 말한 것은 암탉이 우는 장면일까요? 암탉이 울면 입을 틀어막고 때로 제거해버리기도 하는 기존 주류세력의 행태에는 하나만 알고 있는 듯한 미숙함이 숨어 있습니다. 암탉이 없는, 수탉만 있는 공동체는 존재할 수 없다는 것 말입니다. 그럼에도 불구하고 필요할 때는 도구로서의 암탉을 인정하면서도 자신들의 권위에 도전하는 암탉은 제거의 대상으로 분류하는, 아니 수탉이라도 자기 맘에 들지 않으면 주저없이 제거해버리는 이러한 이중성이 교회의 질서라면 그런 교회의 질서에 동의할 수는 없는 노릇입니다. 자신들의 논리를 꾸준히 지키는 수구적인 기존 질서의 아들, 딸들 때문에 젊은 세대들은 교회를 떠나고 사회의 시선은 '탈 종교화'라는 화두에 집중하게 되는 건데, 이런 상황조차도 '그들의 믿음 없음'으로 치부하는 수준이라면 딱히 할 말이 없습니다.

리브가가 살던 시대에 여성이 '예, 가겠습니다.'라고 말하며 자신의 의사를 당당하게 표현하는 것은 불가능한 일이었음직합니다. 기존의 질서에 이의를 제기하고 질서의 재편을 요구하는 일로 읽을 여지가 있는 대목인데 이 일이 가능해 보이지 않기 때문입니다.

그렇지만 지금 가능한 일들이 과거에는 불가능한 일이었다는 것을 생각해 보면, 불가능한 일에 꾸준히 이의를 제기하고 새로운 대안을 제시하는 일은 필요한 일입니다. 달에서 토끼가 방아를 찧는다고 생각했던 시절에는 달에 가는 것은 불가능한 일이었을 거고요, 바닷속 수천 미터 심해에 가는 것이 불가능했던 시절에도 누군가는 어떻게 하면 달에 갈 수 있고, 깊은 바닷속에 갈 수 있을까를 고민했을 거니까요. 기존의 질서에서 불편을 느끼지 않고 안정된 삶을 살아가는 사람들은 기존의 질서를 비판적으로 성찰할 가능성이 매우 낮습니다. (유연희, 『여자, 성서 밖으로 나오다』, 참조) 기존의 질서에서 불이익을 당하고 불편함을 경험한 사람들이 자신의 경험을 바탕으로 해서 이의를 제기하고 보다 나은 사회의 구조와 공동체의 규칙을 제시하게 되는 거니까요. 그러나 기존의 질서에서 안정감을 누리는 사람들은 이러한 이의 제기를 이해하지 못하고, 받아들이지도 않을 겁니다. 구조가 바뀌어서 그동안 누리던 기득권을 내려놓아야 하는 상황이면 더욱 그럴 거니까요. 그러니 이 기존의 질서에 안주하고 있는 사람들은 질문하고 이의를 제기하는 사람들을 주변부로 자꾸만 밀어내는 겁니다.

리브가는 힘센 사람들이 결정하고 그 결정에 자신의 삶을 싣는 수동적인 삶의 자리에서 스스로 결정하고 주체적으로 살아가는 능동적인 삶의 자리를 살아낸 여성으로 우리들에게 다가오고 있습니다. 리브가의 이야기는 여성에게만 한정된 이야기가 아닌, 기존의 질서에 불이익을 당하고 있는 우리 사회의 약자들에게 새롭게 읽혀야 하는 이야기로 꾸준히 해석되어야 하는 이야기입니다.

◇◇◇

아브라함의 죽음 - 수축사회 극복기

"형님, 아버지가 돌아가셨어요. 너무 안타깝고 애통합니다."

"아이고, 아버님이 돌아가셨구나, 내 얼른 아버지의 집에 가야겠구나."

아버지 아브라함이 돌아가셨다는 소식을 전해 들은 이스마엘은 부랴부랴 아버지의 집으로 달려갔습니다. 정말 아버지 아브라함은 평소의 인자한 모습 그대로 평화롭게 잠을 자는 듯한 모습으로 누워 있습니다. 이삭과 이스마엘은 정성을 다하여 아버지를 추모합니다.

'아우 이삭아, 아버지가 살아계셨을 때 우리들에게 보여주셨던 그 삶의 모습을 기억해야 한다. 비록 나는 어린 시절에 아버지에게 광야로 내몰리는 절박한 경험을 하기도 했지만 이제 아버지가 돌아가셨으니 함께 생활하면서 경험했던 어려운 기억을 떠올린들 무슨 소용이 있겠냐? 우리와 함께 생활하시면서 보여주셨던 좋은 뜻과 그 삶의 태도를 우리 마음속에서 뜻으로 되살리는 선한 노력을 잘 해나가야 하지 않겠느냐?'

'형님이 그렇게 말씀해주시니 감사합니다. 형님이 하신 말씀을 잘 기억하고 아버지의 생전의 올곧은 모습을 마음속에 뜻으로 되살려내는 묵상을 잘 이어가겠습니다.'

사실 아브라함은 아내 사라가 세상을 떠난 이후로 38년을 더 살아가게 되는데 그렇게 자신의 아내인 사라 이후의 삶을 살아가면서는 다시 아내를 맞이했습니다. 그리고 새로이 맞이한 아내 그두라와의 사이에서 여섯 자녀를 두었죠. (창25:2~3) 그렇지만 아브라함은 그 자녀들을 가까이 두지 않았습니다. 아브라함은 그두라의 자녀들에게 약간의 재산을 나누어주고는 동쪽 먼 곳으로 떠나보냈죠. 아마도 아브라함은 이삭이 하나님의 약속으로 얻은 자식이라는 이삭의 정통성을 명확하게 하고 싶었던 듯합니다.

이삭과 이스마엘은 아버지를 추모하면서 아버지가 생전에 마련해 놓은 막벨라 동굴에 아버지를 안장합니다. 아마도 대략 15세 전후가 된 이삭의 쌍둥이 아들인 에서와 야곱이 이삭과 이스마엘의 뒤를 따라서 막벨라 동굴까지 걸어가는 모습이 얼핏 엿보이기도 합니다. 아브라함의 죽음에 대해서 창세기 25장 8절은 이렇게 기록하고 있습니다.

"아브라함은 자기가 받은 목숨대로 다 살고 아주 늙은 나이에 기운이 다하여 숨을 거두고 세상을 떠나 조상들이 간 길로 갔다."

이 구절을 중심으로 해서 아브라함의 죽음을 살펴보면 그의 죽음에 관하여 부정적인 표현이나 내용은 발견되지 않습니다. 오히려 아브라함은 창세기 15장 15절에서 '너는 오래오래 살다가 고이 잠들어 묻힐 것이다.'라는 하나님의 약속을 따라 자신의 생을 잘 마무리하고 있는 모습을 보여주고 있습니다.

한 사람이 세상에 와서 커다란 무리 없이 한 생애를 살아내고 하나님의 부르심을 받는다는 것은 엄청난 은총입니다. 물론 일생을 살아가면서 공과功過가 없을 수야 있겠습니까만 과보다 공이 많은 삶을 살아가는 일이 그리 쉽지는 않은 노릇이니까요. 사람이 이 세상에 태어나서 평생토록 건강하게 살아가는 것과 더불어서 동시에 잘 관심하면서 살아가야 하는 것은 '바르게 살아가는 일'입니다. 어떤 삶이 바르게 살아가는 삶인지에 관한 기준과 척도를 꾸준히 묵상하면서 말입니다. 그렇지만 우리들이 살아가는 세상은 이웃과 그리고 자연과 함께 어울리면서 살아가는 일이 그렇게 만만하지 않은 그런 세상이 되었습니다.

능력에 따른 삶을 보장해 주는 세상의 질서는 능력이 있는 사람에게는 그 사람의 능력만큼 재화를 보장해 주고 그렇게 획득한 재화를 가지고 경쟁에서 이겼다는 승리감에 도취되어 자신만만한 삶을 살아가게 합니다. 그렇지만 능력이 없는 사람(?)은 상대적인 박탈감, 또는 절대적인 빈곤에 허덕이면서 극단적인 상실감에 시달리는 상황이 거듭되고 있기 때문입니다.

더욱 난감한 것은 소위 능력이 없는 사람을 향하여 '우리는 재화를 획득하는 능력을 확보하기 위해서 부단한 노력을 하면서 여기까지 왔는데 너희들은 우리가 노력하는 동안 베짱이처럼 놀기만 한 게으른 사람들이 아니냐'라는 비아냥입니다. 예배당에 앉아서 기도할 때에는 모든 사람이 하나님의 형상으로 지음받은 존귀한 존재라고 기도하는 사람들이 예배당의 문을 나서는 순간부터는 손쉽게 태도를 바꾸기도 합니다. 절대적 빈곤과 상대적 박탈감을 느끼면서 살아가는 사람들에게 너희의 상황은 너희들의 게으름 탓이라고 힐난하며 함부로 규정하는 모습으로 말입니다. 이런 태도는 신앙과 생활을 이원화시키며 살아가는 사람들에게서 보이는 모습입니다.

그렇지만 이런 방식의 삶을 살아가는 사람들이 여럿 존재하더라도 세상에서 플러스 게임positive sum game이 가능했던 시절에는 아쉽긴 했지만, 그런대로 살아갈 만했습니다. 엄청난 생산성을 가능하게 하는 삶의 자리의 규모가 능력주의를 내세우며 절박한 이들의 무능력을 지적하는 이들의 손가락질을 상쇄시키는 약간의 여지를 가지고 있었으니까요. 그러지만 우리가 살아가는 현재의 삶의 자리는 수축사회로의 이행에 가속을 붙이고 있다는 것이 안타까움입니다. (홍성국. 『수축사회』. 참조) 제로섬게임의 논리로 세상이 꾸려질 때만 해도 내가 손해를 보면 내가 손해를 보는 만큼 상대방이 이익을 얻으니 전체를 보는 시각에서는 여전히 세상은 평균을 유지한다는 것이고 그런 관점에서는 그런대로 견딜 만도 했다는 건데요. 그러나 수축사회로 진입하는 시점에서 나 잘살겠다고 상대방의 것을 빼앗는 시도는 모두가 생존할 수 없는 공멸을 경험하게 된다는 겁니다. 조금 더 가지려고 전쟁을 일으켰더니 모두가 패망하는 결과를 가지고 오고요, 조금 편하게 살아보겠다고 플라스틱을 사용했더니 지구생태계의 위기로 그 어떤 생명체도 살아갈 수 없는 생태 위기를 경험하는 그런 시절로 접어든 겁니다.

이런 세상을 가능하게 한 요인 중의 하나로는 개인주의를 꼽을 수 있습니다. 공동체성을 무너뜨리면서 '나만 잘되면 돼'라는 구호를 되뇌게 하는 사회는 개인주의를 활성화시켰고, 그렇게 활성화된 개인주의는 앞에 놓은 한 그릇의 밥을 혼자서 독차지하면서 나머지 모든 이웃들을 굶주림의 지경으로 몰아넣게 합니다. 그리고 이런 독점적 질서가 벌어지는 상황은 미안해하는 마음을 경험할 수 없는 윤리적 왜곡을 가능하게 됩니다. 이런 삶의 자리는 앞에 놓은 한 그릇의 밥그릇을 1/n로 나누어서 함께 먹고 모두가 살아갈 수 있는 창조적인 방안을 고민하는 삶의 자리를 상상하지 못하게 합니다.

고린도 교회 내에 있었던 내부의 갈등은 이런 수축사회의 모습을 생각할 수 있게 합니다. 고린도 교회의 내부 파벌은 교회의 지속가능성을 불투명하게 하는 불안한 요인이었으니까요.

"다름이 아니라 여러분은 저마다 말하기를 '나는 바울 편이다.' '나는 아볼로 편이다.' '나는 게바 편이다.' '나는 그리스도 편이다' 한다고 합니다." **고전1:12**

고린도 교회 교우들은 하나의 복음으로서의 예수의 복음을 받았음에도 불구하고 무슨 일인지 서로를 적대시하며 엄청난 갈등을 경험하고 있습니다. 이 상황에 대하여 바울은 누가 교회의 분열을 일으켰느냐며 꾸짖고 있습니다. 분열은 공멸하는 길로 가는 지름길이라는 것을 말하면서 복음을 자기들의 기준에 맞추어서 이리저리 갈라치는 일을 하지 말기를 권하고 있습니다. 그렇지만 이런 바울의 권면은 유효할까요?

그렇게도 오래도록 믿음의 길을 걸어가면서 성서를 읽고 기도하며 예수의 복음을 이야기하던 사람들이 자신이 누려야 하는 말초적인 즐거움 앞에서는 그간에 이야기했던 예수의 이야기를 손쉽게 유보하는 모습을 보이는 것이 안타까움입니다. 이런 수준에서는 세상의 희망이 되는 교회를 기대할 수 있기는커녕 교회의 미래도 담보할 수 없는 지경임을 알아차리는 일은 그리 어렵지 않습니다. 이런 상황은 바울을 탄식하게 합니다.

"여러분은 그렇게도 어리석습니까? 성령으로 시작하였다가 이제와서는 육체로 끝마치려고 합니까? 여러분의 그 많은 체험은 다 허사가 되었다는 말입니까? 참말로 허사였습니까?" **갈3:3~4**

신앙공동체로서의 교회가 교회의 구성원들에게 무엇을 이야기하고 있는지를 곰곰이 생각해 보아야 할 대목입니다. 십자가에 달리신 예수 이야기를 열심히 이야기했던 교회 지도자들의 마지막 모습이 아름답지 않았고 하나님의 교회는 절대로 흔들리지 않을 거라며 호언장담했던 교회는 교회 내부의 문제로 인해서 심각하게 흔들리고 있습니다. 기형도라는 시인이 보았던 동네의 목사님은 생활에 밑줄을 그으라고 이야기를 했지만, 교인들은 교회의 꽃밭을 마구 밟고 다녔고요, 생활에 밑줄을 그으라고 설교했던 목사는 자신에게 엄청나게 분노하는 교인들에 의하여 교회를 떠나야 하는 처지가 되고 말았다는 이야기는 오늘이라고 달라지지 않았습니다.

이런 현재적인 상황에서 아브라함의 죽음 이야기를 만나는 일은 의미가 있습니다. 아브라함은 지나가는 나그네를 대접하면서 베푸는 사람으로서의 우위에 서는 입장을 취하지 않았습니다. 소돔과 고모라의 위기를 감지한 아브라함은 하나님의 징계 선언이 취소되었으면 하는 마음으로, 소돔과 고모라의 사람들이 위기를 넘어섰으면 하는 자비로운 마음으로 기도합니다.

한때 자신의 안전을 위하여 자신의 아내를 이집트 임금에게 그리고 그랄의 왕에게 넘겨주기도 했던 아브라함이지만 꾸준히 '되어감'의 길을 걷는 아브라함은 결국 자비롭고 너그러운 삶을 살아냈습니다. 지나가는 나그네의 능력 없음을 탓하지 않고 그들을 낮은 자세로 환대하며 함께 살아가는 아름다운 모습을 보여주는 사람이 된 겁니다.

이삭과 이스마엘이 주고받은 이야기, '아버지의 선하신 삶이 우리들의 마음속에서 뜻으로 살아나게 하자'는 이야기가 수축사회를 살아가는 오늘의 교회의 마음에서 뜻으로 읽혀지도록 오늘의 교회가 하나님의 은총의 빛 아래를 잘 걸어가면 교회에 속한 구성원들도 가슴 한번 활짝 펴며 씩씩하게 발걸음을 옮길 텐데요.

◇◇◇

야곱과 에서 - 되어감becoming에 관하여

"목사님, 참 신기하네요? 야곱은 태어날 때부터 성품이 자기중심적이고 자기 욕망을 실현시키는 일에 진심인 사람으로 보이는데 하나님은 그런 야곱에게로 족장의 약속이 흐르도록 하고 있으니 말이에요."

"그렇지요? 팥죽 한 그릇으로 형에게 장자의 권리를 빼앗더니 아버지를 속이고 축복을 가로채는 야곱인데 아버지인 이삭을 잇는 족장의 계보를 이어가고 있으니까요, 이런 이야기를 읽어나가시려니 조금은 당황스러우시겠어요. 그런데 야곱과 에서의 이야기에는 숨어 있는 재미있는 관점들이 담겨 있습니다. 한번 생각해보실까요?"

성서를 읽어나가는 일에 있어서 속도나 분량에 관심하기보다는 차분히 읽어나가면서 묵상을 이어가는 분들의 눈에는 성서에 관한 이런저런 궁금한 것이 많이 보이기도 합니다. 그러면서 떠오르는 질문은 오늘의 가치로는 불합리하기도 하고 선뜻 이해되지 않기도 하는 대목이 있다는 것인데요. 그럴 때면 호기심 어린 눈길의 질문이 이어지기도 합니다.

창세기 25장에는 야곱과 에서의 탄생 이야기와 팥죽을 매개로 하는 장자의 권리에 관한 이야기가 기록되어 있습니다. 이 이야기를 잘 이해하려면 먼저 성서가 쓰여지던 시대의 상황을 살펴볼 필요가 있습니다.

우선 창세기 25장 19절 이하의 본문에 나오는 이야기 중 족보에 관한 이야기는 제사장 문서(P 문서)로, 그리고 야곱과 에서의 이야기를 중심으로 하는 내용은 야웨 문서(J 문서)로 볼 수 있습니다. 이 가운데 야웨 문서가 쓰여진 시기는 다윗과 솔로몬 시대인데 이때의 에돔 족속은 이스라엘과 적대적 관계를 가지고 있었습니다. (성서와 함께 편집부. 『보시니 참 좋았다. 창세기 해설서』. 참조) 그리고 에돔 족의 조상은 에서라는(창36:1) 측면에서 이 기술記述의 의도를 짐작할 수 있는데요. 태중에서 두 민족이 싸우고 있다는(창 25:22) 내용으로부터 출발하는 두 민족의 갈등 상황에서 이스라엘이 에돔의 우위에 서게 된 것은 결국 하나님의 섭리라는 의도를 드러내고 있는 기술記述이라고 볼 수 있다는 겁니다.

야곱과 에서의 이야기를 읽어내는 또 하나의 관점은 문화사적인 관점인데요, (폰 라드. 『창세기』. 참조) 이러한 관점을 뒷받침하는 성서의 구절은 창세기 25장 27절입니다.

“두 아이가 자라서 에서는 날쌘 사냥꾼이 되어서 들에서 살고 야곱은 성격이 차분한 사람이 되어서 주로 집에서 살았다.”

위의 구절과 당시의 삶의 양식을 염두에 두고 생각해 보면, 에서는 사냥꾼이 되었으니 수렵문화를 상징한다고 볼 수 있고, 이에 반해 야곱은 맛난 음식으로 아버지의 축복을 가로채는 대목에서 염소를 음식의 재료로 사용했다고 기록하며 유목문화를 언급할 수 있는 단서를 제공하고 있으니 야곱과 에서의 이야기에는 수렵문화와 유목문화의 대치 국면이 있음을 짐작할 수 있습니다. 즉 수렵문화는 자연 그대로의 상태에서 사냥을 하며 살아가는 반면에 유목문화는 짐승 길들이기, 목초지 개간 등의 작업이 선행되어야 하니 수렵문화와 비교해서 상대적으로 발전된 문화가 유목문화라는 문화적 우월성이 담겨 있는 겁니다. 이렇게 두 문화를 비교하고 유목문화의 우월성을 주장하는 내용은 팥죽을 두고 나누는 두 형제의 대화에서도 얼핏 엿보이기도 하는데요, 에서가 팥죽을 달라고 하면서 '그 붉은 죽을 좀 빨리 먹자. 배가 고파서 죽겠다.' 고 하는 대목입니다. 생명을 유지하게 하는 음식을 앞에 두고 수렵문화는 수동적인 모습으로, 유목문화는 능동적인 모습으로 그려내는 두 문화의 대치 상황을 통해서 유목문화의 우월성을 말하려는 의지가 엿보인다는 것이죠.

이렇게 본문이 기록된 시대적 상황과 또는 저자의 의도를 염두에 두고 읽어나가는 성서는 또 다른 재미가 있는 성서 읽기를 가능하게 합니다. 이렇게 다양한 관점으로 성서를 읽어나가는 중에 우리가 관심해야 할 시선이 있습니다. 그것은 야곱 개인과 야곱의 가족사를 살펴보는 일입니다. 이러한 관심은 욕심꾸러기이고 자기중심성이 강한 채로 태어난 야곱이 어떻게 하나님의 약속을 이어가는 사람으로 바뀌어 나가는지를 살펴볼 수 있도록 하기 때문입니다.

야곱 개인을 생각하기 전에 먼저 생각해야 할 것은 야곱의 할아버지인 아브라함으로부터 시작되는 가족사입니다. (김미경. "야곱 내러티브의 기독교상담적 읽기". 참조) 가만히 살펴보면 아브라함과 이삭, 그리고 야곱으로 이어지는 이 가족 안에는 편애의 역사가 은근히 흐르고 있는 것을 알 수 있습니다. 아브라함은 이스마엘이 아닌 이삭을 사랑했습니다. 이스마엘도 자신의 아들임이 분명하지만, 이스마엘을 내칠 때에 이스마엘의 손에 쥐여준 것은 물 한 가죽 부대와 빵 몇 덩어리가 전부였으니까요. 그리고 아브라함은 사라의 죽음 이후 다시 그두라라는 여인과 결혼하여 여섯 명의 아들을 두는데 그 아들들도 모두 먼 동쪽으로 내보냅니다. 이삭에게 위협이 되는 조건들을 미리 제거하는 의도가 엿보이는 대목입니다.

이렇게 아버지의 사랑을 독차지하면서 자란 이삭도 여전히 편애의 역사를 이어갑니다. 이삭은 야곱보다는 에서를 더 사랑했으니까요. 이삭은 에서가 사냥해서 잡아 온 고기를 먹는 것을 좋아했습니다. (창25:28) 이렇게 아버지에게서 소외를 경험하는 야곱은 어머니 리브가와의 친밀한 관계를 맺어 삼각관계를 만들며 살아가게 됩니다. 이러한 가정환경에서 자란 야곱도 결국은 편애의 역사에 올라서게 됩니다. 요셉을 편애함으로 다른 형제들의 질투를 유발하고 결국 요셉이 이집트의 종으로 팔려 가도록 하는 단초를 제공한 꼴이 되었으니까요.

이렇게 아브라함으로부터 시작된 가족사는 가족 건강성이라는 관점에서는 높은 점수를 받을 수 없는 가족이었습니다. 어쩌면 아브라함의 가족은 낮은 수준의 가족 분화를 이룬 가족이라고 할 수 있고요, 이런 낮은 수준의 가족 분화는 서로에게 쉽게 상처를 주기도 하고 상처를 받기도 하는 가족관계를 가능하게 합니다. 자신의 감정에 쉽게 지배를 받으니 불안의 수준도 높아질 가능성이 크고 이렇게 높은 불안 수준은 자율적으로 자신의 문제나 가정의 문제를 해결하는 모습을 보이지 못하게 됩니다.

더불어 야곱은 태어날 때부터 형의 발뒤꿈치를 붙잡고 나오면서 갈등의 조짐을 보여주고 있습니다. 야곱은 교활하고 경쟁적 기질이 강한 사람임을 보여주고 있는 겁니다. 결국 그는 팥죽으로 형의 장자 권리를 빼앗고 아버지에게서는 형이 받을 축복을 가로채니 에서는 야곱을 향해 엄청난 분노를 터뜨립니다.

"그 녀석이 이번까지 두 번이나 저를 속였습니다. 지난번에는 맏아들의 권리를 저에게서 빼앗아 갔고 이번에는 제가 받을 복까지 빼앗아 갔습니다." **창27:36**

그러나 그럼에도 불구하고 성서가 야곱의 이야기를 꾸준히 이어가고 있는 것은 하나님 앞의 단독자로서의 한 사람이 어떻게 자신의 본성으로서의 욕망을 극복하고 스스로를 성찰하면서 온전한 하나님의 사람이 되어가는가 하는 과정을 그려내려는 의도가 있기 때문입니다.

야곱은 불안 수준이 높은 미성숙한 가정환경에서 자라났지만, 하나님의 은총을 의식하며 살아가는 사람이었고 도망가는 길 위에서도 하나님의 임재를 경험하는 신앙 경험을 꾸준히 이어가면서 스스로를 돌이켜보는 모습을 보입니다. 이렇게 보면 하나님의 구원의 역사役事는 되어감becoming의 역사라고 할 수도 있을 겁니다. 한 사람의 삶은 단 한 번의 경험으로 완성되는 것이라기보다는 꾸준히 만들어지는 것이라고 할 수 있기 때문입니다.

야곱은 집에서 쫓겨나 도망을 가던 중 베델에서 하나님을 만나는 경험을 하지만 자신의 본성이 완전하게 바뀌는 변화를 경험하지는 못합니다. 외삼촌인 라반의 집에서도 온갖 술수를 쓰면서 살아가는 모습을 보이고 있으니까요. 라반의 집에서도 더 이상의 생활이 어렵게 된 야곱은 이제 고향으로 돌아가려고 합니다. 그러나 야곱은 여전히 불안에 시달리고 있습니다. '형이 나를 환영하며 맞이할까? 좋은 선물을 미리 보내면 그 선물로 형 에서의 화가 풀리지는 않을까?' 하는 야곱의 회의적懷疑的 시선은 그의 불안을 보여주는 대목으로 보이기도 합니다. 얍복 강가에서 있는 힘을 다하여 하나님과 씨름하는 야곱은 새로운 존재(이스라엘)로 거듭나는 데는 성공하지만 그렇다고 해서 야곱의 불안이 완전히 사라지거나 자신의 몫으로 받을 축복을 포기하는 또 다른 야곱의 모습이 보이지는 않습니다. (이수미·김용태. "야곱의 심리적 변화과정에 대한 연구:Bowen 이론을 중심으로". 참조)

그렇지만 야곱은 하나님의 사람으로 살아가려는 노력을 멈추지는 않습니다. 야곱의 일생을 통한 꾸준한 하나님 임재경험은 야곱을 완전한 존재로 이끌어내지는 못했지만 그럼에도 불구하고 야곱은 흔들림 없이 하나님 임재경험을 지향함으로써 자기정체감을 잘 가꾸어 가는 모습을 보여줍니다. 이에 관하여 성서는 이렇게 기록을 하고 있는데요, 요셉 덕분에 이집트에 들어가서 살게 된 야곱은 이집트 파라오의 질문에 대하여 이렇게 대답합니다.

"저의 조상들이 세상을 떠돌던 햇수에 비하면 제가 누린 햇수는 얼마 되

지 않지만 험악한 세월을 보냈습니다." **창47:9**

아브라함의 죽음에 대하여는 '자기가 받은 목숨대로 다 살고 … 조상들이 간 길로 갔다'(창25:8)고 기록한 성서의 기자는 야곱에 관해서는 '험악한 세월을 보냈다'며 비교적 솔직하게 기록을 하고 있습니다. 어쩌면 이 대목을 기록한 성서의 기자는 야곱은 자신의 모든 삶을 솔직하게 이야기할 수 있는 성숙한 인격으로 자라나 있다는 것을 말하고 싶었는지도 모릅니다. 낮은 자존감에 시달리는 사람들은 쉬이 자신의 약점을 드러내지는 못하니까요.

자신의 거친 본성에 시달리는 삶을 살아왔음에도 불구하고 야곱은 꾸준히 하나님의 임재를 지향하는 삶을 살아가면서 드높은 자존감을 가지고 살아가는 삶의 자리를 향하여 걸어갑니다.

◇◇◇

이삭의 자기 성장기

이삭에 관한 일반적인 평가를 살펴보면 이삭은 신념을 가지고 살아가는 부모 아래에서 충분한 사랑과 관심을 받으며 성장했고 유대의 전통적 신앙교육도 잘 받으면서 성장했을 것으로 보는 견해가 대부분입니다. 이삭은 하나님의 약속을 따라 태어난 사람으로 출생 전부터 주목을 받았으며 태어나서는 아브라함의 절대적인 사랑을 받으며 자라났기 때문입니다. 아브라함은 이삭을 하나님의 약속에 의해서 얻은 아들로 생각했기 때문에 이스마엘도 멀리했고 그두라에게서 얻은 아들들도 동쪽 먼 곳으로 보내면서까지 이삭의 위치를 지켜 주었습니다.

이삭 개인의 삶을 살펴보아도 비폭력 무저항의 삶의 양식이 엿보이는 대목이 있습니다. 창세기 26장에서 이삭은 그랄 땅에 이르게 되고 그곳에서의 삶을 위하여 우물을 팝니다. 그렇지만 그랄에 살고 있던 토착민들의 텃세에 밀려서 우물을 빼앗기는 경험을 하게 되는데 그럼에도 불구하고 이삭은 다투기보다는 자리를 옮겨서 다시 우물을 파는 모습을 보이고 있으니까요.

"그랄 지방 목자들이 그 샘 줄기를 자기들의 것이라고 주장하면서 이삭의 목자들과 다투었다 ... 이삭의 종들이 또 다른 우물을 팠는데 ..."

창26:20~21

그렇지만 조금만 관점을 달리해서 이삭을 살펴보면 이삭은 흔히 경험할 수 없는 대단히 어려운 경험을 하면서 성장기를 보냈다는 것을 알 수 있습니다. 아버지인 아브라함으로부터 이어지는 가족 불안의 전수와 편애의 역사는 이삭이 에서를 편애하는 데 의미 있는 영향을 주게 되고요, 그리고 모리아 산에서의 경험은 이삭이 외상후 스트레스 장애 PTSD를 겪으면서 살아가게 하는 데 충분한 충격적인 경험이었습니다. 일단의 독자들은 모리아 산 사건을 읽으면서는 '아브라함의 순종'이나 '우리의 삶을 예비하시는 하나님'에게 초점을 맞추기에 십상이지만 그 와중에서 이야기를 읽는 독자들의 관심을 덜 받는 이삭은 그 누구도 자기의 형편과 마음을 헤아려 주지 않는 상대적 소외를 경험하며 살아왔을 수도 있으니까요.

일단, 이삭을 이해하기 위해서는 이삭의 아버지인 아브라함을 생각해 볼 필요가 있습니다. 아브라함은 고향인 하란을 떠나면서부터 불안한 삶을 살기 시작했다고 볼 수 있습니다. 익숙한 곳을 떠나 낯선 곳으로 옮겨간다는 것은 살아가는 일을 불편하게 합니다. 낯선 곳에서의 삶을 살아가는 아브라함은 다른 부족의 공격을 받기도 하고요, 아내인 사라가 죽었을 때는 장지를 구하지 못해서 토착민들에게 땅을 구입하기 위해 협상을 해야 하는 복잡한 과정을 겪기도 합니다.

더불어 하늘의 별과 같이 바닷가의 모래와 같이 자손을 주겠다고 약속하시는 하나님의 약속은 언제나 빗나가기만 합니다. 답답한 아브라함이 자신의 종 엘리에셀을 후계자로 지목해도 아니라고 하고, 이스마엘을 내세워도 아니라고 하시는 하나님, 그러는 와중에 자녀를 생산할 수 있는 능력을 다 잃어버린 아브라함에게 여전히 아들을 낳을 것이라고 말하는 불합리한 하나님을 언제까지 신뢰하며 살아갈 수 있을까 하는 불확실한 약속에 대한 불안은 오래도록 아브라함을 짓눌렀을 겁니다.

이런 불안에 시달리면서 살아가던 아브라함에게 드디어 아들 이삭이 태어났습니다. 그리고 안도하는 아브라함은 그간의 불안에 시달리던 삶을 보상이라도 받듯이 이삭과 대단히 밀접한 관계를 만들어 가면서 자신의 불안을 해소해 나갔을 겁니다. 그러나 이삭의 입장에서는 아버지와의 밀접한 관계가 자신의 주체적인 성장을 방해하는 요인으로 작용하게 됩니다. 이삭의 내면에는 아버지에게 자신의 의견이나 생각을 주체적으로 말하기 어려운 정서가 자리 잡게 되는 겁니다. 이렇게 아버지와의 너무 가까운 관계는 이삭에게 불안 요인으로 다가오기도 했습니다. 자신의 주체적인 생각을 아버지에게 이야기해서 혹여 아버지와 대립각이라도 세워지게 되면 아버지와의 관계가 끊어질지도 모른다는 불안감이 밀려오게 되는 거니까요. (서정우·김용태. "보웬 가족치료를 통해 살펴본 이삭의 불안과 분화수준". 참조)

이런 삶이 이어지면서 이삭은 충격적인 사건을 경험하게 됩니다. 그건 바로 모리아 산에서의 사건이었죠. 왜 그랬는지는 명확하지 않지만, 하나님은 갑자기 아브라함에게 아들 이삭을 바치라는 명령을 하십니다. 그리고 하나님을 절대적으로 신뢰하는 아브라함은 주저하지 않고 아침 일찍 곤하게 자고 있는 이삭을 깨워서 등에 장작을 짊어지게 하고는 길을 떠납니다. 모리아 산으로 가는 여정 중에 이삭과 아브라함이 나눈 대화를 보면 이삭은 자신이 제물이라는 사실을 알지 못하는 듯합니다. 제물은 어떻게 준비할 거냐는 아들의 질문에 아버지는 모호하게 대답하고 마니까요.

"불과 장작은 여기 있습니다마는, 번제로 바칠 어린양은 어디에 있습니까?" … "얘야, 번제로 바칠 어린양은 하나님이 손수 마련해주실 것이다." **창세기22:7~8**

그리고는 모리아 산에 도착한 아브라함은 아들을 제물로 다루기 위해서 이삭을 결박하고는 칼을 빼 듭니다. 이때의 이삭의 내면에는 어떤 반응이 일어났을까요?

일단 아브라함은 하나님과의 관계에서 하나님의 뜻을 잘 따르는 인물로 분화 수준이 높은 사람이라는 평가가 가능할 듯합니다. 그렇지만 이삭은 이 상황에서 칼을 치켜든 아버지에게 저항하지 않고 있습니다. 이 대목에 관하여 일단의 상담심리학자들은 아버지와 아들의 지나친 융합관계에서 오는 감정반사행동의 결과라는 의견을 내고 있습니다. (서정우·김용태. 위의 논문 참조.) 이삭은 아버지와 밀접한 융합관계를 가지고 있기 때문에 아버지의 의견에 반反하는 의견을 내지 못하고 불합리해 보이는 아버지의 의견에 수동적으로 의존한다는 겁니다.

이삭은 아버지로부터 독립한 높은 자존감을 가지고 있는 사람이 아닌 게 문제였습니다. 만일 아들 이삭이 아버지의 뜻에 저항하며 모리아 산을 박차고 내려왔다면 자신의 아버지는 하나님의 뜻을 따르지 못하게 되는 것이고 모범적인 아버지가 하나님과의 관계에서 파국을 맞이

할 수도 있다는 생각이 자기를 죽이려는 아버지에게 저항하지 않게 했다는 것입니다.

그렇지만 이삭은 이 일로 인해서 엄청난 충격을 받았고 모리아 산의 경험은 그 이후의 이삭의 삶에 대단한 부정적 영향을 미치게 됩니다. '아버지가 나를 죽여서 제물로 바치려 했다니… 제물의 각脚을 떠서 지내는 그 제사 방식을 나에게 적용하려 했다니…'라는 이삭의 충격은 쉽게 헤어나올 수 없는 덫과 같았을 겁니다. 이삭이 모리아 산 이후로 외상후 스트레스 장애에 시달렸다고 의심을 할 만한 내용이 성서에 나타나고 있습니다. 이삭이 아버지를 떠나서 어머니 사라를 의지하면서 살아가고 있다는 성서의 기록이 바로 그것입니다.

"그때에 이삭은 이미 브엘라헤로이에서 떠나서 남쪽 네겝 지역에 가서 살고 있었다 … 이삭은 리브가를 어머니 사라의 장막으로 데리고 들어가서 …" **창세기24:62, 67**

대부분의 사람들은 한 생애를 살아가면서 예상하지 못했던 충격적인 사건을 경험하면서 살아가게 됩니다. 그리고 일단의 사람들은 때로 수용하기 힘든 고난과 고통을 경험하면서 '하나님은 정말 계신가?' '하나님이 계신데 나에게 왜 이런 시련을 주시는가?' 하고 질문하면서 하나님을 향한 자신의 신념을 내려놓고 의심과 불안에 시달리는 삶을 살아가기도 합니다.

그러나 또 한편으로는 고난과 고통에 직면하면서도 그 고난과 고통에 담겨 있는 하나님의 뜻을 깨닫고 찾아내기 위하여 꾸준히 묵상하면서 고통스러운 삶의 여정을 한 발자국씩 내딛는 사람들이 있습니다. 이들은 고단한 삶을 받아내면서도 타인과의 관계를 부드럽게 만들어나가는 매우 세련된 삶의 태도를 보이기도 하고 자신의 성과를 일방적으로 평가하기보다는 제3자의 눈을 빌려서 냉정한 평가를 받으려는 노력을 하기도 합니다. 상대방을 이해하려는 노력을 쉬지 않으며 다양성을 수용하면서도 일치를 만들어내는 탁월한 능력을 보이기도 하고요. 이런 이들은 자아 분화가 잘 되어 있고 문제상황에 대한 대처 능력을 가지고 있기 때문에 고난의 자리 한가운데를 살아가면서도 자신의 삶을 부정하거나 우울과 불안에 시달리지 않는 삶을 살아갑니다. 이런 방식의 삶을 '외상후 성장Post Traumatic Growth'이라고 부르기도 합니다. (김미경. "외상후성장(PTG)모델로서 이삭, 요셉 이야기". 참조) 견디기 힘들고 어려운 고난과 고통을 경험했지만 그러한 경험을 긍정적으로 받아내면서 자신의 삶을 이전보다도 더욱 성숙한 삶의 자리로 이끌어 가고 자신의 삶을 더욱 너그럽고 자비로운 삶으로 가꾸어 가는 사람들이 경험하는 삶의 자리가 외상후 성장하는 삶의 자리라는 것입니다. 이런 사람들의 내면을 잘 살펴보면 메타인지meta-cognition가 발달해 있을 가능성이 매우 높습니다. 메타인지는 자신을 보는 능력이고 자신의 말과 행동이 이후에 어떤 결과로 나타날 것인지를 아는 능력입니다.

아마도 이삭은 메타인지를 가지고 있으면서 자신이 경험한 충격적인 사건들을 긍정적으로 소화하는 작업을 잘 해내지 않았을까요? 이삭이 외상후 스트레스 장애에서 벗어났을 것으로 볼 수 있는 단서는 이삭을 찾아오시는 하나님의 손길이었습니다. 이삭을 찾아오시는 하나님의 손길은 모리아 산의 긴박한 순간에 하나님이 준비하신 나뭇가지에 걸려 있는 숫양으로 나타났고요. 나뭇가지에 걸려 있는 숫양의 경험은 하나님은 이삭에게 궁극적으로 이삭의 죽음을 원하지 않으시는 분이라는 믿음을 주었을 겁니다. 자신을 찾아오시는 하나님의 손길을 구체적으로 경험한 이삭은 모리아 산 사건 이후 즉각적으로 그 충격을 이겨내기는 힘들었겠지만, 하나님이 준비하신 숫양의 장면은 이삭의 뇌리에 남아서 하나님을 향한 신뢰를 지켜내는데 좋은 기제로 작용했을 것이고 이삭은 메타인지 활성화 작업을 통하여 부정적인 경험을 긍정적으로 풀어내는 노력을 해나갔을 겁니다.

얼마간 시간이 지난 후에 우리에게 나타난 이삭은 모리아 산의 경험을 긍정적으로 받아내면서 성숙한 하나님의 사람으로 성장한 모습을 보여주고 있습니다.

이삭은 그랄 평원에서 우물을 파기 시작합니다. 유목 생활에서 우물을 얻는 것은 생활을 지속하게 하시는 하나님의 은총을 덧입는다는 의미가 있는 일이었습니다. 그렇지만 원주민들은 이삭이 우물을 완성시켜 놓을 때마다 와서 이삭의 우물을 빼앗아 가곤 했죠. 이 상황에서 이삭은 자신이 판 우물을 지키기 위해서 다툼을 선택하기보다는 우물을 양보하고 다시 우물을 파는 식의 삶의 방식을 선택합니다.

이삭은 다투지 않았습니다. 다투는 일은 고단하고 힘든 일이니까요. 이삭은 이웃과 다투기보다는 새로이 자신의 삶을 설계하고 그 계획을 따라서 다툼을 넘어서서 화해와 일치를 세워나갈 수 있는 삶의 자리를 만들어나갔습니다. 다툼에서 한번은 이길 수 있을지언정 다툼 이후의 삶에서는 협력과 연대를 기대할 수 없다는 관점에서 이삭은 메타인지가 발달한 사람이라고 이해할 수 있는 겁니다.

이삭은 꾸준히 하나님과 동행하며 고난 중에서도 하나님의 뜻을 찾아가는 외상후 성장의 삶을 살아가는 사람이었습니다.

◇◇◇

축복을 가로채는 야곱

"에서야, 이제 내가 너무 늙고 살아갈 날이 얼마 남지 않았으니 … 앞도 잘 보이지 않고 사리분별이 잘 되지 않을 지경이니 내가 너를 축복하고 앞날을 준비해야 하겠구나…."

"아버님, 무슨 말씀이세요? 우리 가족을 위해서라도 건강하게 잘 지내셔야죠."

"아니다, 나의 시간이 점점 마지막을 향하여 나가는 것이 느껴지는구나… 아무 소리 하지 말고 사냥 준비를 하고 들로 나가서 짐승을 잡고 그것으로 나를 위하여 요리를 만들어 가지고 오너라. 그것을 먹고 내가 너를 축복할 테니…." (창세기27:1~4 참조)

고령의 이삭은 시간의 흐름을 느끼고 있습니다. 자신의 시간이 다 되어가니 이제는 자신이 사랑하는 아들인 에서에게 족장의 권한을 넘기려고 하는 겁니다. 이삭은 에서를 사랑하고 있으니 아무리 '두 민족이 너의 태 안에 들어 있다. 너의 태 안에서 두 백성이 나뉠 것이다. 한 백성이 다른 백성보다 강할 것이다. 형이 동생을 섬길 것이다.'(창세기25:23)라는 신탁이 있다고 한들 이삭은 에서에게 족장의 자리를 넘기려고 합니다.

리브가는 이러한 이삭의 속내를 엿듣고는 야곱과 함께 이삭을 속여 축복을 가로채려는 계획을 세웁니다. 리브가는 염소의 털가죽을 야곱의 팔에 붙여주고 에서의 옷을 입히며 자신이 요리한 염소고기를 야곱에게 건네주어 이삭에게 가도록 하는데 이것이 결정적으로 이삭이 야곱에게 축복을 하게 하는 요인이 됩니다. 이삭이 아무리 만져보고, 그리고 염소고기로 만든 별미를 먹어보고 그리고는 옷의 냄새를 맡아본다고 하여도 철저하게 준비된 리브가와 야곱의 계략을 넘어설 정도로 기력이 남아 있지는 않습니다. 결국 야곱은 자신이 가지고 있는 사기꾼적인 기질로 아버지를 속여넘기고 장자의 축복을 받아내고야 맙니다.

한편 뒤늦게 사냥에서 돌아와서 준비한 음식을 가지고 아버지 이삭에게 왔다가 뒤늦게 상황을 파악한 에서는 불같은 분노를 드러냅니다. '나쁜 녀석, 팥죽 한 그릇으로 장자의 권리를 빼앗더니 이제는 정말로 장자의 권리인 아버지의 축복까지 가로채 가는구나. 아버지가 돌아가실 날이 얼마 남지 않았으니 그때에 내가 저 야곱 녀석을 죽여버리고 말겠다.'라고 엄청난 씩씩거림을 부리며 자신의 화를 표출합니다.

혹자들은 축복을 가로채는 야곱과 에서의 이야기를 문화적인 관점으로 보기도 합니다. 야곱의 유목문화가 에서의 수렵문화보다 우월하다는 비유적인 이야기라고 말이죠. 뭐 그렇게 이해할 수도 있을 겁니다.

그렇지만 실제로 이야기를 읽어나가는 사람들의 시선에서는 아무리 하나님의 신탁이 있었다고 하더라도 이렇게나 속고 속이며 살아가는 일로 족장의 맥락을 이어가는 것이 정당한가 하는 부분에 관한 끊임없는 질문이 있는 것도 사실입니다.

"아무리 하나님의 신탁이라고 하더라도 어떻게 저렇게나 속고 속이면서 살아가는 사람들이 공의로우신 하나님의 뜻을 이어간다고 할 수 있는 건가요?"

사실 야곱이 에서를 속이는 이야기뿐만이 아니라 성서에는 속고 속이는 삶의 이야기가 여러 곳에서 나타나고 있기도 합니다. 성서는 사람이 살아가는 이야기를 기록하는 관점도 가지고 있다는 것을 생각하게 하는 대목이죠. 일단 야곱은 에서에게서 팥죽으로 장자의 권리를 빼앗는 속임수를 쓰고 있고요, 장자의 축복을 가로챈 일 때문에 고향을 떠나야만 하는 야곱은 하란에 도착해서는 외삼촌인 라반에게 속임을 당하게 됩니다. 그리고 야곱은 라반을 속이는 '되치기 속임수'를 부리기도 하죠. 또한 야곱이 하란을 떠나 고향으로 되돌아갈 때는 야곱의 아내 라헬이 자신의 아버지인 라반을 속이기도 합니다.

이런 성서 속의 이야기들이 일단의 설교자들에 의해서 꾸준히 전해지는 상황에서 '저런 상황이 어떻게 가능한데요?'라고 질문하는 일이 쉽지 않은 일일 수도 있을 겁니다. 성서의 이야기를 전하는 방식으로 큰 비중을 가지고 있는 설교proclaiming는 단방향적 성격을 강하게 가지고 있으니 질문하는 일이 그렇게 쉬운 일은 아닐 거니까요.

과연 성서는 하나님의 뜻을 이루기 위하여 속임수를 사용하는 상황을 옳다고 지지할까요? 성서는 하나님의 뜻을 이루어드리는 과정에서 속임수를 사용하는 것을 정당하게 받아들이지는 않는 것 같습니다. (김성언. "창세기 속임수 내러티브 어떻게 이해할 것인가?" 이하 본 논문 참조.) 속임수를 사용하며 살아가는 사람들의 이야기는 다양한 문화권에서 일반적으로 나타나는 모습입니다. 이러한 모습을 트릭스터 캐릭터trickster character라고 하는데요. 이런 방식을 사용하며 살아가는 사람들은 사회적인 약자이거나 주류세력에 편입되지 못하는 사람들입니다. 이들은 자신이 속한 삶의 자리에서 살아갈 정당한 방법이 그리 많지 않고 그러니 자신의 생존을 위해서는 속고 속이는 삶의 방식을 선택할 수밖에 없다는 겁니다. 그러나 야곱과 에서를 중심으로 일어난 이러한 속임수 사건을 트릭스터 캐릭터라는 이론으로 설명하기에는 한계가 있는 것도 사실입니다. 야곱과 에서가 자기들이 살아가는 삶의 자리에서 약자로 읽힐 수 있는 근거가 부족하다는 것과 성서는 하나님의 뜻을 이루어드린다는 미명하에 벌이는 속임수를 정당하다고 말하지 않고 있기 때문입니다.

야곱은 자신의 욕망을 실현시키기 위하여 온갖 술수를 써서 아버지를 속이고 형을 속입니다. 그리고는 장자의 권리를 획득하기는 하지만 야곱의 일생은 그리 편안하지만은 않습니다. 많은 시간을 불안에 떨면서 살아가는 모습을 읽어낼 수 있으니까요. 야곱은 속임수의 대가를 치르는 것으로 고향에서 살아가지 못하게 되고 집을 떠나야만 하는 신세로 전락합니다. 그리고 오랜 타향살이 끝에 집으로 돌아오면서는 형 에서에게 많은 재물을 넘겨줌으로써 형을 속이고 장자의 권리를 빼앗은 것에 대한 대가를 치르게 됩니다.

야곱은 외삼촌 라반과도 서로를 속고 속이는 삶을 살았는데요, 칠 년을 일하고 얻은 아내는 자신이 원하는 라헬이 아니고 레아였던 겁니다. 이런 외삼촌 라반의 속임수에 대해서 야곱은 라반의 짐승 떼에 유전자 조작(?)을 함으로 라반의 재산을 가로채는 식으로 대응하는 모습을 보입니다. 이런 상황은 성서는 속임수를 용인하기보다는 속임수를 사용하는 사람은 그 행위로 인해 속임을 당하거나 대가를 치른다는 구도를 보여주고 있음을 알 수 있게 합니다.

이렇게 보면 성서는 하나님의 뜻을 빙자한 속임수를 용인하지 않는다는 메시지를 가지고 있음을 알게 합니다. 아무리 하나님이 리브가에게 형이 동생을 섬길 것이라는 신탁을 주셨다고 해도 인간이 꾸려내는 일상사에서 자기 욕망의 실현을 위하여 서로 속고 속이는 삶을 살아가는 것에 관하여 일차적으로 하나님은 침묵하고 계시는 겁니다. 그러면서 결과적으로 속임수를 사용한 사람들은 자신의 부정한 방법에 대하여 대가를 치르도록 세상의 질서를 잡아가고 계시는 거죠.

만일 야곱이 형을 속이고 아버지를 속이는 일을 하지 않았으면 집을 떠나 타향살이를 할 일도 없었을 것이고 타향살이에서도 외삼촌 라반에게 속임을 당하면서 두 아내를 얻기 위하여 17년 동안 일하는 상황은 겪지 않아도 됐을 거니까요.

그런데 왜 성서는 이러한 이야기를 거침없이, 또는 가감없이 기록하고 있는 걸까요? 성서는 사람이 살아가는 이야기를 기록하는 책이기 때문일 겁니다. 성서는 한 인간이 자신의 일생을 통하여 어떻게 하나님의 구원을 이루어가는가 하는, 하나님을 중심으로 하는 신앙과 삶의 문제에 관심을 가지고 기록된 책이기 때문이죠.

야곱을 모델로 하여 살펴보는 인간은 이기적이고 경쟁적인 삶을 살아가는 데 최적화된 피조물로 볼 수 있습니다. 또한 인간의 시선은 자신의 이해관계에 따라서 좋은 것을 좋은 것으로 보아내지 못하는 이기적인 성질 때문에 보이지 않지만 본질적으로 중요한 가치는 잘 알아보지 못한 채로 살아가는 모습을 보이기도 합니다. 아마도 그건 태어나서 평생의 경험을 통해서 만들어진 자기 생각 때문이기도 할 겁니다. 한 사람의 생각이나 관점은 그 사람이 살아가는 사회의 교육, 또는 문화적인 특성, 지역적, 인종적 특성으로 인해서 결정되는 것이기 때문입니다. 이렇게 생겨난 관점은 그 사람의 내면에 흔들리지 않는 신념으로 자리하게 되고 그 생각은 여간해서는 새로운 생각에게 자리를 내어주지 않는 '박힌 돌'이 되어 한 사람의 행동을 지배하게 됩니다.

이러한 상황은 속임수로 인하여 집에서 쫓겨나 타지로 가는 야곱이 베델이라는 곳에서 하나님을 경험했음에도 불구하고 계속해서 속임수를 쓰면서 살아가는 삶에서 벗어나지 못하는 대목에서도 엿볼 수 있습니다. 이런 대목은 인간에 관해서 절망하게 하는 장면으로 읽히기도 합니다.

그렇지만 한 가지 희망할 수 있는 대목이 있습니다. 인간은 하나님의 형상을 따라 창조된 존재라는 것입니다. 이 대목을 독일의 실존주의 철학자인 하이데거는 '본래성'이라는 개념으로 설명을 하고 있는데요. 인간이 자신의 욕망을 활성화시키는 식의 삶에 집중한다고 하더라도 인간은 자신의 본래성을 인식하는 순간을 경험하게 되고 그 순간 자신이 살아왔던 기존의 방식을 비판적으로 성찰하고 본래적인 자신의 모습을 꾸준히 추구하는 삶을 살아갈 수 있다는 겁니다. (장성식. 『인문학과 기독교의 책임』. 참조) 이 지점에서 자신의 삶을 비판적으로 성찰하는 사람은 '뛰어오르기jump up' 작업에 참여하게 되는데 이렇게 자신의 비본래적인 삶을 제3의 눈으로 바라볼 수 있으면 본래적인 삶의 자리로 뛰어오를 수 있다는 겁니다. 그리고는 자신이 살아오면서 사용했던 비본래적인 방식으로서의 속임수가 잘못된 방식이었다는 것을 고백하게 되는 것이죠.

야곱은 형 에서를 제치고 아버지 이삭을 속여 가면서까지 축복을 가로채고 있습니다. 이렇게 받은 하나님의 축복은 지금 여기에서는 삶의 자리에서 밀려나게 하는 요인으로 작용하고 있을지는 몰라도 야곱에게는 자신의 구원을 이루게 하는 초월적인 신앙의 자리로 나가는 출발점이 되었습니다.

아버지의 축복을 받은 야곱은 계속해서 속고 속이는 삶을 살아가지만 그러한 삶의 연속선상에서 꾸준히 하나님 경험을 이어가고 있습니다. 야곱은 자신의 구원을 이루어내는 여정을 한 걸음 한 걸음 걸어가고 있는 길 위의 사람으로서의 발걸음을 내딛기 시작한 겁니다. 야곱은 꾸준한 하나님 경험을 통하여 하나님에게 자기 존재의 양식을 위탁하며 존재를 새롭게 하는 경험을 하게 됩니다.

◇◇◇

베델에서의 야곱 - 신비로운 신앙생활

야곱은 하란을 향하여 터덜터덜 발걸음을 옮깁니다.

자신이 더 이상 아버지의 집에서 살 수 없다는 판단에 이르게 된 이후로는 하루하루가 불안하고 초조하기만 했습니다. 주변 사람들이 전해주는 에서의 극한 분노는 야곱을 더욱 초조하게 하기만 합니다. 하기야 에서의 입장에서는 속상하기가 그지없을 겁니다. 하루 종일 사냥을 하고는 빈손으로 들어와서 허기를 달래려고 하던 차에 동생이라는 녀석은 자신의 허기를 빌미 삼아서 거래를 하자고 달려들더니 결국 자신의 장자의 권리를 빼앗아 간 겁니다. 그리고는 동생이라는 녀석이 이것을 디딤돌 삼아서 자신이 받아야 하는 아버지의 축복을 가로채고 말았으니 속상하기가 이루 말할 수 없습니다. 어쩌면 에서는 하나님에게 이렇게 따지고 들며 악다구니를 썼을 법도 합니다.

"제가 무슨 잘못을 저질렀습니까? 무슨 잘못을 저질렀기에 저에게 이처럼 경우 없이 다가오십니까? 제가 도둑질을 했습니까? 제가 동생을 속여먹은 적이 있습니까? 제가 동생의 지분을 속임수로 가로챈 적이 있습니까? 도대체 저에게 왜 이러시는 겁니까?"

실제로 성서의 기록만으로는 에서가 딱히 흠잡을 만한 잘못을 저지르며 살아가고 있는 모습이 보이지는 않습니다. 다만 '에서가 맏아들의 권리를 가볍게 여겼다'(창25:34)는 구절이 그나마 에서에게 시비를 걸 수 있는 내용의 전부입니다.

이러한 정황으로 보면 야곱이 속임수를 부리면서 자기의 이익을 찰챙기고 있는 반면에 에서는 불이익을 당하고 있는 건데요. 에서가 당하는 불이익이 에서의 죄의 대가라고 설명하기도 뭔가 부족하고, 에서가 자신의 할아버지처럼 믿음의 조상으로 자리를 잡지도 못하는 상황에서 에서가 야곱의 속임수에 당하는 것은 에서의 성장을 위한 하나님의 섭리라고 설명하기도 애매합니다.

아마도 이런 에서의 삶의 자리에서 에서의 고난을 이해할 수 있는 근접한 가능성은 욥에게서 찾는 것이 그나마 현명할 듯합니다. 하나님은 이해할 수 없는 고난에 관하여 질문하는 욥에게 '내가 땅의 기초를 놓을 때에 네가 거기에 있기라도 하였으냐? 네가 그렇게 많이 알면 내 물음에 대답을 해보거라'(욥38:2~4)라고 되묻고 계시니까요. 이 되물음은 '너희들은 나의 창조 질서를, 나의 통치방식을 온전히 이해할 수 없다. 그래서 나는 나를 제한한 채로 너희들에게 다가가는 거다'라고 말씀하시며 하나님은 인간을 향해서 스스로를 제한하면서 다가오시는 분self-restriction이라는 것을 이야기하고 계시는 겁니다. 하기야 하나님의 한이 없으신 세상을 향한 섭리를 인간의 단선적인 이해로 이해하는 일이 그리 만만한 작업은 아니니 우주를 다스리시는 하나님의 통치와 섭리에 관해서는 꾸준히 성령의 도우심을 구하는 신앙적인 노력이 필요합니다.

그렇지만 에서의 속내는 여전히 복잡하고 에서의 이러한 복잡한 속내로 인해서 야곱은 불안하기만 합니다. 야곱은 자신의 속임수로 형을 속이고 그 결과로 형과의 심각한 갈등을 경험하게 됩니다. 결국 야곱의 가정은 처참한 지경으로 전락하게 됩니다. 형인 에서가 동생을 죽이기로 맹세하는 극한 상황에 이르게 되었으니까요. 아무리 태중에 있을 때 형이 동생을 섬길 것이라는 신탁을 전제로 태어난 야곱이라고 하더라도 그 약속이 실현되는 과정에서 난무하는 속임수와 거짓말을 하나님은 용인하지 않으십니다. (김성언. "야곱의 속임수 네러티브 어떻게 이해할 것인가?". 참조) 야곱은 이러한 자신의 거짓과 속임수에 대해서 철저하게 대가를 지불하고 있는 겁니다.

안정적인 삶의 자리를 상실하고 해가 저물도록 터덜터덜 발걸음하는 야곱은 베델이라는 곳에 도착해서 노숙을 하게 됩니다. 거짓과 속임수로 자신의 이익을 추구하며 살아온 야곱이 고대 근동에 뿌리 깊이 자리하고 있는 환대 전통의 의한 환대를 받지 못하고 노숙을 하는 모습으로 그려지는 것이 안쓰럽기도 합니다. 그러나 거짓과 속임수로 살아가는 사람이 수많은 사람 속에서 소외를 경험하는 것으로 읽을 수 있는 이 베델에서의 야곱의 모습은 선뜻 긍휼히 여기는 마음을 보내는 일을 주저하게 하는 모습이기도 합니다. 베델의 원 이름이 피난처라는 의미의 '루스'라 한다고 하니 야곱은 그곳을 피난처 삼아 불편하기 그지없는 돌베개를 베고 잠을 청하는 처량한 신세로 그려집니다.

그러나 야곱은 이곳 베델에서의 꿈을 통하여 하나님의 임재를 경험하면서 지금까지 살아온 자신의 삶의 방식을 돌이켜보는 전환점을 맞이하게 됩니다. 물론 야곱은 자신의 기질상 하나님의 임재 체험 중에도 '하나님이 저와 함께해주시면 주님은 저의 하나님이 될 것입니다.'(창28:21)

라는 자기중심적 고백을 합니다. 그렇더라도 야곱이 경험한 베델에서의 하나님의 임재 경험은 야곱의 삶의 방향을 새롭게 하는 데 분기점 역할을 하게 됩니다.

아마도 야곱은 할아버지 아브라함과 아버지 이삭을 통해서 나름의 신앙교육을 받았을 겁니다. 그러나 아무리 풍부한 신앙교육을 받았다고 하더라도 그 교육의 내용을 자신의 삶에 실천적으로 적용하기 위하여는 진리이신 하나님의 임재를 경험하는 것이 중요합니다. 우리의 신앙을 건강하게 하는 두 축은 계시와 이성이니까요. 아무리 많은 것을 알고 있다고 하더라도 그 지식에 진정성을 담보하지 못하고 하나님을 기쁘시게 하는 일에 나서지 못한다면 머리에 차곡차곡 쌓이는 신앙적 지식은 야곱처럼 자신의 이익을 추구하는 이기적인 도구가 될 뿐입니다. 이러한 계시와 이성의 구도 위에서의 야곱의 삶은 이기적인 이성에 기울어진 삶이었습니다. 그리고 그런 이기적인 이성에 기반한 자기중심적 지식을 실천적으로 자기 삶에 적용하면서 살아온 야곱은 결국 떠돌이 신세가 된 겁니다. 그렇게 하나님을 지식으로 알고 있던 야곱이 온몸으로 하나님의 임재를 경험하면서 자신의 삶의 분기점을 지나고 있습니다. 그리고 야곱은 자신이 베고 잔 돌베개를 세워서 기름을 붓고 자신의 여정을 하나님을 향하는 여정으로 성별하는 의식을 치릅니다. (김성기, "야곱 내러티브 속의 '벧엘'과 '브니엘' 에피소드의 의미에 대한 연구". 참조) 그렇더라도 야곱은 온전한 전환을 이루어내지 못합니다. 아무리 인상적인 신앙경험을 했다고 하더라도 일회적인 신앙경험은 야곱이 살아온 기존의 삶에서 일거에 하나님이 기뻐하시는 절대적 성결의 삶으로 나가지 못하게 하는 겁니다.

베델에서 하나님을 경험한 야곱은 차분히 자신의 삶을 풀어나갑니다. 물론 야곱은 선과 악이 공존하는 세상에서 선과 악의 영역을 계속 오가며 살아가게 되죠. 아내를 맞이하는 과정에서도 라반의 속임수에 넘어가기도 하고 자신의 아내들은 자녀를 생산하는 문제를 놓고 옥신각신하는 모습을 보이고 야곱 또한 자신의 삼촌인 라반을 속이기도 하는 등의 삶을 살아가게 되죠. 그렇지만 야곱은 하나님 경험을 이어가면서 자신의 모습을 하나님의 사람으로 차분히 일신시켜 나갑니다. 야곱은 얍복 강가에서 자신의 모습을 일신시키기까지 되어감의 길을 걸어가고 있는 겁니다.

인간은 일상을 살아가면서 신神 경험을 이어가는 존재입니다. 인간의 일상은 하나님과 약속을 하고 그 약속을 지키기로 마음을 굳게 정했다가도 자신의 이해타산과 흔들리는 마음 때문에 손쉽게 약속을 파기하는 이중적인 모습을 보이기도 합니다. 그래서 일상을 살아가는 인간의 삶으로서의 일상성日常性은 곰곰이 묵상해야 하는 삶의 주제입니다. 특히 그리스도인에게 있어서의 일상성은 하나님의 사람들이 바람직하다고 생각하는 하나님의 뜻과 섭리를 자신들의 삶의 자리에서 꾸준히 실천하고 있음을 요청하는 용어이기도 합니다.

일상성에는 하나님의 뜻과 섭리를 일상에서 살아낸다고 하는 의미가 담겨 있지만, 그 어떤 그리스도인이라 한들 흔들림 없는 신앙적 지향을 유지하면서 자신의 삶에서 하나님의 뜻을 실현하고 사회적 구조를 개선해서 하나님의 뜻을 이루어드리는 삶을 살아가는 일이 마냥 쉽지만은 않을 겁니다. 어차피 세상에는 선과 악이 혼재되어 있고 이러한 상황에서 흔들림 없이 일상성을 유지하며 살아가는 일은 매우 힘들고 어려운 일이니까요. (송순재. "기독교적 삶의 형성을 위한 일상성(日常性) 문제". 참조) 이런 상황 때문에 인간은 선을 행하다가 낙심하게 되고 악의 영향 때문에 고난을 당하기도 하는 겁니다. 동시에 인간은 인간의 삶의 자리가 선과 악이 혼재되어 있는 상황에서 고난과 고통을 끊임없이 경험해야 함에도 불구하고 흔들림 없이 하나님의 선을 지향하며 하나님의 나라를 세워나가야 하는 과제를 부여받고 있음을 이해해야 합니다.

이렇게 선과 악이 교차하는 세상에서 하나님의 선을 지향하며 살아가는 그리스도인들은 고난을 경험하게 됩니다. 그리고 고난에도 불구하고 끊임없이 하나님의 뜻을 지향하며 살아가는 그리스도인들에게 하나님은 인간의 고난에 공감하시는 하나님으로 다가오시기도 합니다. '너의 발걸음이 무거워 보이는구나. 그래서 고통스러우냐? 네가 고통스러우니 나도 고통스럽구나' 하시며 다가오시는 하나님은 우리의 고통스러운 삶에 실존적으로 공감하시며 스스로 십자가에 올라가시는 하나님이신 겁니다. 노예 제도로 인해서 신음하고 흐느끼며 살아가던 흑인들은 자신들의 고난어린 삶을 '거기 너 있었는가 그때에 주님 그 십자가에 달릴 때'(찬송가 147장)라고 노래하며 자신들의 고난에 함께하고 계시는 하나님을 묵상했습니다. 이러한 모습은 영원 전부터 영원 이후까지 존재하시는 하나님이 자신을 스스로 제한하시고 '고통당하시는 하나님'으로 우리들에게 오셔서 우리의 삶에 함께하시는 하나님의 모습입니다.(권충실. "하나님의 고난 가능성 이해". 참조) 하나님은 우리들이 경험하는 고통에 대하여 침묵하고 계신

분이 아니셨습니다. 우리의 고통 한가운데에서 함께 고통을 경험하시는 분이시고 고난의 한가운데 있는 그리스도인들의 마음을 어루만져 주시는 하나님이십니다.

야곱은 베델에서 자신의 발걸음과 함께 걸어주시는 하나님을 경험합니다. 때로 일상적인 삶을 살아가지 못하는 야곱일지언정 하나님은 자신을 제한하시면서까지 우리들에게 나타나셔서 일상성을 회복하는 믿음의 길을 걸어가게 하십니다. 그리고 그 하나님이 야곱과 함께 야곱의 되어감의 길을 걷고 계십니다.

자기를 제한하시며 우리의 일상 속으로 오시는 하나님!
그리고 그 하나님과 함께 되어감의 길을 걸어가는 사람들!
신비로운 일입니다.

◇◇◇

되어감의 길, 그 길을 걷는 사람들

라헬은 속이 많이 상합니다.

자신의 언니인 레아는 벌써 네 명의 아들을 낳았는데 자신에게는 아직도 자녀가 없기 때문입니다. 르우벤과 시므온, 그리고 레위와 유다가 마당에서 뛰어놀기라도 하면 예쁘고 귀엽다는 생각이 들기보다는 속이 많이 상하면서 언니를 향한 시기심이 치밀어 오르는 자신의 감정을 느끼곤 합니다. 한 날은 자신의 남편인 야곱에게로 달려가서 이렇게 투정을 부리기도 했습니다.

"나도 아이를 낳게 해 주세요, 안 그러면 죽어버릴 거예요." **창30:1**

아기가 태어나는 것은 전적으로 하나님의 소관이라는 전통적 신앙 이해가 고대 이스라엘 사람들의 마음속에 흐르는 상태에서 투정을 부리는 라헬에게 야곱은 짜증을 냅니다.

"생명을 주시는 분이 하나님이라는 것을 잘 아는 당신이 이런 투정을 부리다니요? 내가 하나님이 아닌데… 당신이 임신할 수 없게 하시는 분이 하나님이신 걸 모른다는 말이오?" (창30:2 참조)

어느 날 레아의 아들 르우벤이 들판에서 맨드레이크 나무를 가지고 온 것을 본 라헬은 눈을 크게 뜨고는 레아를 찾아갑니다. 맨드레이크 나무는 고대인들이 여성의 임신을 돕는 효능을 가지고 있다고 알고 있는 나무입니다. 라헬은 레아에게서 맨드레이크 나무를 받기 위하여 레아에게 야곱과의 하룻밤을 제안합니다. 그러나 라헬은 맨드레이크 나무를 통해서도 아이를 갖지 못합니다. (고든 웬함. 『창세기2』. 참조)

한편, 야곱은 생각이 많습니다.

요셉이 태어났고 두 아내를 위하여 일해야 하는 14년의 시간도 다 지나갔으니 이제는 고향으로 돌아가야 할 때가 되었다는 것이 본능적으로 느껴지는데 고향으로 돌아갈 방안이 마땅하지 않기 때문입니다. 이미 경험한 대로 자신의 외삼촌인 라반은 매우 비열한 사람이라는 것도 야곱의 고민의 깊이를 더하게 합니다.

"야곱아, 왜 돌아가려고 하느냐? 네가 일을 잘 해주고 있으니 네가 일하는 만큼 내가 품삯을 넉넉하게 쳐주마. 그러니 여기서 함께 살자꾸나."

"그러면 외삼촌의 양 떼와 염소 떼 중에서 얼룩무늬나 반점이 있는 짐승들을 저에게 주십시오. 그것이 저의 품삯인 줄로 알겠습니다."

그렇지만 라반은 야곱에게 돌아갈 반점이 있거나 얼룩이 있는 양과 염소를 아들들에게 줘버리고는 자기 아들들과 야곱 사이에 삼 일간이라는 공간적 거리만큼 벌려놓습니다. 참 교활한 모습입니다. 이에 야곱은 점이 있고 얼룩이 있는 짐승들이 많이 태어나도록 껍질 벗긴 나뭇가지를 짐승들이 물을 먹는 구유에 세워놓고 유전자 조작이라 할 수도 있는 방법을 사용합니다. 그리고는 커다란 부자가 됩니다.

이야기가 참 재미있게 전개됩니다.

자매가 한 남편을 두고 자녀의 생산 때문에 서로 시기하고 질투하며 힘겨루기를 하는 모습도 그려지고 있고요, 삼촌과 조카 사이에 불공정 거래가 이루어지고 있는데 이렇게 서로 속고 속이는 사람 사는 이야기 속에서 하나님은 여전히 자신의 구원의 이야기를 펼쳐나가고 있는 것이 신비롭습니다.

한 사람이 이 세상에 태어나서 일생을 살아가는 일은 매우 복잡할 수 있습니다. 희로애락喜怒哀樂이라는 다양한 경험을 이어가면서, 선과 악을 오고 가는 일생을 살아가는데 때로 어느 가락에 맞추어서 춤을 추어야 하는지를 알 수 없는 혼란을 경험하게 되기도 하기 때문입니다. 그래서 시편의 기자는 사람들의 삶의 실상을 이렇게 기록합니다.

"사람이 어둡고 캄캄한 곳에 살며 고통과 쇠사슬에 묶이는 것은 그들이 하나님의 말씀을 거역하고 가장 높으신 분의 뜻을 저버렸기 때문이다." **시107:10**

이렇게 복잡하고 그래서 때로 더욱 커다란 절망을 경험하면서 살아갈 수밖에 없는 인간이지만 그럼에도 불구하고 희망할 수 있는 여지를 찾아볼 수 있습니다. 하나님은 이렇게 이율배반적인 삶을 반복적으로 살아가는 사람들에게 한결같이 은총을 베풀어 주시기 때문입니다.

"그러나 그들이 고난 가운데서 부르짖을 때에 그들을 그 곤경에서 구원해주셨다. 어둡고 캄캄한 데서 건져주시고 그들을 얽어맨 사슬을 풀어 주셨다." **시107:13~14**

그리고 성서는 꾸준히 우리들에게 '여러분은 이 마음을 품으십시오. 그것은 곧 그리스도의 마음입니다.'(빌립보서2:5)라고 말하면서 보다 나은 삶의 자리로 나갈 것을 요청하고 있기도 합니다.

성서가 이렇게 인간에게 꾸준히 하나님의 뜻을 묵상하고 그 뜻을 따라 살아갈 것을 요청하는 것은 인간은 그러한 작업을 할 수 있는 능력을 가지고 있기 때문입니다. 인간은 다른 피조물과는 달리 추상적인 개념까지도 추론해낼 수 있는 엄청난 사고능력을 가지고 있는 존재입니다. 인간은 보이는 것에 관한 논의도 할 수 있지만 보이지 않는 가치에 관해서도 논의하고 결론을 도출해 낼 수 있는 존재라는 것이죠.(데이비드 호킨스.『호모 스피리투스』. 참조) 그러므로 성서가 꾸준히 인간에게 요구하는 작업은 정직함과 공의로움을 함양해나가라는 것으로서 이런 성서의 요구에는 인간 서로가 속고 속이며 살아가는 삶에서 조금이라도 벗어나기를 기대하는 측면이 있다고 할 수 있습니다.

그러나 인간은 때로 시간과 공간의 제약을 받으면서 살아가기도 합니다. 문명의 혜택을 받을 수 없는 산간 오지에서 살아가는 사람은 교육적 혜택도 제한적으로 받을 수밖에 없고 이러한 제한적 환경에서는 정직하고 공의롭게 살아가는 인간의 능력을 개발할 기회가 제한적으로 주어진다는 차원에서 말입니다.

그러나 이러한 시간과 공간의 제약보다도 더욱 하나님의 뜻을 모색하는 일을 방해하는 궁극적인 원인은 에고ego의 문제입니다. 에고는 자기중심성이라고도 바꾸어 말할 수 있는데요, 이 에고는 자신의 신념이 공격받는 것을 허용하지 않습니다. 이렇게도 표현할 수 있을 텐데요, 에고는 자신의 가치가 비판적 성찰을 통해서 그 방향을 전환하는 것을 쉽게 허용하지 않습니다. 때로 에고라는 자기중심성은 자신이 오류를 범했다고 하는 것을 알면서도 자신의 논리를 변증하기 위하여 과도한 일반화의 오류를 범하는 일도 주저하지 않는 모습을 보이기도 하거든요.

하기야, 자신의 에고를 지키기 위해서 과도한 일반화의 오류를 범하는 사람들이 의도적으로 자기중심성에 기반해서 자신의 이익을 추구하며 살아가는 이들보다 조금은 나을 수 있을지도 모르겠습니다. 자신의 삶이 자기중심성에 의하여 일방적이고 배타적인 삶을 살아가고 있지만, 이것을 깨닫지 못한 채로 평생을 살아가는 사람들이 있는데요, 그런 유의 삶은 무지에 근거한 자기중심적 삶이긴 하지만 나름 의도의 순수함이 엿보이기도 한다는 것입니다.

이런 사람들은 에고의 숙주로 살아가는 사람들입니다. (김진춘. 『장미와 예수』. 참조) 이 사람들은 자신의 이익을 위해서는 일관성 없는 말을 무수히 쏟아내면서 살아가는데 자신의 잘못이 명확하게 드러난 상황에서도 '죄송합니다' '미안합니다' 하는 말을 절대로 입 밖에 내지 않으면서 자기 논리를 수호하는 데 급급한 모습을 보입니다. 자기가 어떤 의도에 사로잡힌 채로 살아가는가에 대한 성찰이 없기 때문입니다.

이런 관점에서는 리브가와 야곱도, 라반과 그의 딸들인 레아와 라헬도 에고의 숙주로 살아가는 사람들입니다. 이들은 자신의 이익을 위해서라면 속고 속이며 살아가는 생활도 불사하는 모습을 보이고 있기 때문입니다. 이들은 자신의 내면에서 활발하게 활동하는 에고를 느낄 수 있는 예민한 감각이 없는 사람들이고 에고의 활동을 감지해낼 능력이 없는 사람들인 겁니다.

바벨론에 노예로 잡혀간 히브리 사람들은 바빌로니아의 강가에서 자신들을 이 노예의 자리에서 구원해달라는 노래를 부릅니다. 그렇지만 모든 히브리 노예들이 자신들의 구원을 위하여 노래를 부르지는 않았을 겁니다. 바벨론의 노예로 살아가는 삶의 자리에서도 기득권을 지켜야 하는, 그래서 소유적 존재로 살아가는 일부 히브리인들은 그냥 그 자리를 지켜내고 싶었겠죠. 인간의 내면에 자리하고 있는 에고는 비록 노예의 삶을 살아간다고 하더라도 뭔가를 많이 소유할 수 있으면 노예의 삶을 수용하는 소유적 사고를 하기 때문입니다. 그러나 예민한 감각을 활용해서 삶의 자리를 성찰하는 사람들은 인간이 살아가야 할 본래적인 삶의 자리를 응시하는 시선을 확보합니다.

이렇게 에고를 극복하고 존재 중심적인 삶을 살아가는 일에 관하여 자기를 성찰하는 바울은 '아, 나는 비참한 사람입니다. 누가 이 죽음의 몸에서 나를 건져주겠습니까?'(롬7:24)라며 자기를 응시하고 있습니다. 예수께서도 에고를 극복하고 존재 중심적인 삶으로 나가는 방안에 관하여 '누구든지 나를 따라오려거든 자기를 부인하고 나를 따라오너라'(마태16:24)라고 제시하시며 자기를 응시할 것을 요청하고 계십니다.

그리고 실제로 예수는 겟세마네 동산에서 자기를 응시하는 작업을 수행하고 있습니다. 오르기 싫은 십자가, 그래서 할 수 있으면 이 잔이 지나가게 해달라고 기도하지만 이러한 소유 중심적 가치를 예민한 감각으로 느껴내면서 '내 뜻대로 마시고 아버지의 뜻대로 하시라'고 고백하는 자기 응시 작업을 온전하게 수행해내고 있는 겁니다.

창세기 30장에 나오는 야곱의 대사는 이전에 읽었던 야곱과는 조금은 다른 모습을 보여주고 있습니다. '당신을 임신할 수 없게 하신 분이 하나님'(창30:2)이라는 야곱의 대사가 그것입니다. 여전히 거짓과 속임수가 주류를 이루고 있는 삶의 자리에서 야곱은 점진적으로 하나님을 언급하는 모습을 보입니다. 야곱은 하나님의 구원을 이루기 위한 과정 중에 있는 자신의 모습을 드러내고 있습니다.

모든 인간은 되어감의 길을 걸어가는 존재입니다.

비록 어떤 사람들은 속고 속이며 거짓과 속임수가 난무하는 삶의 자리를 살아가고 있지만 그럼에도 불구하고 여전히 하나님의 뜻을 바라보며, 자기 응시 작업을 통하여 보다 나은 삶을 지향하는 그리스도인들은 길 위에 있는 사람들입니다.

◇◇◇

고향으로 향하는 야곱

야곱은 섭섭합니다.

외삼촌인 라반의 아들들이 하는 말이 들려왔기 때문입니다.

"야곱은 우리 아버지의 재산을 다 빼앗고 우리 아버지의 재산으로 저처럼 큰 부자가 되었다." **창세기31:1**

그렇지만 라반의 아들들이 하는 말은 사실이 아닙니다. 지금까지 라반은 야곱에게 정말로 타당하지 않은 모습을 보이기만 했습니다. 야곱은 라반의 집에서 14년 동안 일을 하고는 레아와 라헬 두 아내를 맞이했을 뿐입니다. 14년이 지나고 다시 라반의 집에서 일하는 문제를 논의하면서 얼룩이 있고 점이 있는 염소와 양은 야곱에게 주기로 약속하지만, 이 약속이 유효해지는 시점 이전에 라반은 얼룩이 있고 점이 있는 짐승들을 아들들에게 미리 주어버렸습니다. 그랬는데 이제 와서 라반의 재산을 다 빼앗았다는 소리를 듣게 되니 야곱은 마음이 편안하지 않은 겁니다.

사실 라반의 아들들은 집안일에 대해서 그리 열심히 협력한 것으로 보이지 않습니다. 야곱이 하란에 도착해서 우물가에 도착했을 때 짐승떼를 몰고 우물가에 나타난 사람은 라반의 딸인 라헬이었습니다. 이 장면은 라반의 아들들이 그다지 집안일에 관심을 갖지 않았다는 것을 보여주는 장면입니다. 이러한 상황에서 라반의 집에서 생활하게 된 야곱은 라반에게는 엄청난 행운이었습니다. 라반의 재산이 야곱의 성실함으로 인해서 엄청나게 불어났으니까요. (창30:30절) 그러나 그렇게 열심히 일하는 야곱에게 보인 라반의 태도는 불성실하기 짝이 없어서 품삯도 열 번이나 속이는(창31:7) 공정하지 않은 소인배의 모습을 보이기만 했습니다. 그러더니 야곱이 어느 정도 자리를 잡은 시점에 와서는 야곱을 모함하고 견제하는 모습을 보이고 있는 겁니다. 라반은 자기보다 열등한 사람에게는 선의를 베풀고 그 선의를 이용해서 훨씬 많은 산출output을 뽑아내는 계산적인 사람의 면모를 보입니다. 그러다가 그 사람이 문득 자신의 자리를 위협하기도 하는 경쟁자로 성장하기라도 하면 그간의 자비로움을 철회하고 냉정한 시기심과 질투심으로 무장하며 태도를 일신하는 소인小人의 모습을 보이고 있습니다.

그렇지만 이렇게 섭섭한 상황에서도 야곱은 적절하게 대응하는 모습을 통해서 베델에서의 하나님 경험 이후 꾸준히 신앙적으로 성장하는 모습을 보여주고 있습니다. 야곱이 자신의 삶을 하나님께서 돌보아 주셨다고 고백하고 있는 대목들이 그것입니다. 일단 야곱은 자신에게 말씀하시는 하나님의 음성을 들어내는 모습을 보이고 있습니다.

"주님께서 야곱에게 말씀하셨다. '너는 네 조상의 땅 너의 친족에게로 돌아가거라. 내가 너와 함께 있겠다.'" **창세기31:3절**

사실 야곱이 아버지 이삭의 집에서 살아갈 때는 비릿한 이기심의 냄새를 풍기며 자신의 욕망을 따라서 살아가는 유아기적 모습의 사람이었습니다. 가지고 싶은 것을 꼭 가져야 하니 말도 안 되는 거래를 시도하며 팥죽 한 그릇으로 자신의 형인 에서의 장자의 권리를 구매하기도 하고, 또는 정상참작이 되지 않는 사기극을 기획하고 연출하면서 지능적으로 자신의 아버지를 속여서 아버지의 축복기도를 가로채는 모습은 정말이지 자신의 욕심만을 위하여 살아가는 상대하기 힘든 사람인 겁니다.

그렇지만 하란에서 20여 년을 살아낸 야곱은 어지간히 달라진 모습을 보이고 있습니다. 하란을 떠나는 일로 자신의 아내들과 대화를 나누는 야곱은 아브라함과 이삭의 하나님이 지금까지 자신과 함께하셨다는 고백을 하고 있으니까요. 그리고 외삼촌의 집이 있는 하란을 떠나 고향으로 돌아가는 것도 하나님의 인도하심으로 고백하고 있는 야곱은 20여 년 전의 야곱과는 완연히 다른 모습을 보여주고 있습니다.

"나는 베델의 하나님이다. 네가 거기에서 기둥에 기름을 붓고 거기에서 나에게 맹세하였다. 이제 너는 곧 이 땅을 떠나서 네가 태어난 땅으로 돌아가거라." **창세기31:13**

이렇게 이전의 야곱은 욕망에 기반해서 살아가던 사람이었지만 이제는 향상된 신앙적 가치로 자신의 내면을 채워가면서 살아가는 야곱으로 성장했고 이제는 타자를 설득할 수 있는 힘도 갖추고 있습니다. 야곱은 아내들의 아버지인 라반을 비난하면서 하란을 떠날 것을 아내들에게 이야기하고 있습니다. 아무리 부부 사이라고 해도 아내에게 아내의 아버지인 장인을 비난하는 일이 그리 쉬운 일은 아니지만, 야곱은 사실관계를 일목요연하게 설명하면서 아내들의 동의를 구합니다. 그리고 이야기를 듣는 야곱의 아내들은 자기들의 아버지인 라반의 편을 들기보다는 야곱의 이야기에 동의하면서 '하나님이 당신에게 말씀하신 대로 다 하십시오.'(창31:16)라며 야곱의 이야기를 지지하는 모습을 보이고 있는 겁니다.

이렇게 자기 삶의 향상을 꾀하면서 살아가는 야곱이지만 글쎄요, 야곱은 자신의 내면 깊은 곳에 똬리를 틀고 있는 불안의 문제를 해결해내는 삶을 살아가고 있을까요? 불안은 선악과의 존재를 알게 되고 그 선악과를 따먹을 수 있는 능력이 자신에게 있다는 것을 인지할 때 나타나는 심리적인 현상이기도 합니다. (최종호. "키에르케고르의 인간이해에 대한 교육학적 성찰". 참조) 인간은 선악을 분별할 줄 알고, 그리고 선과 악, 둘 중의 하나를 선택해야 하는 도덕적 존재가 되면서부터는 궁극적으로 불안의 문제를 끌어안고 살아가는 존재이기 때문에 하란의 야곱은 아마도 이 문제를 넘어서지는 못했을 겁니다. 더욱이 20년 동안 살아온 하란을 떠나서 고향으로 가는 것은 아무것도 정해지지 않은 미래를 향하여 여행을 떠나는 것이니 자신 앞에 놓여 있는 알 수 없는 미래는 불안의 강도를 높이는 요인이 되기도 하는 겁니다.

소위 관념적 신앙이 대세를 이루고 있던 시절의 인간의 구원에 관한 이야기는 정형화되어 있었습니다. 하나님 나라라는 목적지로 가는 버스에 올라타기만 하면 누구라도 하나님 나라에 도착할 수 있다는 믿음이 교회를 통해서 사람들에게 전해지고 있었던 겁니다. 그러나 관념적 신앙 이후 다시 제공되는 하나님 나라로 향해 나가는 이야기는 버스에 올라타기만 하면 버스 안에서 무슨 짓을 하더라도 그와는 상관없이 목적지에 도착할 것이라고 착각하는 사람들의 의식구조를 지적하면서 관념이라는 버스에서 내려서 자발적으로 하나님의 나라를 향한 발걸음을 옮기도록 요청하고 있습니다. 물론 이 과정을 통해서 버스에서 내린 인간은 목적지에 도착하지 못할 것이라는 불안을 경험하게 되고 그리고는 그 불안 때문에 절망하게 될 수도 있을 겁니다. 그렇지만 한 가지 희망적인 것은 인간은 하나님의 형상을 따라 지음을 받은 존재라는 것입니다. 아무리 심하게 흔들리는 삶의 자리에서라도 인간은 예수 그리스도의 은총의 빛에 의지해서 다시 희망을 향하여 자발적인 발걸음을 옮길 수 있는 존재라는 것이죠. 하지만 아직 야곱은 불안에 시달리는 수준에서 머물러 있습니다. 야곱은 고향으로 향하면서 자신의 형인 에서가 자신과 가족들까지 죽일 것이라는 두려움을 가지고 있기 때문입니다. (창32:11)

한편 하란을 떠나는 야곱의 아내인 라헬은 아버지 라반의 수호신상인 드라빔을 훔쳐서 낙타의 안장 아래에 숨기는 모습을 보입니다. 라헬이 무엇 때문에 드라빔을 훔쳤는지는 잘 알려져 있지 않습니다. 그렇지만 드라빔이 풍요와 다산의 신이었고 라반은 이렇게 능력 있는 신을 섬겼던 것인데 이 막강한 신이 연약한 여인이 타고 있는 낙타의 안장 아래에서 여인의 엉덩이 밑에 깔리는 수모를 당하는 모습으로 그려내고 있는 것은 아무래도 가짜 신으로서의 무력한 모습을 부각시키려는 의도가 엿보이는 장면이기도 합니다.

베델 이후의 야곱은 하란에서 20여 년을 생활하면서 신앙적인 성장을 경험하고 있다고는 하지만 일상적인 생활을 해나가는 중에는 라반과의 긴장관계를 가지고 살아갔습니다. 그리고 야곱은 라반과 옳고 그름을 다투는 식의 생활을 살아가면서 일관되게 하나님의 뜻을 따르지 못하고 불안에 시달리는 삶을 살아온 것이 사실입니다. 그렇지만 라헬이 라반의 드라빔을 깔고 앉아 있는 장면은 야곱을 지배하던 라반의 이방신이 한 여인의 낙타 안장에 짓눌려 있는 것으로 묘사함으로써 이방신의 무력함을 드러내고 더불어 야곱의 불안을 상쇄시키려는 의도를 드러내는 것으로도 볼 수 있는 대목일 겁니다.

지금의 야곱은 관념이라는 버스에 올라타서 길을 가는 과정 중에 있는 사람입니다. 하나님 나라를 향한 여행으로써 주도적이고 주체적인 발걸음을 옮기지 못하면서 버스 안에서 옳고 그름을 따지고 있는, 그리고 인간의 합리성을 초월하는 하나님을 경험하지 못하는 그런 과정에 있는 사람입니다. 아직도 실존적 하나님 경험을 하지 못한 야곱은 욕망을 따라서 살았던 자신의 과거의 잔상에 시달리고 있습니다. 아마도 야곱은 하란에서 생활할 때도 이 과거의 잔상 때문에 잠을 자다가 깜짝 놀라며 소스라치게 깨어나는 일이 여러 번이었을 겁니다. 과거의 경험은 문득문득 의식의 표면으로 올라와서 오늘 우리의 삶을 흔들어대곤 하니까요.

이러한 상황에서 야곱에게 필요한 것은 무엇일까요?

야곱은 다양한 삶의 변수를 헤아리면서 살아가는 신비로운 믿음에 관한 마음공부를 해야 하지는 않을까요?

'보편적 가치는 개체를 앞서가지 못한다'는 말이 있습니다. (이종성. 『신학적 인간학』. 참조) 대부분의 사람들이 선택하는 보편적 가치라고 하더라도 그 가치가 자기만의 삶의 자리를 살아가는 '그 사람'에게도 여전히 진리로 받아들여질 수 있는 것이냐 하는 질문인 거죠. 나에게는 명확한 진리로 받아들여지는 이야기라고 하더라도 다른 사람에게는 악으로도 받아들여질 수도 있는 현대인의 다양한 삶의 변수는 우리가 하나님 앞을 살아가는 단독자임을 깨닫게 합니다. 실존적인 삶을 살아가는 인간은 각각의 고유한 상황에 직면하게 되는데 그 각자의 삶의 자리에서 어떻게 결단하며 살아갈 것인가는 신 앞에 서 있는 자기 삶의 자리를 인식하면서 비로소 가능해진다는 겁니다. 아브라함에게 아들을 바치라고 하는 하나님의 음성을 윤리적인 분석틀로 받아내는 사람에게는 이러한 하나님의 음성은 정신나간 소리로 들릴 겁니다. 그렇지만 이러한 명령을 믿음이라고 하는 분석틀로 받아들이는 아브라함은 하늘의 섭리로 받아낼 수 있었습니다. 이런 모습이 하나님의 앞에 단독자로 살아가는 모습이고 이 모습이 바로 보편적 가치는 개체를 앞서가지 못한다는 말을 설명하는 장면이 될 수 있을 겁니다.

야곱은 지금까지 자신의 욕망을 따라서 살아온 사람입니다. 그리고 하란의 생활을 통해서 조금씩 향상이 있는 삶을 살아왔지만, 여전히 내면의 불안을 경험하며 살아가는 사람인 겁니다. 불안이라는 삶의 자리를 살아가는 사람은 우리를 향하시는 초월적인 하나님의 요구를 받아내지 못합니다. 자신의 욕망과 자기 윤리라는 분석틀을 가지고 살아가는 사람은 '초월적이어서 비논리적인 하나님의 요구'를 이해하거나 수용하지 못하기 때문입니다.

이제 야곱은 신 앞에 서 있는 단독자의 삶을 살아가야 합니다. 땀방울이 핏방울이 되는 고통스러운 과정을 겪을지언정 야곱은 그 격렬한 과정의 터널을 통과해내고 고향으로 가야 하기 때문입니다. 야곱은 어느 철학자가 그랬듯이 '주체적인 삶이 진리다'(이종성. 위의 책. 참조)라는 말을 따라서 하나님의 은총의 빛 아래에서 자신의 삶을 주도적으로 운영해 나가는 삶을 향해 한 걸음 한 걸음 걸어갈 겁니다.

◇◇◇

얍복 강가의 야곱

야곱은 처량한 마음으로 얍복 강가에 앉아 있습니다. 식솔들과 자신의 소유물을 모두 강 저쪽으로 보내고는 정작 야곱 자신은 강을 건너지 못하고 있는 겁니다.

처연하게 강가에 앉아서 지나온 시간을 생각하는 야곱의 머릿속에 아버지 이삭의 집에 살던 때부터 하란의 라반과의 20여 년의 생활이 '참 모질게도 살아왔구나' 하는 생각과 함께 주마등처럼 지나갑니다.

야곱은 태중에 있을 때부터 치열한 사람이었습니다. 이름의 뜻도 '발뒤꿈치를 붙잡고 있는 녀석' 또는 '사기꾼'이라는 데서 알 수 있듯이 야곱은 경쟁적 존재로 최적화된 모습으로 세상에 나왔습니다. 그리고 성장 과정 중의 자신의 주변 환경과 정서를 돌이켜보니 자신은 둘째 아들이고 2등인 둘째로 살아가는 것은 별 매력이 없다는 생각에 사로잡힌 채 살아온 겁니다. 결국 팥죽 한 그릇으로 에서의 장자의 권리를 사들이기는 했지만 그러고 나서부터는 밤에 잠을 설치기 일쑤였습니다.

'낮에 형에게 한 일이 잘한 일인가? 찜찜하긴 한데…. 그래도 아버지는 형만 좋아하잖아, 나에게는 관심도 없이 형이 사냥해서 잡아 온 짐승의 요리를 좋아하면서 나에게는 눈길도 주지 않으시잖아. 이렇게 편애하는 아버지의 사랑을 받는 형도 나에게는 그리 관대하지 않으니 하나

님도 눈감아 주실 거야….'

그래도 야곱의 타고난 기질은 가져야 하는 것은 꼭 가져야만 직성이 풀리도록 야곱의 인생을 몰아갑니다. 불면의 시간을 보내면서도 자기의 행위를 적극적으로 합리화해나가는 야곱은 아버지 이삭과 형 에서가 나누는 대화를 듣게 됩니다. '흥, 둘이서만? 나는 빼놓고? 그럼 나도 나 살아갈 방안을 모색해야 하는 거야~' 그리고는 치밀한 계획을 세워서 아버지를 속이고는 형 에서가 받을 축복을 가로채버리고 만 겁니다.

결국 야곱은 아버지의 집을 떠나서 불안과 두려움에 시달리는 방랑자의 길에 나서게 됩니다. 집을 떠나서 한 걸음씩 옮기는 야곱의 발걸음은 무겁기만 합니다. 그렇게 불안한 여정 중에 잠시 몸을 눕히고 쉬어가던 베델이라는 곳에서 하룻밤을 묵어가게 되고 그리고는 하나님의 임재 경험을 하게 되죠. 야곱의 꿈속에 나타난 층계를 오르내리는 하나님의 사람들은 야곱이 하나님과 소통하는 경로를 가지고 살아가야 한다는 메시지를 던져 주고 있었습니다. 야곱은 이 경험을 통해서 하나님의 존재를 인지하게 되었지만, 여전히 자신의 기질에 따라 살아가는 사람이었습니다. 이 대목을 생각하던 야곱은 아무런 표정 없이 쓴웃음을 지었습니다.

그렇게 도착한 하란에서 만난 외삼촌 라반은 야곱이 이길 수 없는 한 수 위의 비열한 사람이었습니다. 그리고는 두 아내를 얻기까지 14년을, 그리고 자신의 살림을 마련하기까지 약 20여 년을 일해야 했습니다. 베델에서 하나님 경험을 한 야곱이지만 야곱은 속고 속이는 삶을 살아온 겁니다. 그렇게 하란에서의 20여 년의 삶은 불안과 두려움에 시달리는 생활이었습니다.

우여곡절 끝에 하란을 떠나 얍복 강가에 도착한 야곱은 이렇게 지난 시간을 떠올리며 고뇌의 시간을 보내고 있습니다. 야곱은 “내가 너에게 약속한 것을 다 이루기까지 내가 너를 떠나지 않겠다”(창28:15b)라고 말씀하신 하나님의 약속을 기억하며 20여 년을 그 약속 위에서 살아왔습니다. 그러나 야곱을 엄습하고 있는 불안의 문제는 해결이 되지 않았고 야곱은 여전히 약삭빠른 삶을 살아내는 겁니다.

사실 얍복강에 도착한 야곱은 그 약삭빠른 재기로 자신의 불안을 떨구어 버릴 묘책을 부려보기도 합니다. 자신의 짐승 떼 550마리를 세 무리로 나누어서 차례로 보내면서 형 에서의 환심을 사고 그리고는 형 에서의 화를 누그러뜨릴 심산이었던 겁니다.

“야곱이 이렇게 지시한 데는 자기가 미리 여러 차례 보낸 선물들이 그 형 에서의 분노를 서서히 풀어주고 마침내 서로 만날 때에는 형이 자기를 반가이 맞아주리라는 생각을 하였다.” **창세기32:20**

그렇지만 이런 방식으로 해결될 야곱의 불안이 아닙니다. 야곱이 경험하고 있는 불안의 원인은 야곱의 존재양식에 있는 거니까요. 야곱은 자신의 이익을 위해서라면 무슨 짓이라도 하면서 살아가는 이기적인 사람입니다. 자신의 욕망을 채우기 위해서는 형을 속이는 일도, 아버지를 속이는 것도 주저하지 않는 그런 삶을 살아온 사람입니다. 야곱의 불안은 자기중심적인 야곱의 존재 양식에 기반하고 있습니다. 그나마 다행인 것은 야곱이 자신의 내면의 욕망을 따라서 살아가면서도 자신의 불안을 자각하고 있다는 겁니다. 야곱은 하나님에게 드리는 기도에서 자신의 불안을 이렇게 토로하고 있습니다.

"부디 제 형의 손에서, 에서의 손에서 저를 건져주십시오. 형이 와서 저를 치고 아내들과 자식들까지 죽일까 두렵습니다." **창세기32:11**

야곱이 이기적인 욕망을 따라 살아가면서도 잠을 잘 자는 수준의 사람이었다면 그는 얍복강을 훌쩍 뛰어 건너갔을 겁니다. 그런 수준의 사람들은 자신의 존재 양식과 삶의 양식의 궁합을 염두에 두지 않는 무지막지한 삶을 살아가기가 십상이니까요.

야곱은 하나님의 구원을 향하는 관념이라는 버스에서 내리기로 마음을 정합니다. 구원이라는 종점으로 가는 버스에 올라타서는 마음을 '턱' 하니 내려놓고 다시 욕망을 따라서 살아가는 그 관념이라는 에너지로 굴러가는 버스에서 내려서서 자신을 부르시는 하나님의 음성에 자신의 실천이 있는 삶으로 응답하는 주체적 존재 양식을 획득하기 위한 노력을 시작하는 겁니다.

하나님은 이렇게 살아가는 야곱을 그윽한 시선으로 바라보고 계셨습니다. 하나님은 인간이 고독의 한가운데를 살아갈 때, 또는 무력함을 느끼며 주저앉아 있을 때, 절망이 가득한 고난의 자리에서 소리내어 울지 못하며 흐느끼고 있을 때, 그때 우리에게 다가오시는 분이십니다. 야곱은 자신의 절박한 삶의 자리를 인식하면서 하나님의 도우심을 간구하는 기도를 드립니다.

"야곱은 기도를 드렸다. '할아버지 아브라함을 보살펴주신 하나님, 아버지 이삭을 보살펴주신 하나님, 고향 친족에게로 돌아가면 은혜를 베푸시겠다고 저에게 약속해주신 주님'" **창세기32:9**

하나님을 만나는 신앙 경험은 불안과 두려움 때문에 삶을 빼앗긴 사람들에게 본래적인 삶을 되돌려주는 기능을 합니다. 절망하는 일만이 가능한 고통스러운 삶의 자리에서 뭐라고 기도해야 할지를 모르는 사람들에게 기도할 수 있는 가능성을 제공해주기도 합니다. 다행스럽게도 야곱은 자신의 내면에서 부정적인 역동을 일으키는 '조우하기 싫은 자기'를 인식하며 살아왔습니다. 불안에 떨고 있는 야곱이 바로 그 모습입니다.

그리고 그때, 갑자기 야곱에게 신비로운 힘이 다가와 야곱을 흔들어대기 시작했습니다. 처절하게 자기를 흔들어대는 이 신비로운 힘은 야곱의 '조우하기 싫은 자기'를 흔들어대고 있는 겁니다. 그리고 야곱의 내면에 있는 이 '조우하기 싫은 자기'는 흔들리지 않으려고 있는 힘을 다해서 저항하고 있습니다. 참 치열하고 격렬한 갈등입니다. (이용수. "꿈과 신비경험을 통한 야곱의 변형". 참조)

야곱은 자신의 내면에서 일어나고 있는 이 희한한 역동을 정확하게 인식하고 있습니다. 자신의 내면에서 일어나는 이러한 역동을 눈치채지 못하는 사람은 자신의 존재 양식을 성찰해내지 못합니다. 그러면 자기를 찾아오시는 하나님을 알아차리기가 어렵습니다. 그러나 야곱은 자기 내면에서 일어나는 신기한 역동을 알아차리고 자기를 찾아오시는 하나님을 온몸으로 맞이합니다. 그리고는 있는 힘을 다해서 끌어안습니다.

"어떤 이가 나타나서 야곱을 붙잡고 동이 틀 때까지 씨름을 하였다." **창세기32:24**

'하나님! 평생을 살아오면서 너무 힘들었습니다. 내 안의 욕망을 따라 성실하게 살아왔지만, 불안을 넘어서지를 못했습니다. 제 안에서 어떤 녀석이 저를 몰아댔는지를 이제야 알았습니다. 진리가 저를 자유하게 한다는 것을 이제야 깨달았습니다. 저의 존재를 새롭게 해주십시오. 불안과 두려움을 넘어서서 살아갈 수 있는 삶의 방식을 저에게 알려주십시오.'

야곱은 얍복 강가에서 처절하게 고민합니다. 얍복강을 건너가려 하니 이전의 존재 양식을 가지고는 건너갈 수 없음을 야곱을 잘 알고 있기에 얍복강 건너의 삶에 최적화된 존재 양식을 획득하기 위하여 자신을 찾아오신 하나님의 조명 아래에 드러나고 있는 자신의 모습을 부여잡고 치열하게 갈등하고 있는 겁니다. 그리고 결국 하나님은 이렇게 처절한 자기성찰의 시간을 보내고 있는 야곱에게 반응하십니다.

"네가 하나님과 겨루어 이겼고 사람과 겨루어 이겼으니 이제 네 이름은

야곱이 아니라 이스라엘이다." **창세기32:20**

야곱은 자신의 내면에서 자신을 몰아세우고 있던 '조우하기 싫은 자기'를 직면할 수 있게 되었습니다. 이제는 불안에 시달려야 하는 삶을 살아가지 않아도 되는 '이스라엘'이 된 겁니다. 관념적 구원이라는 버스에서 내린 야곱은 실존적인 하나님 경험을 함으로써 자신의 존재 양식을 새롭게 하는 작업을 잘 수행해 냈습니다.

인간은 타자와의 만남과 헤어짐을 통한 공감 경험을 반복하면서 내면의 성품과 자신의 생각을 만들어 갑니다. 야곱은 지금까지의 진부한 자신의 삶의 양식을 성찰하고 건강한 존재 양식을 가지고 살아가기 위하여 고향 집을 떠나며, 하란에서의 고단한 삶을 살아내며 되어감의 길을 걸었습니다. 그리고 지금 야곱은 자신의 존재를 새롭게 하는 시간kairos을 경험하고 있습니다. 얍복 강가에서의 야곱은 오랜 시간 동안 자신과 함께하신 과정으로서의 하나님의 임재 경험을 하며 이스라엘이라는 새로운 존재 양식을 맞이하고 있습니다.

◇◇◇

에서를 만나는 야곱

야곱은 지친 몸으로 간신히 얍복강을 건너갑니다.

밤새 자신의 존재의 문제를 가지고 고민하며 잠을 설친 탓에 몸은 천근만근 고단하지만, 한결 마음이 편안해진 것은 자신의 존재의 양식을 새롭게 하는 하나님의 임재를 경험한 탓입니다. 팥죽 한 그릇으로 형의 장자의 권리를 빼앗고 온갖 기술을 써서 아버지를 속여먹는 자기중심성의 문제를 놓고 야곱은 고향 집을 떠난 이래로 20여 년간 가슴 졸이며 살아왔습니다. 그리고 고향으로 돌아가는 여정의 끝자락으로 보이는 얍복 강가에서 그 자기중심성의 해체작업의 마지막 부분을 경험하며 더불어 살아가는 존재의 양식을 수용하게 됩니다.

눈을 들어 들판 저쪽을 바라보는 야곱의 눈에 형 에서가 자신의 수하 400여 명을 이끌고 달려오는 모습이 보였습니다. 자신의 존재 양식을 새롭게 하기는 했지만, 아직도 자기에게 달려오고 있는 형의 의도를 정확하게 알지 못하는 야곱은 만약의 사태에 대비하기 위하여 자신의 대열을 정비합니다. 두 여종을 맨 앞에 세우고, 다음에는 레아와 그의 아들을, 행렬의 맨 마지막에는 라헬과 요셉을 세우고는 형을 맞이합니다. 야곱은 일곱 번 절을 하면서 형을 맞이하고 에서는 그렇게 자신을 맞이하는 동생 야곱을 뜨겁게 포옹함으로써 야곱은 오랫동안 시달렸던 불안과 두려움의 문제를 넘어서는 모습을 보여줍니다.

이제 야곱은 얍복 강가에서 경험한 하나님의 임재 경험을 통해서 갈등을 뒤로하고 화해를 일구는 사람이 되었습니다. 그동안의 야곱은 자신의 이웃을 적대자로 여기며 이겨야 할 대상으로 보는 삶을 살아왔습니다. 야곱이 자신의 이웃들을 극복하고 이겨내야 하는 경쟁 상대로 보았다는 것은 야곱의 내면에 자리잡고 있는 가치에서 기인했다고 보아야 맞을 겁니다. 우리는 자신의 내면에서 작동하는 가치가 올바르다는 확신에 기반하면서 나의 가치에 반反하는 삶을 살아가는 사람들을 향해서 미움의 감정을 드러내게 됩니다.

특히 야곱에게서 보여지는 '자기에 대한 집착'은 타자의 존재 방식을 무시하고 또는 이웃의 삶의 방식에 무관심한 채로 이 세상의 모든 일이 자기중심으로 이루어져야만 안도하게 하는 기제입니다. 자기에 대한 집착은 자기를 우주의 배꼽이라고 생각하면서 자신의 주변에 있는 모든 사람은 자기를 위하여 살아가는 사람이라는 착각을 하게 하는 겁니다. 이런 사람들에게서는 공공을 위한 감각을 찾아보는 일이 쉽지 않습니다. 자신의 에너지를 공공의 선을 위하여 소비하는 일도 기대하기가 어렵고요. 오히려 자신의 주변에 있는 사람들이 자신의 이익을 훼손시키기라도 하면 불안에 떨면서 상대를 향한 극단적인 분노를 표출하기도 합니다.

얍복 강가의 경험 이전의 야곱에게서 이러한 모습을 찾아볼 수 있는 이유는 명확합니다. 야곱의 가족사에는 이러한 삶을 가능하게 하는 편애의 가족사가 흐르고 있었으니까요. 아브라함은 이삭을 편애했고 이삭도 에서만을 사랑하는 가족의 편애사는 야곱이 그 와중에서 살아남는 법을 고민하게 했을 법합니다. 그리고 야곱은 어머니와의 융합 관계를 통해서 생존을 모색해야 하는 삶의 양식을 선택하는 것으로 아버지의 편애에 대응합니다.

자기를 중심으로 타자를 보는 관점은 이전의 삶의 방식으로부터 공급되기도 합니다. 살아남기 위해서는 무엇이라도 해야만 하는 절박한 삶의 환경을 살아낸 사람들은 자신이 살아왔던 생활방식 이외에 다른 방식-이웃과 함께 살아가는-이 있다는 것을 알지 못할 수도 있습니다. 자신의 생존만을 위해서만 살아가면서 누군가는 나의 생존방식 때문에 고통을 경험한다는 사실을 알지 못하는 사람은 이웃의 아픔에 공감하지 못합니다. 그리고는 끊임없이 분열과 갈등을 반복하는 삶의 구조에서 헤어나지 못하는 삶을 살아가게 되는 겁니다. 이런 식의 삶이 얍복강 이전의 야곱의 삶이었던 건데요.

그렇기 때문에 화해를 만들어 내는 삶을 살아가기 위해서 선제적으로 해야 하는 일은 의식의 전환을 일구어내는 것입니다. 화해의 장場에는 돌이킴, 용서, 공의로움, 진실함, 평화, 일치 등의 가치들이 자리하고 있습니다. 그리고 이러한 가치들은 지금까지 적대적 관계를 유지하며 살아가던 이웃을 자신의 동료로 받아들이라는 요구를 하고 있습니다. 그리고 그리스도인이 화해공동체의 일원으로 살아가는 일에 관한 이해를 가지고 있다면 이러한 요구에 응답해야 하는데 이렇게 화해의 사람이 되는 일은 대단한 통증을 동반하게 됩니다. 지금까지 바르다고 생각했던 자신의 생각이 상대적이었다는 것을 깨달아야 하고 때로 자기 생각을 포기하며 새로운 가치를 받아내야 하는 치열한 작업을 수행해 내야 하기 때문입니다. (김경은. "사회적 화해를 위한 영성지도의 긍정적 역할". 참조)

이 대목에서 우리는 본 회퍼의 이야기를 간단히 생각해 볼 수 있습니다.

중세 이후 기독교가 기반했던 정통주의는 시간을 거듭하면서 그 효력을 다하고 말았습니다. 이후 현대 기독교는 하늘의 이야기를 땅의 이야기로, 정통교리를 따르는 관념적 신앙에서 성서의 말씀을 살아내는 실천적 신앙으로 그 흐름을 새로이 하였습니다. 이러한 흐름에 결정적인 역할을 한 사람들 가운데 본 회퍼가 있었습니다. 본 회퍼는 전통적인 그리스도교 신앙을 비판적으로 성찰하면서 기독교의 본래성을 회복하고자 하는 노력을 했습니다. 특히 평생을 자신의 욕망을 따라 살아가던 사람이 죽기 직전에라도 예수 그리스도를 고백하기만 하면 구원에 이른다는 교리적인 대목에 문제가 있음을 지적하며 종교를 자신의 죄를 용서받기 위한 도구로 이용하는 대목을 값싼 신앙이라고 비판하기도 했죠. 그리고는 '성인 된 그리스도인'을 이야기합니다. 자신의 욕망의 추구에 합리성을 부여해주는 종교의 역기능을 밝혀내고 온전한 하나님을 볼 수 있는 신앙의 길을 열어나가야 하는 '성인 된 믿음의 길'을 걸어가야 한다고 이야기하는 겁니다. (본 회퍼. 『본회퍼의 그리스도론』. 에버하르트 베트겐. 참조)

이런 본 회퍼의 도식을 통해서 야곱을 살펴보면 야곱은 자신의 욕망을 추구해가는 값싼 은총의 삶을 살아왔다고 볼 수 있습니다. 그랬던 야곱이 얍복 강가에서의 실존적인 고민을 통하여 형과 그리고 다른 이웃들과 화해의 삶을 살아가는 성인 된 하나님의 사람이 되었다고 말할 수 있을 건데요. 이러한 야곱에 관한 이해는 형 에서를 만난 야곱이 성인 된 하나님의 사람으로서 형 에서에게 건네는 말에서 찾아볼 수 있습니다.

"형님께서 저를 이렇게 너그럽게 맞아주시니 형님의 얼굴을 뵙는 것이 하나님의 얼굴을 뵙는 듯합니다." **창세기33:10**

하나님의 사람으로 살아가는 일에는 마음에 꼭 간직해야 할 내용들이 있습니다. 그것은 화해공동체의 일원으로 살아간다는 자기 이해입니다. 이렇게 자신의 내면을 꾸준히 살피면서 화해의 삶을 살아가는 사람은 배타적으로 주장하고 고집해야 하는 '자기'가 없습니다. 폐쇄적으로 밀어붙이면서 이루어야 할 자신의 욕망이 없기 때문에 이렇게 살아가는 사람들의 주변에는 '살림'의 기운이 감돌게 됩니다.

아마도 에스더기에 나오는 모르드개가 그런 사람이지 않을까 싶습니다. 민족이 위기에 직면한 상황에서 주저하는 왕비 에스더에게 존재의 의미를 설명해주고 왕비로 살아가게 하는 하늘의 이치를 일깨워주고 있으니까요.

"이런 때에 왕후께서 입을 다물고 계시면 유다 사람들은 다른 곳에서라도 도움을 얻어서 마침내는 구원을 받고 살아날 것이지만 왕후와 왕후의 집안은 멸망할 것입니다. 왕후께서 이처럼 왕후의 자리에 오르신 것이 바로 이런 일 때문인지를 누가 압니까?" **에스더기4:14**

모르드개는 권력의 눈치를 보지 않았습니다. 그는 자신이 배타적으로 밀어붙여야 할 욕망도 가지고 있지 않았습니다. 모르드개는 존재의 의미에 관한 묵상을 꾸준히 하는 사람이었기 때문에 에스더의 '왕비로 살아감'이라는 삶을 '타자를 위한 영향력'으로 재구성해낼 수 있었던 겁니다.

아마도 모르드개는 자신의 조카인 왕비 에스더가 왕비로서 홀로 살아가며 영화를 누리는 것은 공공의 삶을 살아가도록 이끄시는 하나님의 섭리에서 비켜서는 값싼 은총임을 통찰했을 겁니다. 그리고 주저하지 않고 에스더에게 이야기를 전하는 겁니다. 자기를 중심으로 하는 세계 이해를 넘어서서 이웃과 함께 살아가는 세계로 초대함과 더불어서 살림의 삶을 뒤로하고 죽임의 삶을 설계하는 일부 무도한 사람들의 세계관을 깨뜨려 버리는 작업이 공적 자리를 허락해 주신 하늘의 뜻에 부응하는 삶이라고 말이죠.

이렇게 보면 의식의 전환을 이루어낸다는 것은 한 생을 살아감에 있어서 대단히 중요한 작업입니다. 이 작업을 잘 수행해내는 사람이 과거의 부정적인 기억을 잘 치유해 내고 건강한 오늘을 살아가게 하는 긍정적인 기억으로 재생산해내기도 합니다.

일단 야곱이 얍복 강가에서 자신의 존재 양식을 새롭게 해낸 상황을 '자기 깨뜨리기 작업'이라고도 할 수 있을 겁니다. 자기를 깨뜨린다는 것은 욕망을 따라 살아가는 자기를 눈치채고 나를 지키기 위해서 타자를 공격하는 식의 삶을 멈추는 것을 의미합니다.

바울은 새로운 피조물에 관한 이야기를 하고 있습니다. 그것은 예수께서 보여주신 본래적인 삶의 방식을 회복해내는 것을 의미합니다. 인간은 사회적인 존재라는 명제를 가지고 살아가는데 예수께서 타자를 위하여 십자가에 오르시는 것으로 이 명제를 멋지게 살아내셨다는 겁니다. 이 사회적인 인간은 서로 간에 관계를 맺으며 살아가는 존재라고도 할 수 있는데 인간의 상호관계는 순기능을 하기도 하고 역기능을 하기도 하다가 역기능의 순간을 경험하기라도 하면 여지없이 화해를 모색하는 삶을 살아가게 됩니다. 이런 삶을 가능하게 하는 것이 바로 '자기 깨뜨리기' 작업입니다.

인간의 내면에 자리잡고 있는 자기중심성은 호시탐탐 자기 활성화의 시간을 엿보고 있습니다. 인간은 그렇게 존재의 퇴화를 경험할 때마다 관계의 역기능에 직면하게 되는데요.

야곱은 얍복 강가에서 '화해 만들기'라는 능력을 획득하는 경험을 하면서 더불어 살아갈 수 있는 공공의 의식으로 자신의 내면을 재무장합니다. 그리고 에서를 만나는 겁니다.

◇◇◇

세겜의 욕망

멍하니 창밖을 바라보던 세겜은 깜짝 놀랐습니다. 누군가가 문득 골목길에서 걸어 나와서 자신의 집 창문 앞을 지나가는데 찰랑거리는 머릿결 하며 하늘하늘 걸어가는 모습이 너무나 매력적입니다. 세겜은 아랫배에서 꿈틀거리는 욕망의 기립을 느끼며 후다닥 뛰쳐나가 벌써 저만큼 걸어가고 있는 여인을 따라잡았습니다.

"누굽니까? 이 동네에서 본 적이 없는 여인인데요?"

"예, 얼마 전에 이곳으로 이사 온 야곱의 딸 디나라고 합니다."

세겜은 자신의 내면에서 끓어오르는 욕망을 한껏 느끼며 디나의 팔을 움켜잡고 끌어대더니 결국 자신의 욕구를 채우고 말았습니다. 세겜은 자신의 내면에서 솟구치는 욕망을 비판적으로 성찰하며 제어하지 못하고 그대로 실행함으로써 엉뚱한 상황을 만들어 낸 겁니다.

남성 중심적 질서로 꾸려지는 곳에서 남성의 선택은 그 선택이 일방적이라고 하더라도 쉽사리 비난을 받지 않습니다. 힘센 이들의 논리와 그에 따른 삶은 힘이 세다는 것 때문에 그 누구도 함부로 비판하지 못하는 법이니까요.

아들의 혈기로 인해서 상황이 엉뚱하게 펼쳐지자 세겜의 아버지인 하몰은 자신의 아들 세겜을 데리고 야곱을 찾아갔습니다. 하몰은 아들의 처신이 대단히 부적절했다는 것을 인식하고 있는 듯합니다.

"세겜이 야곱의 딸을 욕보여서 이스라엘 사람에게 부끄러운 일 곧 해서는 안 될 일을 하였다" **창34:7**

하몰은 제안을 합니다. 자신의 아들 세겜과 디나를 결혼시키고 이스라엘과 세겜 지역의 사람들이 통혼을 하도록 하자는 겁니다. 그렇지만 히브리인들은 이방인들과 통혼을 하지 않아야 한다는 신앙적 기준을 가지고 있습니다. (신명기7:3~4) 더불어서 폭력적으로 자신의 가족을 욕보인 사람들의 제안을 받아들이는 일도 속이 상하게 합니다. 디나의 오라비들은 하몰과 세겜에게 세겜의 모든 남자들이 할례를 받으면 당신들의 제안을 받아들이겠노라고 역제안을 합니다. 그리고는 디나의 오라비들은 세겜의 남자들이 할례를 받은 후에 그들의 마을로 쳐들어가서 남자들을 모두 죽이고 심지어 죽은 시체까지 털어버리며 성안에서 약탈을 자행하고는 어린아이와 아낙네들을 사로잡아오기까지 합니다.

'감히 우리의 누이를 욕보이다니….'

남성 중심적 사회의 질서에서 힘이 센 이들의 일방적인 처신에 희생을 당하는 이들은 여성들입니다. 약한 이들은 힘센 남성들의 욕망을 충족시키는 도구로 전락하기도 하는데 그렇게 도구화되는 이들은 결국 나의 어머니이고 나의 누이로서의 가족이라는 사실이 간과되기 마련입니다. 힘센 누군가가 나의 가족에게 폭력을 행사할 때에는 속상해하면서 적극적으로 대응하는 모습을 보이지만 정작 힘센 사람의 입장이 되어 자신의 욕구를 만족시켜야 하는 상황에서는 타인의 가족인 여성성을 도구화하는 일을 주저하지 않는 이 악순환은 우리의 삶의 자리를 두려워해야 하고 서로를 경계해야만 하는 천박한 삶의 자리로 전락하게 합니다.

폭력을 지나친 폭력으로 응대하고 돌아오는 아들들의 모습에 깜짝 놀란 야곱은 한마디 합니다.

"너희는 나를 더 어렵게 만들었다. 이 땅에 사는 모든 사람이 나를 사귀지도 못할 추한 인간이라고 여길 게 아니냐? 그들이 합세해서 나를 치고 나를 죽이면 나와 나의 집안이 다 몰살당할 수밖에 없지 않느냐?" **창세기34:30**

야곱이 내뱉은 한 마디는 고대 사회에서 일어난 사건fact으로 받아들일 수 있는 이야기임과 동시에 생태적 관점으로 읽어봐도 충분한 의미를 던져 주는 한 마디입니다. 인간의 욕망–세겜의 욕망-은 자신이 살아가는 삶의 자리를 망가지게 합니다. 더불어 그 욕망으로 인해 일어난 폭력적 상황을 폭력으로 다스리려 하는 시도는 더불어 살아가야 하는 삶의 지속가능성을 제한하는 더욱 고단한 상황으로 전락하게 하기도 합니다.

성서는 꾸준히 고개를 드는 인간의 욕망에 대하여 명시적으로 묘사하는 대목을 가지고 있습니다.

"여자가 그 나무의 열매를 보니 먹음직도 하고 보암직도 하였다. 그뿐만 아니라 사람을 슬기롭게 할 만큼 탐스럽기도 한 나무였다. 여자가 그 열매를 따서 먹고 그 남편에게도 주니 그도 그것을 먹었다." **창세기3:6**

하와는 뱀에게 유혹을 당하고 있습니다. 하와의 눈에 들어온 선악과는 '보암직도 하고 먹음직'도 합니다. 이런 표현으로 하와를 유혹하고 있는 뱀은 인간의 약점을 잘 알고 있으면서 그 약점을 적극적으로 활용해서 인간을 유혹합니다. 이렇게 인간을 유혹하는 뱀을 현대 사회에서는 '자본주의'라고도 말할 수 있을 겁니다. 자본주의는 상업주의라는 실천적인 모습으로 우리에게 다가오는데 상업주의는 인간을 유혹하기 위한 카피copy 한 줄을 만들어 내기 위하여 엄청나게 똑똑한 사람들을 앞세워 밤을 지새우기도 합니다. 그리고 그렇게 만들어진 블링블링한 홍보 카피는 사람들의 시선을 빼앗고, 그리고 사람들은 고급진 소비재를 구매하면서 자신의 존재감을 드높이게 되는 겁니다.

이러한 상황을 20세기 초의 발터 벤야민이라는 철학자는 『아케이드 프로젝트』라는 책을 통해서 통찰해내고 있습니다. 19세기 프랑스의 파리에서 형성된 아케이드는 중산층의 출현과 함께 그 기능을 새롭게 하기 시작했다는 건데요, 소비력이 있는 중산층 여성들은 아케이드에 진열된 고품질의 소비재를 구매하여 자신의 존재감을 드높이고 생산자들은 끊임없이 새로운 상품을 출시해서 구매욕을 부추깁니다. 그러면 소비자들은 다시 열심히 구매력을 재충전한 후에 아케이드를 찾아서 어제 구매한 옛 제품을 포기하고 새로운 제품으로 자신을 치장하면서 '세상의 1%'로 인정받는 자신의 사회적 경제적 위치를 고수하는 겁니다. 이러한 끝없는 소비와 구매의 순환은 인간의 자기 착취로 연결됩니다.

뱀의 유혹에서 주목할 수 있는 또 하나의 내용이 있습니다. 그것은 뱀이 유혹할 때 사용한 '사람을 슬기롭게 할 만큼'이라는 표현입니다. 뱀이 유혹의 방식으로 사용한 '사람을 슬기롭게'라는 방식은 신화적 세계관을 극복해낸 인간 이성의 발달을 생각하게 합니다. 인간의 이성이 계몽되면서 인간은 '좀 더 빠르게, 좀 더 편하게'라는 표어를 내세우며 산업혁명 등을 일구어 내게 되죠. 그리고 이러한 자연과학의 발전은 엄청난 소비재를 대량으로 생산할 수 있는 세상을 가능하게 했고요, 그리고 이러한 상황은 엄청난 자원을 필요로 하게 되었고 자원의 확보를 위하여 인간이 자연을 착취적으로 수탈하게 하는 원인이 되었습니다. 이제 우리는 '보암직도 하고 먹음직도 한' 것에 대한 욕망을 제어하지 못한 데서 오는 세상, 즉 사람을 슬기롭게 하는 열매를 먹고서 벌여 놓은 엄청난 일들로 인해 다가온 생태적 위기를 눈앞에서 목격하는 시간을 살아가게 되었습니다.

18세기 인문주의 이후 활성화된 인간의 능력은 엄청난 문명을 건설했지만, 그 문명은 다시 인간의 삶을 공격하는 모습으로 우리에게 되돌아왔습니다. 이러한 상황은 자연을 수탈하면서 인간의 자기 착취적 삶을 살아가는 모습에서 기인했다고 할 수 있을 겁니다.

이런 식의 삶의 모습은 예나 지금이나 다를 바가 없었던 것 같습니다. 성서의 예언자들은 하나님의 형상을 회복할 수 있는 믿음의 길로 돌아올 것을 요청하며 본래적인 성서의 이야기를 전하기도 했으니까요. 그러나 자신의 욕망에 사로잡힌 채로 살아가는 사람들은 예언자의 이야기에 야유를 보내며 자기 착취의 삶을 고수하는 모습을 보이곤 했습니다.

그리스도인들은 이러한 현대의 삶의 자리에서 믿음의 길을 걸어가고 있는 것인데요, 그리스도인들이 이런 삶의 자리에서 믿음의 길을 걸어간다는 것은 비상식에서 상식으로, 나 중심에서 타자 중심으로 삶의 자리를 옮기는 작업이어야 합니다.

하지만 자기중심적인 인간이 자기 착취, 그리고 생태계를 수탈적으로 착취하며 살아가는 저간에는 강력하게 자리하고 있는 견고한 자기 욕망에 대한 집착이 있기 때문입니다. 끈적끈적한 자기에 대한 집착을 가지고 살아가는 사람은 타자와의 공감을 쉽게 형성해내지 못합니다. 이러한 내면의 기조를 가지고 살아가는 사람은 이웃을 자신과 더불어 살아가는 동료로 보기보다는 이겨야 하고 극복해내야 하는 경쟁 상대로 인식하며 나아가서는 타자를 적으로 규정하기도 하는 모습을 보입니다. 이웃에 대한 인식이 누군가의 내면에 이렇게 형성이 되기 시작하면 공동의 이익을 위해서 해야 할 일도 회피하는 모습을 보이기도 합니다. 이런 모습은 공동체 감각의 결여로 이해할 수 있는 대목입니다.

공동체 감각은 사회적인 관심social interest이라고도 할 수 있습니다. (기시미 이치로. 『버텨내는 용기』. 박재현 역. 참조) 즉 이웃을 함께 살아가는 동료로 인식하는 사람은 이웃이 행복한 사회가 나도 행복하게 살아갈 수 있는 사회라는 것을 인식하고 더불어 평화롭게 살아갈 수 있는 삶의 자리를 만들기 위한 노력을 이어간다는 것입니다.

세겜은 자신의 욕망을 비판적으로 성찰하지 않으면서 디나를 폭행했고 야곱의 아들들은 이 상황에서 과도한 수준의 복수를 하는 악순환을 만들어 내면서 자신들이 살아가는 삶의 자리를 갈등과 분쟁의 자리로 전락시키고 말았습니다.

인간의 자기 집착이 자신의 삶을 분열과 갈등으로 몰아간다는 것을 깨닫는 일이 그리 쉬워 보이지 않습니다. '좀 더 편하고 좀 더 빠르게'라는 표어를 극복하고 조금은 천천히 조금은 불편하게 살아가려는 생활 문법으로의 전환은 어떻게 이루어 낼 수 있을까요?

◇◇◇

다시 베델로 이주하는 야곱

야곱은 하나님의 음성을 듣고 있습니다. 간신히 세겜에서 자리를 잡았나 보다 했더니 자신의 딸 디나가 성폭행을 당하고 이에 자신의 아들들은 복수를 한다면서 세겜 지역을 초토화시켜버린 겁니다. 이런 상황에서 당황하고 있는 야곱에게 하나님은 세겜을 떠나서 베델로 옮겨갈 것을 주문하고 있습니다.

“어서 베델로 올라가라. 거기에서 살아라. 네가 너의 형 앞에서 피해 도망칠 때에 너에게 나타난 그 하나님께 제단을 쌓아서 바쳐라.” **창세기35:1**

이렇게 하나님으로부터 베델로의 이주를 요구받고 있는 야곱은 자신의 지난 시간들을 곰곰이 돌이켜봅니다. 팥죽 한 그릇에 형 에서를 속이고 장자권을 빼앗은 기억, 아버지를 속이기 위해서 온갖 술수를 쓰고 기어이 형의 축복을 빼앗은 기억, 외삼촌이 라반의 집을 떠나면서 아내가 훔쳐 온 이방 신상인 드라빔 사건을 알면서도 모르는 척 눈 감고 있었던 시간들, 그러면서도 시간 맞추어 기도하고 하나님의 뜻은 무엇인지를 꾸준히 물어왔던 자신의 시간이 돌이켜집니다. 그리고 ‘그래’ 하면서 입술을 꼭 물고는 가족들을 불러 모았습니다.

“너희가 가지고 있는 이방 신상들을 다 버려라. 몸을 깨끗이 씻고 옷

을 갈아입어라. 이제 우리는 하나님에게 제단을 쌓아 바쳐야 한다." **창세기35:2~3 참조**

베델에서 하나님을 만난 이래로 하나님을 의지하면서 살아간다고 자임했던 야곱이었습니다. 그렇기 때문에 하란의 외삼촌 집을 떠나면서도 '나의 조상의 하나님이 나와 함께하셨다'(창31:5)고 말했고 자신의 신변이 위협적인 상황에서는 '주님 저를 건져주십시오'(창32:11)라고 기도하기도 했던 겁니다. 그런데 세겜에서의 말도 안 되는 가족의 어려움을 경험하고서 곰곰이 생각해보니 자신의 아내들은 아직도 이방신인 드라빔을 간직하고 있고 신상의 귀에 걸려 있던 귀고리 등을 가지고 있는 겁니다. (하경택. "벧엘에서의 야곱과 드보라의 죽음". 참조) 이러한 사실이 떠오른 야곱은 이방신상을 버림으로써 이전의 생활방식을 버리고 새로운 삶의 자리로 나갈 수 있는 하나님의 사람으로서의 정체성을 마련하는 작업을 합니다.

사실 이방종교는 우리의 삶을 혼란스럽게 합니다. 풍요와 번영의 신은 우리를 경쟁이 당연시되는 삶으로 이끌어 가기만 합니다. 더 많이 소유하기 위해서는 상대방의 것을 내 것으로 만드는 사회적 구조에 정당성을 부여하는 일을 주저하지 않게 하고 더 높은 사회적인 지위를 획득하기 위해서는 상대방을 발길로 걷어차서 낭떠러지로 떨어뜨리는 일을 당연하게 여기게 합니다. 바알과 아세라로 불리는 풍요와 번영의 신이라는 이름은 듣기는 좋은 말이지만 사실 이 신은 맘몬이라고 불리면서 우리가 누려야 하는 화해와 일치, 그리고 평등적 삶의 자리로 나가지 못하게 하기 때문입니다. 바알과 아세라로서의 이방종교의 모습을 구체적으로 묘사하고 있는 대목이 성서에 나타나고 있는데 바로 갈멜산 이야기입니다.

바알의 예언자들은 자신들의 제의에서 소리 지르는 일을, 마구잡이로 춤을 추는 일을 제한없이 수행합니다. 그리고는 응답하지 않는 바알을 깨우라는 엘리야의 조롱에 자기들의 몸을 칼과 창으로 찌르며 피를 흘리는 자해하는 모습을 보이기도 합니다.

"아침부터 한낮이 될 때까지 '바알은 응답해 주십시오' 하면서 부르짖었다... 그들의 예배 관습에 따라 칼과 창으로 피가 흐르도록 자기 몸을 찔렀다." **왕상18:26, 28**

그렇지만 바알의 예언자들과는 달리 엘리야는 소리를 지르거나 과하게 춤을 추거나 자해하는 행위를 하지 않습니다. 성서에 묘사된 엘리야는 차분하게 무너진 제단을 고쳐 쌓는 모습을 보입니다. 엘리야가 다시 쌓아 올리는 제단은 원래의 모습을 회복했을 겁니다. 이념과 사람들의 아집에 사로잡힌 신앙공동체가 아닌 원래의 신앙공동체를 세워나가는 엘리야의 모습이라고 이야기할 수 있는 겁니다. 그리고서 엘리야는 '나의 기도에 응답해 주셔서 하나님이 백성들이 섬겨야 하는 참 하나님이심을 알게 하여 주십시오'라고 기도합니다.

야곱은 가족 내에 자리하고 있는 모든 이방적인 요인들을 제거함으로 순결한 가정을 확보하고 나서야 베델로 향하게 됩니다. 그렇게 베델에 도착한 야곱은 신기한 경험을 합니다. 얍복 강가에서 나타나셨던 하나님이 다시 나타나셔서 다시 한번 자신을 어루만져 주시는 경험을 하는 겁니다. 그 경험은 바로 야곱의 이름을 다시 한번 '이스라엘'이라고 확인해주시면서 야곱의 삶을 축복하시는 것이었습니다.

오랜 시간 동안 자신의 유익을 위하여 다른 사람의 뒤통수를 치면서 살아온 야곱, 하나님의 임재를 경험하면서도 집안의 이방적인 요인을 정리하지 못했던 야곱은 이제 조금 더 명확하게 자신의 정체감을 확립해가는 과정을 경험했고 이제 다시 한번 하나님으로부터 '이스라엘'이라는 이름을 부여받음으로써 새로운 존재 양식으로의 전환을 확인받고 있는 겁니다.

베델에서 야곱이 경험하고 있는 하나님의 임재 경험은 자신의 불안을 제어하게 하는 결정적인 사건이 됩니다. 그동안의 야곱의 삶은 속고 속이는 삶의 연속이었고 심지어 자신의 아들 르우벤이 자신의 아내인 빌하를 범하는 말도 안 되는 속상함을 경험하며 살아왔습니다. 그럼에도 불구하고 야곱이 꾸준히 자신의 삶을 살아올 수 있었던 것은 고향을 떠나 하란으로 가는 여정 중에 베델에서 경험한 하나님의 약속을 의지하며 꾸준히 되어감becoming의 길을 걸었던 덕분입니다.

야곱은 언제부터 자신의 평생을 지배한 불안에 시달리기 시작했을까요? 타락 이전의 인간의 상태는 순진무구한 상태였답니다. (키에르케고르.

『불안의 개념/죽음에 이르는 병』. 참조) 이 순진무구한 상태는 죄를 구분할 능력이 없는 상태를 의미하는 거라는데요. 이러한 무념무상의 상태라야 인간은 평화를 누린다는 겁니다. 그런데 인간의 이 순진무구한 상태는 욕망에 의하여 깨지게 되는데요. 그건 뱀으로 상징되는 유혹의 주체가 인간의 내면에서 인식되게 되고 그 인식된 유혹의 주체가 깨어나면서 선악과를 따먹지 말아라(창2:17)라는 금지명령을 인식하게 되기 때문이라는 겁니다. 그리고 이 금지명령을 인식하는 순간 인간의 무념무상의 상태는 깨져버리고 인간의 욕망은 인식의 세계에서 활동하게 되는데 실제로 인간은 욕망을 구현해내려는 의지를 갖는 순간부터 불안을 경험하게 된다는 겁니다.

아마 야곱도 이러한 도식에서 자유롭지는 못했을 겁니다. 무념무상의 순간을 경험하다가 금지명령을 인식하게 되고 금지명령을 어기고 싶은 내면의 욕망을 거침없이 자신의 삶에 적용하는 야곱의 기질은 야곱의 평생을 불안에 시달리며 살아가게 했을 겁니다.

이제 야곱은 베델에서 다시 한번 자신의 존재의 양식을 새롭게 하는 하나님의 은총을 경험합니다. 정직과 성실에 기반해서 공의로운 삶을 살아가라는, 서로 간에 화해와 일치를 이루어 평화를 누리는 삶을 살아가라는 하나님의 뜻이 이름을 바꾸어 주시는 행위에 담겨 있음을 깨달은 야곱은 자신의 불안의 수위를 제어control할 수 있는 성품의 사람이 되는 겁니다.

하나님은 존재의 양식이 타자 중심으로 바뀐 사람에게 살아가는 일에 필요한 것들을 공급해 주시는데요. 타자 중심의 존재 양식을 가지고 살아가는 사람은 하나님께서 제공해주시는 것들을 가지고 평화를 누리며 이웃과 함께 살아가기 때문입니다. 즉 존재의 양식을 달리해서 타자를 위하여 살아가는 사람은 자신에게 다가온 하나님의 은총이 다른 이들에게로 흘러갈 수 있도록 스스로 길이 되는 사람입니다. 그리고는 하나님의 은총을 공유하는 삶을 살아갑니다. 이쯤에서 시편의 한 구절이 생각나는군요.

"그 얼마나 아름답고 즐거운가! 형제자매가 어울려서 함께 사는 모습! 머리 위에 부은 보배로운 기름이 수염 곧 아론의 수염을 타고 흘러서 그 옷깃까지 흘러내림 같고…" **시133:1～2**

시편 133편 기자의 노래가 어떻게 보이나요? 하나님이 아론의 머리 위에 부어주신 은총이 할아버지쯤 되는 아론의 머리 위에서 흐르기 시작해서 아론의 수염을 타고 흐르더니 아론의 품 안에 안겨 있는 어린 아기의 머리 위로 흘러내리는 장면이 상상되지 않으시나요? 이런 풍경화가 가능한 삶의 자리이니 어떻게 살아가는 일이 즐겁지 않을 수 있겠습니까?

야곱의 이름을 이스라엘로 바꾸어 주시는 하나님은 생육하고 번성하라는 은총을 베풀어 주시면서 모든 이웃과 더불어서 재화를 공유하는 삶을 살아갈 것을 요청하고 계시는 겁니다. 하나님은 야곱에게 복을 베풀어 주심으로 모두가 생명을 누리는 삶을 살아가는 세상이 되기를 바라시는 겁니다. 자연은 하나님의 창조질서를 따라서 열매를 맺기도 하면서 다른 피조물에게 생명의 기운을 전해주고 인간은 자연을 잘 보살피면서 자신의 삶의 자리를 건강하고 평화로운 삶의 자리로 잘 가꾸어 가는 선순환을 이루어내면서 살아가라는 것이 하나님이 우리들에게, 창조세계에 베풀어 주시는 복인 겁니다. (차준희. "구약의 축복". 참조)

이웃이 내게 다가오는데 이웃의 다가옴에 담겨 있는 그 커다란 의미를 묵상할 줄 모르고, 자연이 우리에게서 멀어지는데 그 심각성과 안타까움이 느껴지지 않고서야 하나님의 은총을 누리면서 살아가는 사람이라고 할 수 없습니다. 하나님이 우리들에게 베풀어 주시는 은총은 우리 모두가 함께 살아가는 어울림의 삶을 가능하게 하는 가치 일체인 거니까요.

◇◇◇

꿈꾸는 요셉 뒤집어 읽어보기

퍼드득,

잠에서 깬 요셉은 형들에게로 달려가서 자신의 꿈 이야기를 풀어놓았습니다.

"글쎄 말이죠, 우리가 밭에서 곡식단을 묶고 있는데요, 형들의 곡식단이 저의 곡식단에게로 성큼성큼 다가오더니 꾸벅 절을 하지 뭐예요?"

"뭐라고? 우리 곡식단이 너의 곡식단에게 절을 했다고? 이런 미친놈을 보았나? 네가 우리의 상전이 된다는 거냐? 별 정신나간 소리를 다 듣겠네, 저리 꺼져 이놈아~"

몇 날 후, 다시 꿈을 꾼 요셉은 아버지와 형들에게로 달려가서 자신의 꿈 이야기를 다시 한번 풀어놓았습니다.

"글쎄 말이죠, 꿈속에서 하늘의 해와 달과 별 열한 개가요, 나에게로 스르륵 다가오더니 절을 하는 거예요."

야곱은 그 이야기를 듣고는 요셉을 야단쳤습니다. '어린 녀석이 버릇없이 집안의 아래위를 알아보지 못하고 하고 싶은 이야기를 함부로 떠들고 다니다니, 저렇게 앞뒤 없이 집안을 휘젓고 다녀서야 자신의 앞가

림이나 제대로 하겠느냐 말이다. 앞으로 뭐가 되려고 저러는지….' 야곱은 어린 요셉의 꿈이 심상치 않음을 느끼지만, 한편으로는 성장기에 있는 요셉의 분별력 없는 생활이 염려되기만 합니다.

'하나님, 요셉이 바르게 자라나도록 살펴주시기를 바랍니다.'

이제 막 나이 열일곱 살이 된 요셉은 철부지이기만 합니다. 요셉은 야곱이 사랑하는 아내인 라헬의 자식입니다. 그런 상황 때문에 야곱은 요셉을 각별히 사랑했습니다. 요셉의 형들이 작업복을 입고 들판을 헤집고 다닐 때 요셉은 울긋불긋한 옷을 입고 다니며 아버지의 사랑을 독차지하곤 했으니까요. 이런 일방적인 사랑은 청소년기의 요셉에게는 긍정적인 영향을 끼치지는 못한 것으로 보입니다. 요셉은 형들의 허물을 일러바치곤 했는데 그 고자질의 정도가 지나쳐서 형들에 관한 허위사실을 아버지인 야곱에게 이야기하기도 했으니까요. (고든 웬함. 『창세기 2』. 참조) 청소년기의 요셉은 심각한 왕자병을 앓고 있는 듯 보이고 그 병증은 매우 깊어 보입니다. 그리고 요셉이 앓고 있는 왕자병은 아버지와의 지나친 밀착 관계에서 기인한 듯합니다. 아직은 청소년기를 보내고 있기는 하지만 요셉은 주체성을 확보하지 못한 삶을 살아가고 있으니 힘센 아버지에게 의지하며 살아갑니다. 그리고는 철딱서니 없게도 아버지의 힘에 기대면서 자신이 꾼 꿈 이야기를 즉각적으로 가족들에게 풀어놓고 있습니다. 이런 모습을 감정반사행동emotional reactivity behavior 이라고 하는데요, (변재봉·이관직. "야곱 가족의 역기능성과 그 치유과정에 대한 목회상담학적 이해". 참조) 이건 정체감이 덜 형성된 사람이 자신의 감정의 지배를 받으면서 살아가다가 자신이 경험한 사건을 자신의 감정과 분리시키지 못하고 충동적으로 드러내며 행동하는 것을 일컫는 말입니다. 이런 식의 삶의 방식은 때로 공동체를 분열시키고 동료들의 시기심을 불러일으켜 불화를 만들어 내는 요인이 되기도 합니다.

이런 정황은 요셉의 가족사에서 원인을 찾아볼 수 있을 듯합니다. 요셉의 증조할아버지인 아브라함은 이스마엘 대신 이삭을 편애했고 편애를 받으면서 자란 이삭은 야곱 대신 에서를 더 사랑했으며 야곱은 요셉을 일방적으로 사랑하는 편애의 모습을 보이고 있는 겁니다. 이렇게 집안에서 대대로 흐르는 편애의 역사는 그 가정환경에서 자라나는 자녀들이 균형 잡힌 가치관을 가지고 살아가지 못하게 합니다. 결국 요셉은 아버지의 편애를 이용해서 형들을 모함함으로써 독보적인 자신의 위치를 지키려는 모습을 보이고 있습니다. (창세기37:2) 그러나 이러한 요셉의 처신은 형들의 분노를 유발하고 있고 결국 형들은 요셉을 죽이고 싶은 강력한 미움을 내면에 차곡차곡 쌓아가면서 살아가게 된 겁니다.

요셉이 형들의 정서를 이렇게 만들지 않으려고 했다면 요셉은 꿈을 꾸고 난 후에 자신의 꿈 이야기를 부모 형제들과 공유하는 것이 적절한 것인지 아닌지를 고민했어야 했고 정말로 꿈 이야기를 해야 하는 상황이라면 부모 형제들이 자신의 꿈 이야기를 듣고 수용할 수 있는 적절한 시간과 공간을 탐색했어야만 했습니다. 야곱 또한 아들 요셉의 꿈 이야기를 듣고는 아들을 격려할 것인지 아니면 야단을 칠 것인지를 고민하는 시간을 가졌더라면 야곱의 가정 분위기는 차분함을 유지할 수 있었을 겁니다.

그러나 야곱은 자신의 내면에 깊이 각인되어 있는 편애의 가족사를 인식하고 그것을 성찰적으로 다루지 못하는 모습을 보입니다. 하기야 야곱도 아브라함과 이삭을 통해서 흐르는 편애의 가족사를 경험하면서 성장했고 그 가족의 분위기는 야곱의 몸에도 배어 있을 터입니다. 또한 야곱의 삶은 아직도 떠돌이입니다. 항상 안정적이지 못한 거주지 상황으로 인해서 불안한 삶을 살아가는 야곱은 주변을 경계하면서 살아가야 했고 더욱이 디나의 성폭력 사건에 분노한 아들들이 수행한 복수로 인해서 주변의 눈총을 받으면서 더욱 불안한 삶을 살아가고 있던 터였습니다.

그렇더라도 야곱은 자신의 가정 상황을 꾸준히 성찰하면서 평화롭게 살아가는 가정이 될 수 있도록 꾸준한 관심을 기울였어야 했습니다. 자신의 4명의 아내에게서 태어난 이복 남매들의 상황이 만만하지 않았기 때문입니다. 이들은 평화로운 삶을 살아가지 못하고 있었습니다. 베냐민을 낳으면서 죽은 라헬의 빈자리는 요셉이 더욱 아버지와 융합된 삶을 살아가게 했고 자신의 큰아들인 르우벤은 자신의 아내(첩)인 빌하를 범하기도 하는 복잡한 가정상황이었기 때문에 야곱은 더욱 관심을 가지고 가정을 보살펴야 했던 것입니다. 그러나 야곱의 가정은 더욱 극단적으로 흐르고 말았습니다. 요셉의 경솔한 행동으로 형들은 요셉을 죽이려고 했고 빌하와의 사건이 빌미가 되어 르우벤은 형제들 사이에서 큰아들로서의 주도적인 역할을 상실하는 모습을 보이게 됩니다. 구덩이에 있는 요셉의 처리 문제를 놓고는 르우벤과 유다가 같은 주장을 함에도 불구하고 형제들이 유다의 말에 동의하는 모습이 바로 그것입니다. (창37:27)

들판에서 가축을 돌보고 있던 형제들은 아버지의 심부름으로 자신들에게 오는 요셉을 발견하고는 즉각적으로 의견을 모아냅니다.

"야, 저기 꿈을 꾸는 녀석이 온다. 자 저 녀석을 죽여서 아무 구덩이에나 던져넣고 사나운 들짐승이 잡아먹었다고 하자, 그리고 그 녀석의 꿈이 어떻게 되나 보자." **창세기37:19b~20**

전통적인 관점에서의 요셉은 구약에 나타나는 예수 그리스도의 예표로 언급되기도 합니다. 그러나 들판에서 가축을 돌보고 있는 요셉의 형들의 눈에 들어온 요셉은 제거할 수만 있으면 죽여서라도 제거해야 하는 미움의 대상입니다. 그리고 이 상황은 일정 부분 요셉이 만들어 놓은 상황이기도 한 겁니다. 형들을 모함하기도 한 요셉은 자신의 꿈 이야기를 적절하지 않은 분위기에서 가족들에게 풀어놓았고 그런 적절하지 않은 요셉의 처신은 역설적이게도 가족들이 자신의 적이 되도록 하는 행위가 된 거니까요.

자신의 감정을 제어하지 못하는 상태에서 자신의 일방적인 느낌과 감정을 그대로 표현하는 사람은 '나는 옳고 너는 틀렸다'는 독선적인 삶을 살아갈 가능성이 높은 사람입니다. 이렇게 자기 감정에 사로잡혀 있는 채로 살아가는 사람은 주체적인 삶을 살아가는 일에서 미숙함을 보이게 됩니다. 그리고 미숙함으로 살아가는 사람은 자신의 일방적인 방향성을 굳게 믿고 그 방향을 나의 삶으로 만들어 내기 위해서는 거짓말도 불사하며 살아갑니다. 비록 그 거짓말이 상대의 삶을 고단하게 하고 불편하게 하는 상황이 되더라도 굴하지 않습니다. 또한 자신의 의견을 관철시키기 위해서 억지스러움을 불사하면서까지 자신의 주장을 관철시키려 합니다.

왜냐하면 감정반사행동을 하는 사람은 자신에게 충실한 삶을 살아가는 사람이기 때문입니다. 자신의 목표를 이루기 위해서는 수단과 방법을 가리지 않으면서 온갖 미사여구를 사용해서 상대방을 자신의 편으로 끌어들이는 비열한 삶을 살아가기도 합니다. 그리고 그런 식의 삶을 살아가는 사람은 미분화된 사람이라고 볼 수 있습니다. 자신에게 영향을 주는 누군가에게 강하게 융합되어 있으면서 그 사람의 영향을 벗어나지 못하기 때문에 미숙한 삶의 방식에서 벗어나지 못하는 겁니다.

사실 감정반사행동을 보이면서 살아가는 사람은 비루한 삶을 살아가는 사람일 수 있습니다. 왜곡된 자신의 신념이 올바른 신념이라는 착각에 빠진 채로 자신의 신념에 충실한 삶을 살아가면서 한편으로는 그 일그러진 자신의 신념을 지키기 위해서 자신의 위치를 위협하는 이들을 허위사실까지를 동원하면서 고자질을 하기도 하기 때문입니다.

그렇지만 누군가가 일그러진 자기의 신념을 눈치채고 건강하고 균형잡힌 신념을 소유하기 위한 노력을 하기로 마음을 먹었다면 그 사람은 자신의 과거 경험을 살펴보는 것으로부터 시작해서 자신에게 부정적인 영향을 끼치는 그 무엇과의 융합의 상태에서 빠져나와야 할 겁니다. 그것이 부정적인 가족 체계든 일그러진 시대정신이든 굳어버린 종교 체계가 제공하는 경화된 신념이든 말입니다.

이런 작업은 자신의 내면을 탐색할 수 있는 자기 성찰 능력을 가지고 있어야 가능한 작업입니다. 때로 치열하게 자신의 내면에 자리하고 있는 배타적 신념과 싸움을 해야 하기도 하고 또는 왜곡된 기존의 질서에서 획득한 것으로서의 자기 소유를 포기해야 하는 순간을 받아내야 하기도 합니다. 또한 내면에서 끈질기게 솟아오르는 욕망을 이겨내기 위해서는 자신의 내면을 읽어내는 능력을 가지고 있어야 하기 때문입니다.

'나는 맞고 너는 틀렸다'라는 고정된 삶의 도식은 자신의 삶을 독선에 빠지게 하고, 함께 살아가는 동료들을 고달프게 하는 도식입니다. 그렇게 살아가다가 행여나 '나는 맞고 너는 틀렸다'라는 자기 삶의 독선을 눈치채는 날이 오기라도 하면 그동안 살아왔던 시간이 허공을 때리고 있었던 시간임을 깨닫게 되며 허탈감에 빠질 수도 있습니다. 그렇지만 지금 나를 지배하고 있는 것은 미성숙이고 이로 인해서 감정반사행동을 하면서 살아가고 있다는 것을 깨닫는다면 그 깨달음을 얻은 사람들은 나를 지배하고 있는 미성숙한 감정과의 싸움을 이겨내고 자기 삶의 주인으로 살아가는 자리로 나갈 겁니다.

감정반사행동과 함께 일방적인 청소년기를 보내던 요셉은 형들에 의해서 이집트로 팔려 갔습니다. 그렇지만 그렇다고 해서 요셉의 삶이 거기에서 멈춘 것은 아닙니다. 하나님이 요셉과 함께하신다는 성서의 보도는 '되어감의 길'을 걷고 있는 요셉을 기대하게 하고 있으니까요.

"주님께서 요셉과 함께 계셔서 앞길이 잘 열리도록 그를 돌보셨다." **창세기39:2**

◇◇◇

다말의 시선으로

요셉의 형인 유다는 나름대로는 형제들 사이에서 신뢰를 받는 사람이었습니다. 요셉을 이집트의 상인들에게 팔아넘기는 과정에서 르우벤과 유다가 함께 의견을 내놓았지만, 형제들은 유다의 말을 따르는 모습이(창37:27) 그것입니다. 그렇게 주도적으로 자신의 동생인 요셉을 외국으로 팔아넘긴 후, 유다의 마음은 괴로웠습니다. '미운 녀석이었지만 그래도 동생인데 그 녀석을 외국으로 팔아 넘기다니….' 결국 유다는 형제들을 떠나 '히라'라는 곳으로 떨어져 나가서 살게 되었습니다. 이곳에서 유다는 가나안 사람을 아내로 맞이하고는 세 아들을 얻었는데 그들의 이름은 에르와 오난, 그리고 셀라였죠. 시간이 흐르면서 세 아들 가운데 큰아들인 에르는 다말이라는 여인을 아내로 맞았습니다. 그렇지만 에르는 심각한 죄의 문제를 가지고 있는 사람이었고 그로 인해서 하나님은 에르의 생명을 거두어가셨습니다.

고대 이스라엘 사회에는 계대결혼levirate marriage이라는 제도가 있었습니다. 이 제도는 성서에도 기록이 되어 있는 제도인데요, 신명기는 이 제도에 관해서 이렇게 기록하고 있습니다.

"형제들이 함께 살다가 그 가운데 한 사람이 아들이 없이 죽었을 때에 그 죽은 사람의 아내는 딴 집안의 남자와 결혼을 하지 못합니다. 남편의 형제 한 사람이 그 여자에게로 가서 그 여자를 아내로 맞아 그의 남편의

형제 된 의무를 다해야 합니다." **신명기25:5**

계대결혼이라는 제도의 목적은 한 가문이 가장의 죽음으로 인하여 몰락하는 것을 방지하려는 목적을 가지고 있었던 것으로 보입니다. 고대 히브리 민족은 정착하지를 못하고 떠돌아다니고 있었고 또한 소수민족이었기 때문에 부족을 이어가는 것은 매우 중요한 일이었을 겁니다. 더불어 남편의 죽음으로 인하여 사회적인 약자로 전락해 버리는 홀로된 여인을 보호하려는 의도를 가지고 있는 것으로도 보입니다. (패트릭 밀러. 『신명기』. 참조)

이 계대결혼이라는 사회적인 제도에 따라서 유다는 자신의 둘째 아들인 오난을 다말에게 들여보냈습니다. 이 상황에서 다말이 오난으로 인해서 자녀를 얻게 되면 그 자녀는 오난의 자녀가 아닌 에르의 자녀가 되는 겁니다. 이러한 정황을 잘 알고 있는 오난은 다말과 잠자리는 하지만, 아이가 생기지 않도록 체외사정을 합니다. 그러나 이러한 처신은 계대결혼이라는 제도가 가지고 있는 당시의 사회적 규칙에는 적절한 처신은 아니었습니다. 하나님이 보시기에 악한 처신이었던 겁니다. 그러므로 오난은 자신의 부적절한 처신으로 인해서 죽음을 경험하게 됩니다.

이러한 상황이 유다에게는 난감한 상황으로 다가왔습니다. 졸지에 아들 둘을 잃었으니 답답한 노릇인 겁니다. 그렇더라도 계대결혼이라는 사회적인 규칙 아래서는 셋째 아들 셀라를 다말에게 들여보내야 합니다. 그렇지만 유다는 두려웠습니다. 아들 둘을 잃은 상황에서 셋째 아들도 잃을지 모른다는 두려움은 사회적인 규칙을 외면하도록 하는 겁니다. 그리고는 오히려 자신의 며느리인 다말을 친정으로 내쫓아버리고 말았죠.

시집에서 쫓겨난 다말도 황당하기는 마찬가지입니다. 좋은 마음으로 남편을 만나 결혼을 했는데 그 남편이 악한 사람이었던 겁니다. 그리고 하나님은 남편의 악한 모습 때문에 그의 생명을 거두어 가시고 말았습니다. 그렇게 어려운 일이 있은 후 계대결혼이라는 사회적인 의무를 다하기 위해서 시아버지가 들여보낸 둘째인 오난은 의도적으로 자신의 의무를 다하지 않음으로 죽음을 당하게 되었습니다. 다말은 자신에게 일어나는 일들에 그 어떤 원인도 제공하지 않았습니다. 그저 자신에게 다가오는 말도 안 되는 상황 때문에 놀란 가슴을 부여잡고 슬퍼하고 있는 처지인데 갑자기 시아버지가 자신을 내쫓아버리는 겁니다. 자신의 생애를 책임질 방책인 셋째 아들인 셀라가 있음에도 불구하고 말이죠.

속상하고 안타까운 마음을 달래며 다말은 일단 친정으로 돌아가서 생활하고 있었습니다. 다말의 마음속 깊이 파고드는 배신감과 상실감, 그리고 앞으로 살아갈 일에 대한 막막함은 다말을 깊은 고민 속으로 몰아갔습니다. 그 사이에 유다는 상처喪妻를 하였습니다. 그리고 애도 기간이 끝난 어느 날, 유다는 양털을 깎기 위하여 딤나로 가는 일정에 나서게 됩니다.

이 소식을 들은 다말은 자신을 성전창녀shrine prostitute(창38:22/NIV)의 모습으로 꾸미고는 유다가 지나가는 길목에 앉아 있다가 시아버지를 유혹하고는 임신을 하게 됩니다. 그리고 임신한 아이의 아버지가 유다임을 유다에게서 함께 잠자리를 했다는 징표로 받은 유다의 도장과 지팡이를 제시하면서 확인하게 되는데 유다는 자신의 도장과 지팡이를 알아보고서는 '그 아이가 나보다 의롭구나. 셀라를 그 아이와 결혼시켰어야 하는데….'(창38:26) 하며 탄식을 하게 됩니다. 이 유다의 탄식은 고대 이스라엘 사회에서 받아들여졌던 계대결혼의 정당성을 확인하는 모습으로도 받아들여질 수 있습니다.

창세기 38장에 기록되어 있는 이러한 고대의 이야기를 읽어나가는 독자들은 때로 가치의 절대성에 관한 질문을 하기도 합니다. 창세기 38장에 기록되어 있는 유다네 집 아들들과 다말에 관한 이야기들은 오늘날의 도덕적 기준으로는 쉽게 받아들이기 어려운 이야기이기 때문입니다. 현대를 살아가는 사람들이 절대적 가치라고 생각하며 지켜나가고 있는 오늘의 가치가 오랜 시간이 흐른 미래에도 여전히 유효할 가치인가 하는 질문은 유다와 다말의 이야기를 조금만 생각해보면 머릿속에서 떠올릴 수 있는 질문일 겁니다.

이러한 질문에 대하여 현대의 시선은 시대가치에 대한 비판적 제언을 제시하기도 하는데요. 시대의 주류를 이루고 있는 일단의 정치, 종교적 집단 등에서 제공되는 가치가 절대성을 확보하는 순간, 그리고 그 가치가 비판적 성찰 없이 꾸준히 전수되기라도 하면 그 가치는 칼이 되어 사람들을 위협하기도 한다는 겁니다. (마르틴 호네커. 『신학 윤리학』. 오희천 역. 참조) 그러므로 모든 가치는 상대적이라는 것을 염두에 두면서 비판을 통한 변화가 가능하다는 유연성을 확보하고 있어야 합니다. 이런 맥락에서 고대의 자료들을 읽어가고 있는 독자들이 비판적 가치라는 이해의 연장선에서 고대의 문서들을 읽어나갈 수만 있다면 독자들은 행여나 오늘의 가치와 척도로 고대 사회의 이야기를 손쉽게 규정하면서-다말의 처신을 함부로 정죄하면서- 읽어나가지는 않을 겁니다.

고대 사회라는 시대적 배경으로 유다의 처신을 생각해보면 그건 적절한 처신은 아니었습니다. 계대결혼이라는 고대의 제도는 부족의 유지·번성과 더불어서 졸지에 사회적 약자로 전락하는 홀로된 여인의 삶을 보장해 주는 의도를 가지고 있는 제도였는데 유다는 고대 사회의 합의를 깨드리고 사회적 약자로 전락한 자신의 며느리를 매몰차게 몰아낸 거니까요.

막다른 골목에 몰린 다말은 자신의 생존의 문제를 걸고 치열한 싸움을 하지 않을 수 없게 되었습니다. 사회적으로 합의된 제도가 명확하게 작동되고 있음에도 불구하고 자신을 사지死地로 몰아넣는 시아버지인 유다의 처사는 개인 유다의 처사가 아닌 가부장제 사회가 약자에게 가하는 폭력이었습니다. 이런 상황에서 다말은 가부장제의 폭력에 맞설 방법을 고민하는 겁니다. 여성을 한 인격으로 인정하지 않고 소유물로 이해하고 있는 고대 사회에서 남성에게 비교적 쉽게 접근할 수 있는 계층은 창녀 계층이었고 그러므로 다말은 가부장제 사회의 폭력에 맞서기 위하여 자신을 성전창녀로 꾸미고는 자신의 시아버지를 유혹하기에 이른 것입니다.

다말은 참으로 어려운 처지에 몰렸습니다.

아무런 대응을 하지 않고서는 살아가는 일이 막막하고 그렇다고 자신을 창녀로 꾸미고 시아버지를 유혹하는 일도 엄청난 위험을 감수해야 하는 일이기 때문입니다. 실제로 다말이 임신했다는 소식을 들은 유다는 다말을 불에 태워 죽이라는 명령을 합니다.(창38:24) 이것이 가부장제 사회를 살아가는 힘없는 약자로서의 여성의 현실입니다.

그래도 다말은 비교적 좋은 결말을 보여줍니다. 유다는 다말이 제시한 자신의 도장과 지팡이를 확인한 후에 다말이 자신보다 의롭다고 인정하고 있으니까요. 그런데 한 가지 궁금한 점이 있습니다. 유다가 다말을 화형에 처하라고 명령했을 때 그 시절을 살아가던 여성들 중에 몇 명의 여성들이 이런 명령에 저항하고 그러면 안 된다는 의견을 표명할 수 있었을까 하는 것 말입니다. 유다와 다말 사이에는 단지 성별이 다르다는 다름이 있을 뿐인데 유다는 자신의 의무를 다하지 않았음에도 불구하고 당당하게 약자를 처벌하는 모습을 보이고 있고 무슨 잘못을 했는지도 모르는 다말은 일방적으로 고난을 받아내야만 하는 불공정한 삶을 살아가는데 누가 이 상황에 이의를 제기할 수 있었을까요? 막강한 가부장제하에서 말입니다.

이 대목에서 우리는 다름이 차별로 이어지게 하는 권력관계를 성찰해 볼 필요가 있습니다. (박경태. 『인권과 소수자 이야기』. 참조) 이 땅의 모든 생명은 각기 다른 모습을 가지고 살아갑니다. 아무리 정교하게 태어난 일란성 쌍둥이라고 하더라도 뭔가 하나라도 다름은 가지고 있는 거니까요. 그런데 왜 다름이 차별을 가지고 오는 걸까요? 그것은 권력과 세력의 문제입니다. 누가 재빠르게 커다란 덩어리를 만들어 내고 주류세력이라는 물결에 올라탈 수 있는가? 그리고 누가 자신이 누리는 기득권을 철저하게 지켜낼 수 있는가 하는 데서 다름은 차별로 나아갑니다.

세계사적으로 보면 소위 서구 사회의 백인이 세계의 주도권을 잡게 되었는데요. 이러한 주류세력은 타 세력이 자신의 경계 안으로 침투해 들어와서 자신들의 순혈적 세상을 흩트려 놓는 것을 허용하지 않습니다. 이것을 헤아리게 하는 법칙이 하나 있습니다. '한 방울의 법칙'one drop rule이 그것인데요, 이 법칙은 부모나 조상 가운데 한 명이라도 흑인이 섞여 있으면 흑인으로 분류한다는 법칙입니다. 이 법칙은 1840년경부터 사회적 통념으로 자리 잡은 이래로 미국의 여러 주에서 적법한 규칙으로 받아들여지기도 했습니다. 예를 들면 어떤 사람이 32개의 혈통을 가지고 있는데 그중에 1개의 혈통이 흑인의 혈통이라면 흑인으로 규정한다는 것입니다. 즉 순혈주의에 기반한 기득권층은 어떤 사람이 아무리 31개의 백인의 혈통을 가지고 있고 하얀 피부색을 가지고 있더라도 백인으로 인정하지 않는다는 것입니다. 이 법은 이후 1960년대에 미국 연방대법원에서 위헌으로 판결되어 철폐되기는 했지만, 이 법칙은 약간의 다름이 있을지언정 심한 힘의 불균형을 만나면 차별을 일삼는 단계로 넘어가기도 한다는 것을 보여주는 이야기입니다. 이 법칙이 위헌 판결을 받기는 했지만 지금도 인종차별에 관한 이야기를 꾸준히 들으면서 살아가고 있는 것은 이 차별이 얼마나 깊이 우리의 삶에 뿌리를 내리고 있는지를 깨닫게 합니다.

다말의 이야기에서 나타나는 모습은 성별의 다름이었습니다. 남녀라고 하는 것은 다름의 관점으로 받아들여졌어야 함에도 불구하고 힘센 남성 중심적 사회가 세워지면서 차별의 수준으로 넘어가 버린 안타까운 권력의 논리가 다말의 이야기에 담겨 있는 겁니다. 이러한 상황에서 다말은 다부지게 기존의 질서인 가부장제에 저항하는 모습을 보이고 있습니다. 창세기 38장은 다말의 또 다른 일상의 모습을 보여주지 않고 있기는 합니다. 그러나 기존의 체제에 대항하여 강력하게 저항하는 이야기의 흐름으로 보아 다말이 얼마나 지혜롭고 용기 있는 여성인지를 짐작하게 합니다.

다말은 고대 사회에서의 불합리한 모습을 꾸준히 경험하면서 더욱 나은 삶을 만들어 내는 일종의 학습을 하고 있었는지도 모르겠습니다. 학습을 통한 인식의 전환은 실천의 자리에 나가게 합니다. 이대로는 안 되겠다는 상황 판단을 한 다말은 위험 부담을 무릅쓰는 당찬 성전창녀의 모습으로 거리에 나갔을 겁니다. 다말은 서슬이 퍼런 고대 사회의 가부장제라는 질서 아래에서도 굴하지 않고 강력하게 저항했습니다. 다말은 사람답게 살아가야 했기 때문입니다. 그리고 다말의 저항은 유다의 한 마디를 통해서 그 유효함이 드러났습니다.

"그 아이가 나보다 의롭구나."

◇◇◇

요셉과 보디발의 아내

형들에 의해서 미디안 장사꾼들에게 팔린 요셉은 결국 이집트로 팔려 갔습니다. 만일 요셉의 이집트에로의 여정이 가나안에서 이집트로 휴가를 가는 즐거운 여정이었다면 창밖에 비치는 풍경은 매우 아름다웠을 겁니다. 유유히 흐르는 나일강과 그곳에 서식하는 각종 동식물을 보면서 가는 여정이었다면 그 즐거움은 더욱 배가倍加되었을 텐데요.

그러나 이집트로 가고 있는 17세의 청소년인 요셉은 주변의 풍경을 즐기기는커녕 막막하기만 했습니다. 형들이 자기를 팔아버린 그 당황스러움에, 자기를 데려가는 사람들이 하는 말은 하나도 알아들을 수 없는 외국어였고 먹으라고 주는 음식은 먹어본 적이 없는 낯선 음식들이 대부분이었으니까요. 그렇게 십수일 이상의 여정 끝에 도착한 곳에서 요셉은 다시 이리저리 팔려 다닌 끝에 결국은 커다란 저택에 들어가게 되었습니다. 그리고는 그 집의 일꾼 중의 한 사람이 시키는 허드렛일을 해야 하는 신세가 되었습니다. 아무 말도 알아들을 수 없는 캄캄한 상황에서 자기가 살고 있는 집이 이집트의 파라오의 경호대장인 보디발의 집이라는 사실을 알게 된 것은 몇 달이나 지나고 난 후였습니다.

그렇게 보디발의 집에서의 생활을 시작한 요셉은 조금씩 이집트의 생활에 적응해가기 시작했습니다. 이집트 말도 배우기 시작하고 음식에도 익숙해지는 등 점점 이집트의 문화에 적응하며 살아온 지가 벌써 7

년여가 지났습니다. 이제 요셉은 20대 중반의 청년이 되어, 이집트의 말과 음식에 어지간히 적응한 채로 보디발의 집에서의 생활을 이어가고 있었습니다.

보디발의 아내의 이름은 줄라이카Zueika였습니다. 보디발과 결혼하기 전의 줄라이카는 달을 섬기는 수녀인 여사제였고 이 신분을 유지하면서 보디발과 결혼한 줄라이카는 매우 호화로운 삶을 살아가고 있었습니다. 여러 시종들이 수발을 들어주는 안락하고 부유한 삶을 바탕으로 화려한 파티에 참여하면서 사람들의 주목을 받는 것을 즐거워하는 등 아주 호화롭고 당당한 삶을 살아가고 있었던 겁니다. (송희영. "토마스 만의 이집트의 요셉 -보디발의 아내의 유혹과 요셉-". 참조)

그동안 요셉은 그 특유의 성실성으로 보디발의 신임을 받게 되었고 보디발의 집사steward가 되어 집안의 모든 일을 책임지고 돌보는 자리에 올랐습니다.

"그런데 요셉, 그거 알아요?"

"무슨 이야긴데요?"

"사실 주인마님은 대단히 힘들고 고통스러운 시간을 보내고 계신답니다. 낮에는 저렇게 화려한 생활을 하시지만 보기와는 달리 매우 힘든 시간을 보내고 있어요."

"그래요? 무슨 문제라도 있는 건가요?"

"사실 이 집의 주인이신 보디발 님은 환관내시잖아요, 그러니 두 분

부부 사이에 금실이 좋겠냐고요? 그리고 주인어른이신 보디발 님이 너무 바쁘다 보니 두 분이 함께 앉아서 다정하게 이야기하는 시간조차 거의 없는 게 문제인 거예요." (민경구. 『다시 읽는 창세기』. 참조)

마침 집안을 거닐고 있던 보디발의 아내인 줄라이카가 저 멀리서 이야기를 나누고 있는 요셉과 그의 수하를 보았습니다.

"저기 있는 저 청년은 누구냐?"

"예, 몇 년 전에 우리 집에 들어온 요셉이라는 사람인데 주인어른이 아끼는 사람입니다. 집사의 직분을 가지고 집안의 일을 총괄하고 있습니다."

"그래? 이리로 데리고 와보거라."

그렇게 요셉은 보디발의 집에 들어온 지 몇 년 만에 보디발의 아내인 줄라이카를 만나게 되었습니다. 그리고 줄라이카와 만난 이래로 이런저런 이야기를 나누며 또 수년을 보내게 된 겁니다. 줄라이카를 만나는 요셉의 의도는 순수했습니다. 자신의 주인인 보디발이 환관이라니, 그래서 주인마님이 힘들고 고통스러운 시간을 보낸다니, 좋은 이야기를 들려드리고 주인마님의 허전한 마음을 달래드려야겠다는 생각으로 이런저런 좋은 이야기를 수집하고 줄라이카에게 그 이야기를 들려주곤 했던 겁니다. 그러나 요셉을 만나는 동안 줄라이카는 요셉의 생각과는 달리 점점 요셉에게 빠져들고 있었습니다. (토마스 만. 『요셉과 그의 형제들 4』. 장지연 역. 참조) 그러더니 결국 줄라이카는 요셉에게 적절하지 않은 요구를 하고 말았습니다.

“요셉, 이제 당신도 나와 보디발의 관계를 다 알고 있으니까요… 너무 힘들고 고통스러워요, 당신이 그동안 여러 지역의 지혜로운 이야기를 들려주고 좋은 생각을 나누어주었지만 나는 당신에게서 헤어나오지를 못하겠어요. 그러니 이제 나와 침대로 갑시다.”

“아이쿠나~ 나의 주인마님이신 줄라이카 님, 그건 안 될 이야기입니다. 나는 주인어른인 보디발 님의 신뢰를 저버릴 수 없습니다. 더욱이 나를 보살펴주시고 사랑해주시는 하나님의 뜻을 거역하는 일을 할 수 없습니다.” (창세기39:9절 참조)

요셉은 이집트 생활을 통해서 언어와 문화를 습득하면서 요셉의 외모는 이집트화가 되었지만, 요셉의 내면에서 자리하고 있는 하나님 신앙은 흔들림이 없었습니다. 요셉은 일상적 하나님의 사람이어서 꾸준히 자신의 일상 위에 임하시는 하나님의 임재 경험을 하면서 살아왔던 겁니다. 이러한 상황은 창세기 39장에서 잘 나타나고 있는데요, ‘주님께서 요셉과 함께 계셔서 앞길이 잘 열리도록 그를 돌보셨다.’ (창39:2절) ‘주님께서 그와 함께 계시면서 돌보아 주시고 그를 한결같이 사랑하셔서… ’ (창39:21절) 등의 구절이 그것입니다.

사실 요셉은 자신의 일상이 깨어져 나가는 엄청난 경험을 하면서 여기까지 왔습니다. 아버지의 집에서 별 탈 없이 살아오던 중에 형들에 의해서 이집트로 팔려 온 것은 요셉의 일상을 깨뜨리기에 충분한 사건이었고 이후 보디발의 아내에게 모함을 당해 감옥에 들어가는 사건도 요셉의 일상을 흔들어대기에 충분한 사건이었습니다. 그렇지만 요셉은 그 흔들리는 삶의 자리에서 꾸준히 자신을 사랑하시는 하나님의 손길을 느끼며 흔들림 없는 일상을 이어가는 사람이었습니다. 사실 줄라이카의 유혹은 치밀했습니다. 요셉이 자신의 유혹에 넘어오지 않자 혀를 깨물기도 하고 이런저런 달콤한 말로 요셉을 달래기가 여러 번이었습니다.

그렇게도 신뢰했던 요셉이 자신의 아내를 범하려 했다는 사실에 보디발은 큰 충격을 받았습니다. 자신이 그토록 신뢰하고 믿음을 주었던 자신의 집사인 요셉이 자신의 아내를 범하려고 했다니, 이건 말도 안되는 사건인 겁니다. 보디발은 주저하지 않고 요셉을 감옥에 가두게 합니다.

그렇지만 이렇게 황당하기도 하고 억울하기도 한 상황에서 요셉은 당황하지 않고 자신의 흔들리는 일상 위에서도 자신에게 임하는 하나님의 은총을 묵상하며 꾸준히 자신의 일상성을 지켜내는 단단한 삶의 자세를 유지하고 있습니다.

고대 근동은 패권의 각축장이었고 패권을 노리고 있는 강대국들은 주변의 국가들과 영토 쟁탈전뿐만이 아니라 문화적 우위를 차지하기 위한 치열한 싸움을 하고 있었습니다. 그렇기 때문에 패권국은 자신의 강력한 힘을 이용해서 상대방을 무력화시키는 시도를 하고는 합니다. 사실 서구의 국가들이 제국주의의 논리를 가지고 아메리카 대륙과 아프리카 대륙을 식민지화할 때 사용했던 도구 가운데 하나가 종교였다는 것은 주지의 사실입니다. 우리나라의 개화기에 선교사들에게 비자를 주어 조선에 들어서게 한 열강들의 외교적 관점은 정말로 순수한 조선의 복음화라는 관심이었을까요?

이런 논지에 의하면 줄라이카의 유혹은 이집트의 패권적 제국주의가 요셉의 신념을 집어삼키는 작업이었다고도 볼 수 있습니다. 고대의 이집트의 이미지는 '죽음' 또는 '죽은 자의 숭배' 등으로 다가오기도 했고 또는 음란한 종교의식으로 이해되기도 했습니다. (월터 부르그만. 『창세기』. 참조) 이런 제국의 이미지가 요셉을 뒤덮으려고 하는 시도로 볼 수 있는 이 대목에서 요셉은 자신이 꾸준히 지켜온 신앙적 일상성으로 이 제국의 도전에 응전하고 있는 겁니다.

만약에 요셉이 보디발의 아내인 줄라이카의 유혹에 넘어가서 옷을 다 벗는 '발가벗김을 당함'이라는 지경에 처하게 되었다면 그건 자신의 생각, 신념, 이상을 다 내려놓고 이집트의 문화에 철저하게 굴복했다는 것을 의미할 수도 있을 겁니다. 그건 지금까지 쌓아왔던 모든 신앙적인 수행이 무화無化된다는 것을 의미하기도 하면서 하나님의 사람으로서의 요셉의 정체감이 사라지고 문화적으로 제국주의에 수용되었다는 것을 말하는 겁니다.

요셉은 사생활에서는 형제들 간의 시기와 질투를 경험하면서 살아왔지만, 아버지의 집에서 특별한 문제 없이 살아오던 사람이었습니다. 그러던 어느 날 느닷없이 형제들에게 잡혀서 이집트로 팔려 가는 신세가 된 것이죠. 보디발의 신뢰를 받으면서 별 무리 없이 보디발의 집을 관리하고 있던 요셉이 갑자기 보디발의 아내인 줄라이카의 모함을 받아서 감옥에 갇히게 된 것도 요셉의 안정적인 일상을 흔들어대는 사건입니다.

요셉이 경험한 이 엄청난 사건은 그동안 신뢰하면서 살아왔던 신념체계로서의 하나님을 저버린다고 해도 함부로 요셉을 비난할 수 없게 하는 엄청난 사건이라고 할 수 있습니다. 그렇지만 요셉은 자신의 일상이 깨지는 엄청난 사건을 경험했음에도 불구하고 흔들림 없이 하나님을 신뢰하는 믿음의 길을 걸어갑니다. 그리고는 거대 담론으로서의 패권적 제국주의에 당당하게 대응하면서 자신이 갈고 닦아온 신앙적 일상성의 단단한 내구력을 과시하고 있는 겁니다.

요셉은 하나님의 돌보심에 의지해서 신앙적 일상성을 잘 지켜내고 있습니다.

◇◇◇

요셉이 꿈을 풀어내기까지

보디발의 아내인 줄라이카의 모함으로 감옥에 갇히게 된 요셉은 감옥에서 의외의 사람들을 만나게 됩니다. 그 사람들은 파라오의 떡을 맡은 관원장과 포도주를 맡은 관원장이었습니다. 이 두 사람과의 관계를 잘 맺어가던 요셉은 두 사람이 꾼 꿈을 풀어주는 것으로 자기 미래의 기반이 되는 이야기를 만들어 냅니다.

꿈을 풀어낸다는 것은 세상과 인생사에 관한 폭넓은 이해력과 어느 정도 이상의 지식 수준, 그리고 이야기에 담겨 있는 상징을 읽어내고 통찰할 수 있는 통찰력 등이 필요한 작업입니다. 소위 기도를 많이 한다는 일단의 사람들이 섣부르게 타자의 꿈 이야기를 풀어낸다고 하면서 다른 이의 삶에 개입하는 모습을 보이기도 하는데 이성의 뒷받침이 없이 경험에만 의지하는 그런 식의 접근은 상당히 조심해야 합니다. 꿈은 인간의 무의식 속에 자리하고 있는 전통적으로 전해지고 있는 관념, 신화神話, 의식儀式들의 발현이기도 하니 이러한 내용을 통전적 안목으로 잘 읽어내야 하니까요. (이근재. "Freud와 Jung의 꿈의 해석에 대한 관점의 비교". 참조) 요셉은 감옥에서 만난 이들의 꿈을 타당하게 해석해 내는 모습을 보였습니다. 요셉은 어떤 삶의 여정을 통해서 이러한 능력을 갖추게 되었을까요?

"야곱 어르신, 축하드립니다. 라헬 마님께서 드디어 아기를 출산하셨습니다. 아들입니다, 아들이라고요~~"

"오오~~ 그러냐? 라헬이 아들을 낳았다고? 오 ~ 하나님 감사합니다. 드디어 라헬이 아들을 낳았구나~~"

야곱은 라헬과 부부의 인연을 맺기까지 그 지루하고 길기만 했던 시간이 떠올랐습니다. 형 에서의 분노를 피해서 고향을 떠나서 긴 여정 끝에 하란에 도착했던 그날, 우물가에서 라헬을 만난 이래로 라헬을 사랑하는 마음을 한 번도 접은 적이 없었습니다. 그 라헬을 아내로 맞이하기 위해서 7년을 하루같이 일했지만, 야곱이 맞이한 아내는 얼토당토않게도 라헬이 아닌 다른 여인이었습니다. 그리고는 다시 인고의 7년이라는 시간을 보내고서 맞이한 아내가 라헬인데 자녀를 생산하지 못하는 겁니다. 라헬의 불임은 라헬을 불안하게 하기도 했지만, 야곱의 마음을 조마조마하게 하기에도 충분했습니다.

"라헬, 걱정하지 말아요. 하나님이 당신을 외면하지 않으시고 아이를 주실 거예요."

"그렇지만 나이를 자꾸 먹어가니 그것이 걱정이에요."

"할머니 사라도 늦은 나이에 아버지인 이삭을 낳았으니 하나님이 무슨 계획이 있으시겠죠."

라헬이 아기를 낳았다는 소식을 들은 야곱은 헐레벌떡 라헬의 숙소로 달려갔습니다. 그리고는 갓 태어난 아기를 바라보면서 '하나님, 라헬을 살펴주시니 감사합니다.'라며 감사의 노래를 불렀습니다. 야곱은 아이의 이름을 요셉이라고 짓고는 정성을 다하여 아기를 돌보기 시작했습니다.

"어이쿠, 녀석이 벌써 눈을 맞추는구나. 그래 너의 눈을 애비 눈과 잘 맞추어 보거라. 내가 너를 잘 보살펴 줄 테니 걱정하지 말고~"

"라헬, 요셉이 걸음마를 시작하는구려, 어허 그 녀석 참 기특하기도 합니다. 벌써 걸음마를 시작하다니 말예요."

야곱은 마음껏 아기 요셉을 응원하면서 격려하고 공감하기를 반복합니다. '그래, 나와 함께해주신 하나님이 너와 함께하실 거다.' 하는 야곱의 마음은 엄마인 라헬의 마음과 함께 부모의 절대적인 지지를 받으면서 자라나는 요셉에게 커다란 동력이 됩니다. 자신감 넘치고 당당하게 자라나는 요셉은 벌써 십 대 후반의 청소년으로 자라나 있습니다. 이 요셉의 당당함은 생활 중에 때로 지나치게 나타나기도 했습니다. 형들의 잘못을 아버지에게 일러바치기도 하고(창37:2) 자신이 꾼 꿈의 이야기를 거침없이 가족들 앞에서 이야기하면서(창37:6~9) 빈축을 사기도 했으니까요. 그렇지만 야곱은 자신의 아들을 잘 품어내며 올바른 삶을 살아갈 수 있기를 기도합니다.

하루는 야곱이 요셉을 불렀습니다.

"요셉아, 잘 들어라. 우리 집은 너의 증조할아버지인 아브라함으로부터 내게 이르기까지 대대로 하나님을 섬기는 집안이란다. 증조할아버지도 하나님이 동행해주신 어른이셨고 할아버지인 이삭도 하나님을 섬기는 분이셨으며 나도 베델이라는 곳에서 하나님을 만나고 얍복강에서도 하나님을 만나면서 오늘까지 살아왔단다. 특히 나는 어려운 삶의 고

비에서 하나님의 임재를 경험하기도 했지만 그랬다고 해서 항상 정직하고 바르게 살아오지는 못했지…. 그럴 때마다 하나님은 나에게 깨달음을 주시고 삶의 방향을 잘 잡아가도록 이끌어 주시기도 했단다. 그러니 요셉아, 너는 앞으로 하나님을 잘 묵상하면서 겸허한 삶을 살아가야 한다. 훌륭한 사람이 되어서 높은 지위에 오른다고 하더라도 함부로 힘을 휘두르지 않고 오히려 사람을 존중하며 함께 살아가려는 노력을 해야 하고 약한 사람을 품어야 하며 네가 가지고 있는 힘을 사회적인 약자들이 이웃과 어울리며 살아가는 데 사용할 수 있도록 꾸준히 겸손과 온유함을 그리고 성실과 공의를 묵상해야 한다. 내 말을 꼭 명심해야 한단다. 잘 알아들었느냐?"

하인즈 코헛이라는 심리학자는 '자기대상self object'이라는 개념을 제시합니다. 사람은 출생 이후 성장의 과정을 통해서 '자기'가 만들어지는데 그 과정에서는 대상이 필요하다는 겁니다. 그리고 한 사람의 성장기에서 가장 많은 영향을 미치는 존재는 부모인데 성장기의 사람이 경험하는 부모의 살아가는 모습은 성장하는 사람에게 자기를 형성하게 하는 좋은 모델이 된다는 거죠. (오미경. "요셉의 자기대상 통합과정 연구:하인즈 코헛(Heinz Kohut)의 자기 심리학을 중심으로". 참조) 이러한 논리에 비추어 볼 때 야곱은 요셉에게 아주 좋은 자기대상이 되는 겁니다. 야곱은 부족장으로 살아가면서 부족을 이끌고 살아가는 족장의 지도력을 요셉에게 보여주었을 겁니다. 또한 험한 일생을 살아온 야곱은 자신의 살아온 이야기를 요셉에게 들려주면서 하나님을 잘 경외하며 살아가는 삶이 정직하고 공의롭게 살아가는 길임을, 이웃과 어울림의 삶을 살아가는 것임을 당부했을 겁니다. 이러한 야곱의 요셉을 향한 마음은 죽음을 눈앞에 둔 다윗이 자신의 아들인 솔로몬에게 하는 이야기에서도 명확하게 나타나고 있습니다.

"그리고 너는 주 너의 하나님의 명령을 지키고 모세의 율법에 기록된 대로 주님께서 지시하시는 길을 걷고 주님의 법률과 계명, 주님의 율례와 증거의 말씀을 지켜라. 그리하면 네가 무엇을 하든지 어디를 가든지 모든 일에 형통할 것이다. 또한 주님께서 전에 나에게 '네 자손이 내 앞에서 마음과 정성을 다 기울여서 제 길을 성실하게 걸으면 이스라엘의 임금 자리에 오를 사람이 너에게서 끊어지지 않을 것이다.' 하고 약속하신 말씀을 이루실 것이다." **왕상2:3~4**

이렇게 아버지인 야곱으로부터 애정 어린 지도를 받으며 성장한 요셉은 건강한 삶을 살아가기 위한 기초를 단단히 쌓아나갑니다. 특히 야곱이 들려주는 하나님의 이야기는 요셉의 마음에 켜켜이 쌓이면서 조금씩 조금씩 하나님을 인식하며 살아가는 사람으로 자라나게 하고 있습니다.

아마도 이러한 야곱의 노력은 하인즈 코헛의 이론에 비추어 보면 요셉이 자기대상을 하나님으로 받아들이게 하는 데 좋은 동기가 되었을 겁니다. 특히 야곱이 들려주는 고향을 떠난 방랑자로서의 절박한 여정에서 경험한 하나님 경험은 요셉이 스스로를 돌아보며 자기를 성찰하게 하는 공감 어린 좋은 지지가 되었을 겁니다.

이렇게 자라나는 요셉은 어느 날 아무 생각 없이 아버지의 심부름으로 들판에 있는 형들에게로 갔다가 구덩이에 빠지는 경험을 하게 됩니다. 그리고는 이집트로 팔려가게 되고 이집트에서도 보디발의 아내의 모함으로 감옥에 갇히게 되죠. 이렇게 예상하지 못했던 억울하고도 엉뚱한 상황을 만난 요셉은 어떤 반응을 보였을까요? '하나님, 지금까지 제가 무엇을 잘못했기에 이렇게 어려운 지경에 저를 빠뜨리시나요? 이러면 저는 더 이상 당신을 바라보지 않을 겁니다. 제가 무슨 잘못을 했길래 구덩이라뇨? 감옥이 뭡니까?' 이렇게 반응을 했을까요?

요셉은 흔들림 없이 자기 삶을 살아가는 모습을 보입니다. 그것은 아버지 야곱을 통해서 전수받은 자기대상으로서의 하나님의 돌보심이 요셉의 자기self를 형성해 가는 데 영향을 주었고 그렇게 형성된 요셉의 자기는 고단한 삶의 자리에서 포기하고 절망하기보다는 꾸준히 희망하며 자신의 고단한 삶에 차분히 도전하는 힘으로 나타나게 된 겁니다. 이렇게 요셉에게 영향을 주고 있는 요셉의 자기대상으로의 하나님 이야기는 창세기 39장 21절에서 잘 나타나고 있다고 할 수 있습니다.

"주님께서 그와 함께 계시면서 돌보아주시고 그를 한결같이 사랑하셨다."

창세기 39장 21절은 요셉이 보디발의 아내의 유혹을 극복하고, 그리고 모함을 받아서 들어간 감옥 생활에 적응을 하고 난 이후에 들려지는 구절인데요, 사실 보디발의 아내인 줄라이카의 유혹은 쾌락에 집중하는 인간의 입장에서는 쉽게 극복하기 힘든 유혹입니다. 그렇지만 이 유혹에서 자기를 지켜내는 요셉은 윤리적으로 도덕적으로 잘 갖추어진 모습을 보여주고 있습니다. 그것은 하나님을 자기대상으로 해서 성장하며 만들어진 요셉의 내면의 힘이라고 할 수 있습니다.

하나님을 자기대상으로 삼아서 성장하며 살아간다는 것은 하나님께로부터 살아감의 방법들을 제공받으며 살아간다는 것을 의미한다고도 할 수 있습니다. 어차피 우리들의 삶은 하나님이 제공해주신 완성된 삶을 살아가는 것은 아닙니다. (임영수.『영성과 삶』. 참조) 꾸준히 진리를 묵상하면서 자신의 삶의 완성도를 높이기 위하여 마음을 모으고 아직은 완성되지 않은 우리의 삶의 모습을 잘 만들어나갈 수 있도록 재료를 공급해 주시는 하나님의 은총을 누리면서 살아가는 겁니다.

이렇게 꾸준히 자기 성장을 꾀해온 요셉은 감옥에서 만난 파라오의 신하들의 꿈을 잘 설명해내는 수준으로 자라났습니다. 고대 사회에서의 꿈은 삶을 이해할 수 있는 소재이기도 하고 자신의 미래를 이해하고 준비할 수 있게 하는 요인으로 받아들여지기도 합니다. 이렇게 고대 세계에서 꿈의 이야기를 이해하고 풀어낼 수 있는 능력을 가지고 있다는 것은 꿈을 풀어낼 수 있는 능력을 함양하기 위하여 꾸준히 학습하며 자기를 갈고닦았다는 것을 의미하기도 합니다.

이렇게 보면 요셉은 나름 대단한 사람임을 알 수 있습니다. 하나님을 자기대상으로 경험하면서 꾸준히 성장하는 요셉은 구덩이와 감옥이라는 막막한 자리에서 절망하기보다는 구덩이 속에 자신을 집어넣으시는 하나님의 뜻을 묻기도 하고 감옥에서 만난 파라오의 관리들의 꿈을 설명해주면서 자신의 미래를 다져나가는 성숙한 사람으로 성장해 나가고 있기 때문입니다.

하나님을 자기대상으로 꾸준히 경험하고 있는 요셉이 어떤 모습으로 더욱 성장해 나갈지가 궁금합니다.

◇◇◇

요셉 - 화해를 모색하다 1

정말이지 지독한 가뭄입니다. 이번에 경험하는 가뭄은 가끔씩 경험하는 가뭄과는 차원이 다른 엄청난 가뭄입니다. 가뭄이 심해서 정말로 힘들었을 때는 초근목피草根木皮로라도 연명을 할 수 있었지만, 이번에는 그마저 채취하는 일도 어려울 정도이니 세상을 바짝 말려버리는 가뭄을 살아가는 사람들의 삶이 말이 아닙니다.

이렇게 처절한 가뭄의 상황은 야곱이 살아가는 지역에도 밀려와서는 먹을 수 있는 것을 모두 말려버리고 말았습니다. 어떻게 할 도리가 없는 야곱은 아들들을 불러 모았습니다.

"이건 너무 심한 가뭄이구나. 도대체 식솔들을 먹일 먹거리를 찾아낼 수가 없으니 말이다. 이야기를 듣자 하니 이집트에는 그나마 먹거리가 있어서 사람들이 먹을거리를 구하려 이집트로 간다고 하니 너희들도 이집트에 가서 먹거리를 구해와야겠다. 베냐민은 데려가지 말고…."

극심한 가뭄에 별 뾰족한 수가 없는 아들들은 아버지 요셉의 말을 따라 이집트로 길을 떠났습니다.

요셉은 파라오의 꿈을 해석해 낸 이후로 자신의 줄라이카의 모함에 대한 무죄함까지 밝혀지면서 이집트의 총리직에 올랐습니다. 그리고는 가뭄에 대비해서 7년의 풍년 기간에 곡식을 사들이기 시작했습니다. 이집트 각처에 창고를 짓고 그 창고를 채우기 시작하는데 이집트의 곡창지대인 나일 삼각주를 중심으로 해서 생산되는 엄청난 양의 곡식은 아무리 커다란 창고라 한들 수용하기 어렵고 그 수량을 파악하기가 어려울 정도의 양입니다.

"요셉이 저장한 곡식의 양은 엄청나게 많아서 마치 바다의 모래와 같았다. 그 양이 셀 수 없을 만큼 많아져서 기록을 중단할 수밖에 없었다."
창41:49

이윽고 7년간의 엄청난 풍년이 끝나고 가뭄이 찾아왔습니다. 그렇게 풍성하게 곡식을 내어주었던 논과 밭은 타들어 가고 나일 삼각주조차도 곡식 내어주기를 힘겨워하는 지독한 가뭄이 찾아온 겁니다. 요셉은 그간에 저장해놓은 곡식을 백성들에게 나누어주기 시작했습니다. 엄청나게 많은 사람들이 각 지방의 창고에 모여들었습니다. 그리고는 곡식을 사가기 시작했고 이 소문을 들은 이집트 주변국의 사람들도 곡식을 사기 위해서 이집트로 몰려들었습니다.

이제 요셉은 풍년을 이용해서 가뭄의 상황을 조절할 수 있는 유력有力한 사람이 되었습니다. 요셉의 주도하에 이집트 국내에서 시작된 곡식 판매는 곡식을 외국에까지 팔아 이득을 내는 무역업으로까지 확장이 된 겁니다. 요셉은 틈틈이 곡식을 파는 곳을 방문해서 상황을 점검하고 있었습니다.

"응? 저 익숙한 모습의 사람들은? 나의 동족들인 히브리인들이구나. 저 사람들의 행색을 보아하니 저 사람들이 사는 곳에도 가뭄이 심했구나."

그렇게 유심히 살피는 요셉의 눈에 비친 히브리인들은 요셉의 형제들이었습니다. 자신의 형제를 알아본 요셉은 가슴이 철렁했습니다. 그리고 그동안 간신히 기억의 저편으로 밀어내 버렸던 과거의 일이 생각났습니다.

'나를 구덩이에 집어넣은 형들, 엄청난 살기殺氣를 보이면서 나를 두려움 속으로 밀어 넣은 형들, 나를 이집트 상인들에게 팔아 노예로 만들어버린 형들… 어떻게 해야 하나? 내가 그때의 감정으로 돌아가 형들에게 똑같은 방식으로 되갚아 주면 우리는 지속되고 있는 갈등하는 삶을 끊어내지는 못할 텐데… 어떻게 하나…. 아버지와 내 동생 베냐민이 궁금하구나.'

요셉은 눈에 들어온 형제들 때문에 생각이 많아집니다. (오유석. "한나 아렌트에 있어서 화해, 용서 그리고 복수". 참조)

'요셉, 네가 당한 만큼 돌려주는 것이 하나님의 뜻을 이루는 길인거야. 네가 노예로 살아가고 감옥에서 고생하는 동안 너의 형들은 잘 먹고 잘 살았을 것 아니냐? 이제 너의 형들이 고생을 해야 이 세상의 고통의 균형이 이루어지고 그렇게 하는 것이 하나님의 뜻을 이루어드리는 거야. 이전에는 너의 형들이 너를 구덩이에 넣을 수 있었지만 이제는 네가

네 형들을 구덩이에 집어넣을 수 있는 힘이 있지 않니?'

'그렇지만 요셉, 네가 너의 형들을 구덩이에 넣으면 나중에 너의 형들의 자손들 중에 너보다 힘이 센 사람이 나타났을 때 그 사람들이 너의 자손을 다시 구덩이에 집어넣을 수도 있어. 그러니까 네가 힘이 있을 때 이 악순환의 고리를 끊어버리는 것도 좋을 거야. 죽임보다는 살림의 방식을 가지고 살아가는 것이 좋을 거야. 요셉, 그간에 갈고닦은 그 건강한 생각의 힘으로 모두와 함께 살아가는 화해의 자리를 만드는 것이 좋을 것 같아.'

사실, 요셉은 자신의 상처를 어지간히 극복해내고 있었습니다. 요셉이 경험한 상처는 정말로 깊고 아픈 상처였습니다. 한 가정에서 태어나 같이 자라난 형제들이 자신에게 들이대는 그 살기는 정말 대단했으니까요. 어린 요셉은 그저 두려움에 울지도 못하고 벌벌 떨기만 했던 경험이었습니다. 그렇지만 요셉은 그 상처를 잘 아물게 하면서 건강한 모습으로 성장해 있습니다.

'그래, 나의 고통을 형들에게 돌려주지 말자. 이제 이 갈등의 고리를 끊어버리고 함께 살아갈 수 있는 길을 모색해 봐야지, 싸우면서 사는 것보다는 함께 화해롭게 살아가는 것이 우리 가족 모두를 위해서 좋은 일이니까.'

사실 일단의 종교 체계가 보이는 갈등해결방식은 때로 무리한 모습을 보이기도 합니다. 영화 〈밀양〉에서 보여주는 기독교의 일방성이 바로 그것인데요. 아들을 잃고는 정신없이 헤매는 엄마 신애는 기독교 신앙에 귀의한 이후로 안정을 찾는 듯한 모습을 보입니다. 그리고 주변의 기독교인들의 권유로 자신의 아들을 죽인 이를 용서하기로 마음을 먹죠. 그렇지만 신애가 감옥으로 찾아가서 만난 자신의 아들을 죽인 사람은 이미 하나님에게 용서를 받고 평화를 누리고 있었습니다. 신애는 몸부림을 치며 절규합니다.

"왜!! 하나님 당신이 나보다 먼저 용서하는 거야? 당신이 뭔데?"

선언적이고 자기중심적인 기독교 신앙의 천박한 모습이 보이는 장면입니다. 생각의 힘이 약한 종교는, 아니 무사고無思考에 익숙한 종교는 상대방의 고통과 상처를 대상화하며 개인의 아픔과 상처를 신의 사랑이라는 보편적 질서로 짓밟아버립니다. 우는 자와 함께 우는 기독교는 자신이 소비해야 하는 울음의 시간을 다 소비하고 나서는 자신의 할 일을 다 했다는 양 상처 입은 이들이 믿음으로 굳게 서기를 재촉합니다.

요셉은 자신의 상처를 자발적으로 잘 이겨내고 화해의 자리로 나가는 모습을 보입니다. 요셉은 과거의 상처로 인해서 아파하지 않을 수 있는 견고한 하나님의 사람이 되어 있는 겁니다. 요셉은 형제들을 자신의 앞으로 불러세우고는 말합니다.

"너희들은 첩자다. 우리나라에 곡식이 많다는 것을 알고 있는 이웃 나라들은 우리의 상황을 살피고 곡식을 빼앗아가기 위해서 첩자들을 많이 보냈고 우리는 이미 여러 명의 첩자들을 잡은 경험이 있다. 그러한 경험에 의하면 너희들도 첩자일 가능성이 매우 높다." (창세기42:9 참조)

이집트의 고위 관리가 자신들을 첩자로 몰아가는 상황 때문에 형제들은 깜짝 놀랐습니다. '우리가 첩자라니, 단지 배가 고파서 먹거리를 사러 왔을 뿐인데' 당황한 형제들에게 맏형인 르우벤이 이렇게 말합니다.

"그렇다! 아우의 일로 벌을 받는 것이 분명하다! 아우가 우리에게 살려달라고 애원할 때에 그가 그렇게 괴로워하는 것을 보면서도 우리가 아우의 애원을 들어주지 않은 것 때문에, 우리가 이제 이런 괴로움을 당하는구나." **창세기42:21**

요셉은 설왕설래 당황해하는 형제들의 모습에서 무엇인가를 보아냈습니다. 형들이 자신을 팔아버리고는 그리 편한 시간을 보낸 것만은 아니라는 것을 말이죠. 요셉은 오랜 시간이 지난 후의 형제들의 모습을 보게 되었고 과거 자신들의 잘못된 행동에 대한 형제들의 마음을 헤아릴 수 있게 되었습니다. 그리고 형들은 13년 전 자신들에게 위협을 당하던 동생 요셉의 마음을 헤아릴 수 있게 된 겁니다.

사실 13년 전의 형들은 아버지 야곱이 요셉을 사랑하는 장면이 확인되기만 하면 자동적으로 시기하고 질투하는 마음을 일으키는 사람들이었습니다. 그리고 반복적으로 일어나는 이 자동적 사고automatic thoughts는 동생인 요셉을 죽이고 싶을 정도로 미워하게 만든 겁니다.

그렇지만 오랜 시간이 지난 후의 형들은 이 자동적 사고를 극복한 것으로 보입니다. 자신들에게 고통을 당한 동생의 상황을 성찰적으로 이해하는 모습을 보이고 있으니까요.

요셉은 자신의 형제들을 향하여 이렇게 말합니다.

“좋다. 너희들이 첩자가 아니라면 너희들이 다시 곡식을 사러 올 때 너희들의 막냇동생이라는 그 친구를 데리고 오너라. 그때까지 너희 중의 한 명은 이곳에 남아 있어야 한다. 이것이 내가 너희들에게 베풀어 주는 호의이다.” (창세기42:20 참조)

요셉은 치유되기 힘든 과거 경험으로서의 상처를 가지고 있는 사람입니다. 그렇지만 요셉은 꾸준히 믿음의 여정을 걸으면서 자신의 문제를 잘 극복해낸 모습을 보여주고 있습니다. 그리고 요셉은 화해를 위한 과정으로서의 첫 번째 발걸음을 옮기고 있습니다. 요셉은 자신의 상처를 넘어서서 형제들의 진심을 받아들여 주는 너그러운 모습을 보여주고 있는 겁니다. 형제들과의 화해를 향하여 걸어가는 요셉은 어떤 과정의 발걸음을 걸어 낼까요?

◇◇◇

요셉 - 화해를 모색하다 2

야곱의 가족은 아들들이 이집트에서 사온 곡식으로 한동안 지낼 수 있었습니다. 그렇지만 끝이 보이지 않는 가뭄은 야곱의 가족을 괴롭힙니다. 이집트에서 가져온 곡식은 바닥을 보이고 있고 자칫 잘못하면 연로한 야곱의 건강도, 야곱의 아들들과 손주들의 건강도 보장할 수 없는 지독한 가뭄이 계속되고 있는 겁니다.

하지만 형제들은 베냐민을 데리고 오라는 요셉의 힘 있는 요청 때문에 곡식을 사기 위해서 이집트에 가야 한다는 말을 아버지인 야곱에게 쉽사리 하지 못합니다. 그렇지만 당장 음식은 줄어서 바닥을 보일 기세고 이집트 볼모로 잡혀 있는 시므온도 집으로 데려와야 하는 상황 때문에 이집트에 가지 않을 수도 없습니다. 형제들이 고민하며 논의한 끝에 유다가 나서기로 했습니다.

"유다가 아버지 이스라엘에게 말하였다. '제가 막내를 데리고 가게 해주십시오. 그러면 우리가 곧 떠나겠습니다. 그렇게 하여야 우리도 아버지도 우리의 어린 것들도 죽지 않고 살 수 있을 것입니다.'" **창세기43:8**

야곱은 베냐민을 보내야 한다는 것 때문에 괴로워하면서도 별다른 방도가 없습니다. 그리고는 다짐을 합니다.

“베냐민을, 그리고 시므온을 꼭 데리고 돌아와야 한다. 요셉을 잃어버리고는 답답한 세월을 보냈는데 또다시 자식들을 볼모로 삼아 살아가는 일이 괴롭구나. 내가 너희들에게 유향과 꿀, 그리고 향품과 몰약 등 우리 지역의 좋은 토산물을 준비해 줄 테니 그 총리라는 사람에게 선물로 전해 주도록 하거라. 그렇게 해서 그 사람의 환심을 사고 아들들이 모두 안전하게 돌아왔으면 좋겠구나.” (창세기43:11절 이하 참조)

이렇게 해서 다시 이집트로 출발한 형제들은 이집트 국경을 넘어 들어가서 곡식을 살 수 있는 곳으로 갔습니다. 그리고 어떻게 된 상황인지를 알지 못한 채로 이들을 맞이하는 관리들에 의해서 요셉의 집에 잠시 머물도록 안내를 받았습니다.

형들에게 곡식을 주어서 돌려보낸 요셉은 생각이 많았습니다.

나이 열일곱 살에 형제들의 살기를 느끼면서 구덩이에 빠졌었고 그리고는 형제들에게 죽임의 위협을 받다가 아슬아슬하게 이집트로 팔려가는 그 경험은 여린 청소년기의 요셉에게 매우 아프게 다가온 경험이었고 트라우마였습니다.

‘말도 안 되는 일이었지! 한집에서 자라나면서 살아왔던 형들이 나를 구덩이에 밀어 넣다니… 그리고는 죽이려고 하다가 이집트에 노예로 팔아버리다니…. 그런 형들 때문에 말도 통하지 않는 이집트에서 고생하면서 바닥 생활로부터 살아서 여기까지 왔는데… 그 형들이 내 앞에 나타났구나. 내가 당한 만큼 형들도 고생을 시킨다고 해서 나를 비난할 사람은 아무도 없을 거야. 형들을 징계한다는 건, 그 사람들이 저지른 일에 대한 정당한 대가를 지불하는 거니까 말이지….'

'그렇지만 아버지가 보고 싶구나. 베냐민도 보고 싶고…. 하나님, 어떻게 해야 하는 겁니까? 형들이 나에게 한 행위를 생각하면 징계를 해야 마땅하지만 그런 방식이 아버지를 평안하게 하고 내 동생인 베냐민을 평화롭게 만날 수 있게 할까요? 그런 이야기가 있죠? 자기 이웃에게 상처를 입혔으면 피해자는 가해자가 입힌 만큼 그 가해자에게 상처를 입히라고요, 눈에는 눈이고 이에는 이라고요.' (레위기24:19~20 참조)

'그렇지만 말이다, 나는 요셉 네가 너그러운 사람이 될 때까지 묵묵히 기다렸단다. 너의 형 르우벤이 말하는 소리를 기억하지 못하는 거냐? 우리가 고생하는 건 예전에 우리 동생에게 못할 짓을 해서 우리가 이제 그 죗값을 받는구나, 라고 했던 말 말이다. 네 형들도 지난날의 잘못을 뉘우치고 있으니 잘 생각하면 좋겠구나.'

이렇게 생각을 이어가는 요셉의 모습을 상상하노라니 아버지의 재산을 탕진하고 집으로 돌아온 둘째 아들의 이야기가 떠오릅니다. 자기 능력을 성찰하지 못하는 철없는 둘째 아들이 분에 넘치는 재산을 분배받고는 외지로 나가 살면서 자신의 재산을 다 탕진한 이후에야 뭔가를 깨닫게 된다는 이야기 말입니다.

"그제서야 그는 제정신이 들어서 이렇게 말하였다. '내 아버지의 그 많은 품꾼들에게는 먹을 것이 남아도는데 나는 여기서 굶어 죽는구나 … 내가 일어나서 아버지에게로 돌아가서 이렇게 말씀드려야 하겠다. 아버지, 내가 하늘과 아버지 앞에 죄를 지었습니다. 나는 더 이상 아버지의 아들이라고 불릴 자격이 없으니 나를 품꾼의 하나로 삼아주십시오.'" **누가복음15:17~19**

그리고는 돌아온 아들을 환대하는 아버지의 품은 따듯하기 그지없었습니다. 그리고 돌아온 아들을 바라보는 아버지의 시선은 아들의 잘못을 일일이 열거하고 징계하려는 눈빛이 아니라 '너는 나의 아들이다' 하며 아들과 함께 살아갈 방도를 모색하는 아버지의 모습을 보여주고 있는 겁니다. 아마 아버지는 아들의 잘못을 규정하고 징계하는 방식으로는 자신의 불안도 줄어들지 않고 격정적인 아들의 성품도 다스리기 힘들 것이라는 것을 알고 있었을지도 모릅니다. 잘못을 지적하고 그 잘못에 적절한 징계를 하는 방식으로는 갈등이 확산될 것임을 우려하는 아버지는 아들의 불안을 감소시키고 자신의 불안도 안정시킬 수 있는 방안을 찾았을 겁니다. 그리고 보다 평화로운 마음으로 함께 살아가는 것으로서의 회복적 정의를 모색하는 모습을 보여주고 있는 겁니다. 아버지는 저 멀리서 터덜거리고 돌아오는 아들을 알아보자마자 달려가서 아들을 끌어안았습니다.

"그가 아직도 먼 거리에 있는데 그의 아버지가 그를 보고 측은히 여겨서 달려가 그의 목을 껴안고 입을 맞추었다." **누가복음15:20**

그리고 입을 맞추면서 기뻐하는 모습을 보이는 아버지의 머릿속에는 아들이 가지고 가서 탕진해버린 재산은 잊힌 지 오래입니다. 어쩌면 아버지는 둘째가 탕진한 재산은 성숙한 아들을 얻기 위한 기회비용으로 생각하고는 훌훌 털어버렸을지도 모릅니다.

사실 요셉의 형들도 요셉을 이집트로 팔아버리고는 편안하게 살아온 것만은 아니었습니다. 자기들의 손으로 동생을 구덩이에 밀어 넣었던 기억은 잠을 자다가도 펄쩍 깨어나게 하는 아픈 기억이었습니다. 동생을 팔아버리고 집으로 돌아와서는 얼굴색 하나 변하지 않고 아버지에게 동생이 짐승에게 잡아먹혔다고 거짓말을 한 기억, 그리고 오래도록 아버지가 고통스러워하며 요셉을 그리워했던 기억, 그로 인해서 집안은 항상 우울했고 이상한 긴장감에 사로잡혀 있는 시간은 살아내기에 만만한 시간은 아니었습니다. 하는 일마다 이상한 방향으로 진행되기라도 하면 항상 악몽에 시달리는 시간을 경험해야 했고 특히 르우벤은 기도하기 위해 자리에 앉기라도 하면 동생을 살려내지 못한 기억이 떠오르면서 한없이 괴로운 시간을 보내야 했습니다.

요셉도 이집트의 바쁜 일정을 소화하면서도 꾸준히 묵상을 이어갔습니다. 어떻게 해야 하나? 하나님의 뜻은 어디에 있는 것인지? 형들이 나를 죽이려고 했으니 나도 형들에게 살기殺氣를 드러내야 하는 것인지, 아니면 하나님의 말씀을 따라 돌이키는 형들을 받아들이고 과거의 경험은 없던 일로 해야 하는 것인지에 관한 생각은 결코 쉽게 결정할 문제가 아닙니다.

요셉은 어린 시절 형들과 재미있게 지냈던 시간들을 돌이켜보기도 했습니다. 들판에 있는 형들을 발견하고 뒤뚱뒤뚱 달려가는 요셉을 발견한 형들이 환히 웃는 얼굴로 요셉을 맞이하며 따듯하게 데운 양의 젖을 건네주던 기억은 즐거운 유년의 추억입니다.

'그래, 평화롭게 살아가자. 형들도 나를 편애하는 아버지 때문에 어려운 시간을 보냈고, 그리고 과거 나에게 한 일로 인해서 힘들어하는 모습을 보이며 이전의 나와 함께 좋았던 시절을 그리워하는 듯하기도 하니 나도 편안한 마음으로 형들을 받아들이자. 과거의 잘못을 기억해내고 불편한 생활을 살아가는 것보다는 서로를 사랑하며 살아가는 미래를 생각하는 것이 훨씬 마음도 편안할 것이니… 그래야 아버지도 편안하시고 모두 모두 화목할 것이니….'

요셉은 하나님 앞에 마음을 모았습니다. 그리고 자신의 생각을 하나님에게 소곤소곤 이야기하기 시작합니다.

"하나님, 저에게 무엇을 바라시는지 알겠습니다. 물론 잘못을 저지른 사람은 벌을 받아야 합니다. 악을 행한 형들 때문에 저는 엄청나게 힘들고 고단한 삶을 살아야 했으니까요. 한 사람의 인생을 급전직하 추락하게 만든 이들을 잘했다고 할 수는 없을 겁니다. 하지만 한편 생각해보면 '형들도 힘들긴 했겠구나' 하는 생각이 들기도 합니다. 짐승들의 냄새가 배인 옷을 입고 몇 날 동안 들판에서 거친 생활을 이어가는데 저는 아버지의 각별한 사랑을 받으면서 화려한 채색옷을 입고는 천진난만하게도 들판을 뛰어다니곤 했으니까요. 아마 그런 상황은 형들이 저를 미워하게 하는 우리 가정의 구조였다고 이해가 되기도 합니다. 아버지의 편애라는 가족의 기형적인 가족사가 형들의 불안을 부추겼을 테니까요. 그러니 하나님, 이제 제가 우리 가족의 구조에서 비롯됐다고도 보여지는 이 갈등의 구조를 해체시켜 버리도록 하겠습니다. 죽임의 방식으로는 삶의 자리에 생명이 피어나게 할 수는 없으니까요. 이제 함께 살아갈 수 있는 살림의 자리를 만들어 보도록 하겠습니다. 이전에 저희 형제들이 살았던 방식인 죽이고 또 죽이는 방식으로는 우리 가족의 평화를 만들어 낼 수는 없으니 이제는 힘써서 살리고 또 살리는 방식의 삶을 살아내도록 해보겠습니다. 형들이 가지고 있었던 무모한 집착이 저에게는 없는지 꾸준히 스스로를 살펴보도록 하겠습니다. 욕심을 부리고 있는 것은 아닌지, 제가 누리고 있는 이집트에서의 사회적인 지위가 평화를 위해서 잘 사용되고 있는지, 아니면 저의 개인적인 이익을 위해서 오용되고 있는지도 꼼꼼히 성찰하며 살펴보도록 하겠습니다. 하나님의 사랑을 잘 묵상하면서 함께 살아가는 화해의 자리를 잘 만들어 보도록 하겠습니다. 형들이 이러한 저의 생각을 섬세하게 헤아리고 좋은 응답을 보여주면 좋겠습니다. 그러면 우리 가족이 일상을 회복하고 건강한 가정의 자리로 나갈 수 있게 될 거고요, 그러면 하나님의 회복적 정의가 이루어지겠지요. 제가 올곧은 길을 가고 있는 것인지요? 잘 해낼 수 있을지 모르겠습니다. 도와주십시오."

생각에서 빠져 나온 요셉은 형들이 자신의 집에 도착했다는 소식을 듣고는 집으로 발걸음을 옮깁니다.

◇◇◇

요셉 - 화해를 모색하다 3

인간은 본능적으로 복수를 모색하는 이기적인 유전자를 가지고 있다고 합니다. 이기적 유전자에서 기인했다고 볼 수도 있는 매슬로우가 말한 다섯 가지 욕구는 인간의 원초적인 욕망인 생존의 욕구로부터 자아실현의 욕구에 이르기까지 이루어져 있습니다. 그런데 재미있는 것은 인간의 이기적인 유전자는 이 다섯 가지 모두를 이루려고 하는 욕망을 가지고 있으며 그 어떤 것도 쉽게 양보하지 않는다는 것입니다. 나아가 자신의 욕구가 실현되기 어렵다고 판단이 되면, 욕구 실현의 방해가 되는 방해물을 주저하지 않고 공격하는 모습을 보인다는 것입니다.

특히 이기적인 유전자는 동일한 유전자를 확대시키는 경향을 가지고 있어서 이기심을 가지고 있는 유전자에게는 호의적으로 다가가지만, 이타심이나 관대함에 대해서는 매우 거친 적대감을 보인다는 것입니다. 만일에 이기적인 유전자가 무언가에게 관대한 모습을 보인다면 그것은 고도의 전략일 가능성이 높은데 그렇게 해서 상대의 호감을 얻어야 동일한 유전자의 영역을 손쉽게 확장해 나갈 수 있기 때문입니다. 그렇지만 이기적인 유전자는 이타심이나 관대함이 자신의 이기심에 영향을 주거나 진정성이 담보된 이타심과 관대함 때문에 자신의 영역이 침범을 당한다는 판단이 서기만 하면 지체없이 복수의 본능을 활성화시키는 호모 울토르Homo Ultor의 삶으로 삶의 모드를 전환시킵니다. (김재구. "용서와 화해의 목회적 모델로서의 요셉이야기". 참조) 즉 인간은 자신의 이익이 침해를 받았다는 판단에 근거해서 복수 심리가 작동된다는 것인데 자신이 누려야 할 이익에 방해가 되는 것은 제거해나가는 경향을 보인다는 것입니다. 그리고는 자신이 살아가는 삶의 자리를 동종同種으로 가득 채워놓으려는 의도를 극단적으로 드러내기도 한다는 것이죠.

하지만 이런 식의 삶의 태도에는 한 가지 문제가 있습니다. 이기적인 유전자에 반하는 다른 유전자들이 등장할 때마다 이종異種의 유전자를 제거하는 싸움을 해나가야 한다는 것입니다. 그런데 문제는 현대 사회의 가치와 그에 따른 삶의 양상은 대단히 미세하게 분화되어 나가기 때문에 나와 다른 이종異種 제거 작전은 물리적으로 매우 힘든 일이라는 것입니다.

차라리 자신의 자비로움과 너그러움을 꾸준히 향상시키면서 용서를 통한 화해와 일치의 삶을 꾸준히 지향하며 살아가는 것이 우리의 삶의 자리를 더욱 평화롭고 안정적인 삶의 자리로 만들어 낼 수 있다는 제안에 귀를 기울일 필요가 있습니다.

한 사람이 태어나서 서로를 사랑하며 그리고 따듯한 눈길을 주고 받으며 살아가기 위해서는 '사랑과 따듯한 눈길'을 경험하며 성장하는 생활의 경험이 중요합니다. 더구나 관계의 깨어짐을 통해서 분노하고 갈등하는 삶의 자리를 경험한 사람이 다시 사랑하며 안락한 눈길을 주고 받을 수 있는 삶의 자리로 돌아가기 위해서는 더욱 신중하게 자기 성찰과 회복의 시간을 경험해야 합니다.

소설 『오두막』(윌리엄 폴 영)에 나오는 맥은 가족과 함께 캠핑을 갔다가 연쇄살인범에게 자신의 어린 딸을 잃어버리고 맙니다. 분노와 실의에 빠져 있던 맥은 어느 날 '파파'로부터 딸의 피 묻은 원피스가 발견된 오두막으로 오라는 편지를 받고 오두막에 가게 되죠. 맥은 그곳에서 흑인 여성의 모습으로 나타난 하나님을 만나게 되는데 분노에 가득 찬 맥은 하나님에게 거칠게 따집니다. '내 딸이 죽었을 때 당신은 무엇을 했나요? 당신의 아들 예수가 십자가에 달려 죽었을 때 당신은 왜 아무것도 하지 않았나요?' 하나님은 거친 질문을 퍼붓는 맥의 손을 잡아줍니다. 그리고는 자신의 손목을 보여주는데 거기에는 못자국이 있었습니다. 그리고 흑인 여성인 하나님은 맥에게 한 가지 질문을 합니다.

"하지만 당신이 오로지 자기 고통만 바라보고 있으면 내 모습이 보이지 않는다는 것에 대해 생각해 봤나요?" (윌리엄 폴 영. 『오두막』. 한은경 역.)

이 흑인 여성인 하나님의 질문은 인간의 자기중심성을 건드리는 아픈 질문입니다. 자기 생각에 집중하다가 확증편향에 빠진 채 자신의 생각이 확실하다는 일방적인 주장을 일삼는 사람들의 마음을 '푹'하고 깊이 찌르면서 비판적 자기 성찰을 요청하는 한마디인 겁니다. 이 질문에 대해서 열린 시선으로 응답하지 못하게 되면 자기만의 세계에 빠져 있는 채로 '나는 의로워'라는 자기 의義의 포로로 평생을 살아가게 될지도 모를 일입니다.

맥은 오두막에서 자신의 자기중심성을 성찰하게 하는 하나님과 함께 내면의 분노와 상실감을 다루어 나갑니다. 그렇지만 이 이야기에는 가해자가 등장하지 않습니다. 가해자와 피해자가 서로의 합의에 의하여 용서하고 화해하기보다는 피해자와 하나님과의 화해 이야기가 그려지고 있다는 데서 요셉이 꾸려내는 화해의 이야기와는 차이를 보이고 있는 겁니다. 요셉이 꾸려내는 화해의 이야기에는 하나님, 그리고 가해자와 피해자가 등장하고 있으니까요.

요셉은 형제들과의 화해를 모색함에 있어서 자신의 이야기를 형제들에게 투사시키는 방식을 보여주고 있습니다. (이하 위에 표기한 김재구 논문 참조) 요셉이 자신의 경험을 형제들에게 투사시키는 이야기를 생각하기에 앞서서 우리는 요셉이 형제들을 다시 만날 때까지의 20여 년 동안 자신의 성장과 성숙을 꾀하는 모습을 생각해 볼 수 있습니다. 요셉은 이집트의 총리가 되었음에도 불구하고 자신의 가족들에게 그 소식을 알리지 않았습니다. 아마도 그 이유는 용서와 화해를 위하여는 자신이 자비로운 사람으로 성장해야 하고 동시에 형제들의 생각과 삶의 자리도 무르익어야 하니 요셉은 그 시간을 기다리기 위함이었을 겁니다.

요셉의 이야기 속에 나타나고 있는 성서의 구절을 살펴보면 요셉은 자신의 성숙한 모습을 위하여 꾸준히 노력하고 있는 모습을 읽어낼 수 있습니다. 성서는 요셉이 보디발의 집으로 팔려 갔을 때에도 '하나님은 요셉의 앞길이 잘 열리도록 돌보아 주셨다'(창39:2)고 말하고 있고 감옥에 갇혔을 때도 '하나님은 요셉을 한결같이 사랑하셨다… 주님이 요셉을 돌보셔서 그가 하는 일은 다 잘되게 하셨다'(창39:21)고 기록하고 있습니다. 요셉도 자신이 꿈을 해몽하는 순간에 자신의 능력을 앞세우지 않았습니다. 시종장의 꿈을 해몽할 때에도 '꿈을 해몽하는 분은 하나님입니다.'(창40:8)라고 말하고 파라오의 꿈을 해몽할 때에도 '임금님이 기뻐하실 대답은 하나님이 해 주실 것입니다'(창41:16)라고 말하고 있습니다.

이런 장면은 요셉이 이방적 요인이 가득한 외국 생활을 하면서도 꾸준히 하나님 신앙을 지키며 자신의 성숙을 통해서 용서를 통한 화해의 자리를 준비하고 있음을 엿볼 수 있게 하는 대목입니다.

이렇게 자기 자신을 용서와 화해를 만들어 낼 수 있는 성품으로 잘 가꾸어낸 요셉 앞에 결국 형제들이 나타났습니다. 여기에서 요셉은 화해의 손을 내밀기보다는 형제들의 상황을 살펴봅니다. 아직도 편애의 트라우마를 안고 살아가는지, 아직도 자기들 살자고 형제를 팔아버리는 생활 습관을 가지고 있는지를 보고 싶은 요셉은 자신의 집에서 형제들과 잔치를 베풀면서 베냐민에게는 다른 형제들보다도 다섯 배나 많은 음식을 제공함으로 자신이 아버지 야곱에게 받은 편애를 동생 베냐민에게 재현합니다. 그러나 형제들은 신경 쓰지 않고 요셉과 함께 취하도록 먹고 마시는 편안한 모습을 보입니다. (창43:34) 이후 요셉은 곡식을 사서 돌아가는 베냐민의 자루에 자신이 아끼는 은잔을 몰래 집어넣습니다. 그리고 베냐민을 볼모로 잡을 요량으로 형제들을 다시 잡아 옵니다. 이 상황은 이십여 년 전 열 명의 형이 요셉을 이집트의 상인들에게 팔아넘기는 상황과 겹치는 장면입니다. 그러나 이집트에서 베냐민과 함께 벌어진 이 상황에서 형제들은 베냐민을 버리고 자기들만 살겠다고 하는 태도를 보이지 않습니다. 유다는 선뜻 나서서 자신의 동생 베냐민을 구하기 위한 이야기를 시작합니다.

"그러니 저 아이 대신에 소인을 주인 어른의 종으로 삼아 여기에 머물러 있게 해주시고 저 아이는 그의 형들과 함께 돌려보내 주시기를 바랍니다." **창세기44:33**

형제들을 대표해서 베냐민을 위한 변증을 풀어내는 유다의 이야기는 형제들의 삶의 태도가 이전과는 달라졌다는 것을 알 수 있게 하는 대목입니다. 유다가 베냐민을 변호하는 절절한 이야기는 이제 유다로 대표되는 형제들이 아버지의 편애에 관한 트라우마 때문에 동생에게 살기殺氣를 뿜어내는 형제들의 모습에서 아버지의 슬픔을 이해하고 동생을 염려하는 모습으로 바뀌어 있음을 보여주고 있습니다. 가해한 형들과 피해를 입은 동생이 화해하기에 좋은 최적의 상황이 만들어진 겁니다.

용서와 화해를 구현하는 데 있어서 오두막의 맥은 가해자가 없이 하나님과의 화해를 도모하고 있지만, 요셉은 하나님, 그리고 피해를 입은 자신과 가해한 형제들이라는 삼자가 조화를 이루는 또 다른 양상의 화해를 만들어 내고 있는데 그 모습이 참 바람직합니다.

앞에서 생각한 『오두막』이라는 소설에는 이러한 내용이 기록되어 있습니다.

“내 삶의 한가운데 두 길이 있었지. 현자의 말을 듣고 사람이 적게 간 길을 택했네. 그리고 모든 것이 달라졌다네…. 성장은 변화를 뜻하고 변화는 알려진 곳에서 미지의 곳으로 걸음을 옮기는 위험을 수반한다네.”

이집트의 총리가 된 요셉은 자신이 경험한 피해에 관하여 복수의 길을 걸을 수도 있었습니다. 그러나 요셉은 그 길을 걷기보다는 용서와 화해의 길을 선택합니다. 그리고 요셉은 이 길을 걷기 위하여 미지의 곳, 즉 초월적인 하나님 경험을 꾸준히 이어가는 길을 걸어갔습니다. 고단하고 고통스러운 길이었지만 요셉은 초월적인 하나님 경험을 통해서 어렵기만 한 좁은 길을 잘 걸어내고 용서를 통한 화해를 일구는 삶의 자리에 도달한 겁니다.

"하나님이 나를 형님들보다 앞서서 보내신 것은 하나님이 크나큰 구원을 베푸셔서 형님들의 목숨을 지켜주시려는 것이고, 또 형님들의 자손을 이 세상에 살아남게 하시려는 것입니다." **창세기45:7**

요셉은 자신의 형제들과의 맺힌 문제를 풀기 위하여 징계하는 방식보다는 서로를 받아들이는 용서를 통해서 화해의 자리로 나가는 방법을 선택했습니다. 이 방식은 가해자와 피해자 그리고 공동체가 함께 문제의 원인을 살펴보고 해결책을 모색함으로써 피해 상황을 회복시키고 가해자의 진심 어린 사과와 함께 피해자의 아픔을 치유하며 결국 함께 살아가는 삶의 자리를 마련해 나가는 방식인 겁니다. 마침내 요셉이 형들에게 자신의 신분을 밝히자 요셉의 형들은 깜짝 놀랍니다.

"놀란 형제들은 어리둥절하여 요셉 앞에서 입이 얼어붙고 말았다." **창세기45:3**

요셉은 오랜 시간 자신의 고통스러운 경험을 가지고 고민하면서 하나님의 뜻이 무엇인지를 묵상했습니다. 피해자가 가해자를 용서할 수 있는 것은 힘들고 고통스러운 시간을 받아내면서도 자신이 경험한 고난 속에 숨어 있는 하나님의 뜻을 만날 때입니다.

◇◇◇

야곱 – 이집트로 이주하다

이집트에서 집으로 돌아가는 야곱의 아들들은 자신들이 팔아먹은 동생 요셉이 살아 있다는 소식을 아버지에게 전할 일이 난감하기만 합니다. 동생 야곱이 짐승에게 잡아먹혔다고 거짓말을 하면서 요셉의 피 묻은 옷을 야곱에게 가져다 주었고 야곱은 이로 인하여 엄청난 슬픔에 빠져 오래도록 마음고생을 하였습니다. 더불어 요셉의 형제들이 함께 살아가는 야곱의 가정 분위기는 항상 가라앉아 있었고 가족들의 마음은 우울했으며 작은 문제를 가지고도 쉬이 말다툼하기도 하는 등 쉽지 않은 생활을 이어가고 있는 터였습니다. 물론 요셉이 팔려 가고 20여 년이 흐른 후 가정 내의 분위기는 조금 잠잠해지기는 했습니다. 그러나 요셉이 살아 있다는 소식을 전하는 순간 자신들의 거짓은 탄로 날 것이 분명하고 더불어 아버지 야곱이 형제들 간의 갈등 상황에서 동생 요셉을 향해 살기殺氣를 품기까지 했다는 것을 인지하게 되면 어떤 상황이 벌어질 것인지를 짐작할 수 없기 때문입니다.

아들들이 가지고 온 소식 때문에 몇 날을 누워 있던 야곱은 겨우겨우 몸을 일으켜 세웠습니다. 그리고는 요셉이 살았다는 소식에 마음을 싣고 이집트로 가는 여정에 올랐습니다. 야곱은 자신의 자녀들로부터 많은 손주들을 보았고 재산도 어지간히 형성되어 있는 상황으로 나름 안정된 생활을 하고 있었습니다. 그렇지만 야곱은 요셉이 살아 있다는 소식을 전해 듣자마자 마음속 깊은 곳에 웅크리고 있던 그림자가 다시 표면으로 올라오면서 자신의 내면을 뒤덮는 경험을 하였습니다. 그리고는 '내가 요셉을 꼭 만나야겠구나' 하며 중얼거렸습니다. 그리고는 서둘러 이집트로 향하는 준비를 하고는 길을 떠난 겁니다.

그렇지만 길을 떠난 이후로 하루 이틀 시간이 흐르면서 또다시 마음 한쪽 구석에는 뭔지 알 수 없는 두려움이 스멀스멀 올라오기 시작합니다. 오래도록 이어진 하란에서의 외지 생활은 아무리 외갓집에서의 생활이었다고 하더라도 고단하고 힘들었던 것이 사실이었습니다. 그리고는 간신히 지금의 자리에 정착해서 살아가고 있었는데 다시금 삶의 자리를 옮기게 되었고 그것도 외국으로 이주하는 길에 오른 것은 야곱의 마음을 복잡하게 하기에 충분한 일입니다. 결국 브엘세바에 이르러서 야곱은 한 발자국도 나가지 못하게 하는 엄청난 내면의 두려움에 직면하게 되었습니다.

'하나님, 요셉이 이집트에 살아 있습니다. 그래서 반가운 마음에 이집트를 향하여 발걸음을 옮기고 있습니다. 그렇지만 내 아들 요셉을 만난 이후에 살아가야 할 이집트의 생활이 걱정됩니다. 저는 히브리인으로 목축업을 하며 살아가는 사람입니다. 그러나 이집트는 농경사회이고 목축업을 상대적으로 우습게 보는 나라입니다. 더불어 이집트는 하나님을 알지 못하는 나라입니다. 그 나라는 아툼Atum이라는 창조의 신, 라Ra라고 불리우는 태양의 신, 하토르Hathor라고 불리는 사랑과 미의 여신, 오시리스Osiris라는 사후세계의 신, 이시스Isis라는 모성의 신, 네프티스Nephthy라는 비탄의 신, 호루스Horus라는 수호의 신, 토트Thoth라는 지혜의 신 등 이루 헤아릴 수 없는 많은 신들을 섬기는 나라입니다. 그곳에 가서 제가 어떻게 하나님의 사람으로서의 저의 정체감을 지키면서 살아갈 수 있겠습니까? 저는 할아버지인 아브라함, 아버지인 이삭을 보살펴주신 하나님을 따르는 사람이 아닙니까?'

'그래, 그렇게 이야기를 해주니 고맙구나. 그렇지만 두려워하지 말아라. 이집트에 들어가는 것도 나의 계획 안에서 이루어지는 일이다. 나는 나I am who I am인 것을 알지 못하느냐? 나를 바라보면서 살아간다는 네가, 나의 뜻을 따라 살아간다는 네가 왜 두려움을 토로하는지 모르겠구나. 너는 나를 누구라고 생각하느냐? 행여 네가 나를 규정하면 너의 규정에 따라서 나의 존재 양식이 그렇게 결정이라도 된다는 것이냐? 네가 나를 규정한 그 규정을 가지고 나를 온전히 이해했다는 생각으로 나와 함께 살아갈 수 있다는 것이냐? 너는 그동안 네가 보는 것에 집중하느라고 나를 보아내지 못했었다. 네 형인 에서와의 갈등에서도 그랬고 너의 아버지인 이삭에게서 형의 축복을 가로채는 순간에도 그랬다. 너는 항상 네가 보고 싶어 하는 것에 너희 시선을 보낼 뿐 내가 보아야 한다고 하는 것을 바라보지 않았다. 너의 외삼촌인 라반의 집에서도 마찬가지였지. 너는 너의 욕심을 따라서 너의 시선을 움직였다. 네가 너의 집에서 떠나와 베델의 찬 바닥에 누웠을 때 네가 먼저 나를 찾았느냐? 내가 너를 찾아간 것이 아니었더냐? 네가 얍복 강가에서 존재의 양식을 가지고 심각하게 고민할 때 누가 너의 존재의 양식을 바꾸어 주었느냐? 너 자신이냐? 내가 너의 존재의 양식을 바꾸어 준 것이 아니었더냐? 그런데 지금 너는 또다시 너의 정체성을 빌미로 이집트에 들어가는 일을 주저하고 있구나. 그동안 너는 너의 욕심 때문에 너의 가족의 평화를 자금자금 부숴버리는 식의 삶을 살아온 것이 아니냐? 이제 내가 너를 화해의 자리로 부르는데 너는 또 너의 그 소아적인 정체성 때문에, 그 알량한 목축업이니 농경사회니 하는 문화적인 전통 때문에 나의 부름에 응답하며 옮겨야 할 발걸음을 옮기지 못하고 주저하고 있구나. 너희들이 그나마 잘 살아가고 있던 작은 공동체를 포기하고 거대한 도시 가운데 바벨탑을 쌓은 결과는 무엇이었더냐? 너희들의 생각대로 세상에 너희들의 이름을 떨쳤더니 세상이 좋아졌더냐? 전쟁의 소식이 끊기고 평화가 정착되었다는 소식이 들리기라도 했다는 것이냐? 그러니 걱정하지 말고 이집트에 들어가거라. 물론 이집트에서 경험되는 일상들이 항상 평화롭고 즐겁지만은 않을 것이다. 그렇지만 이 긴 이집트 생활을 통해서 내가 너의 부족을 향한 계획을 이룰 것이니 차분히 발걸음을 옮기도록 해라.'

야곱은 브엘세바에서 많은 고민을 이어갑니다. 야곱 자신이야 잃어버렸던 아들을 보고 싶은 마음에 이집트로의 이주를 결정하고 길을 떠났지만, 이집트를 향해서 발걸음을 옮기면 옮길수록 이런저런 걱정이 늘어나기만 합니다. 요셉은 정말로 자신의 형제들을 용서한 것인지….

그동안 야곱과 그의 가족들은 엄청난 부정적 경험에 의한 그림자의 지배를 받으면서 살아왔습니다. 그리고 20여 년이 흘러서야 그림자는 간신히 수면 아래로 가라앉았고 가족들은 그림자의 지배에서 조금은 벗어난 생활을 하고 있었는데 혹시 그 아픈 그림자가 가족 안에서 다시 떠오르지 않을까 하는 생각이 불쑥 올라오는 겁니다.

더불어 말이 통하지 않는 낯선 나라로 이주하는 것도 걱정입니다. 언어가 다르니 일단 의사소통이 어려울 것이고 이집트는 목축업을 천시하는 경향이 있으니 말이 통하지 않는 고장에서 천대받는 일을 하면서 살아가는 일은 사회적 차별에 직면할 것이 자명한 일이기 때문입니다. 그런 정황 때문에 많은 고민을 하고 있는 건데 하나님은 야곱의 고민을 소아적인 고민이라고 하면서 이집트로 들어가라고 하십니다.

야곱은 지나온 시간을 돌이켜 봅니다. 형 에서와의 갈등은 말이 통하지 않아서 일어난 일은 아니었습니다. 동생인 자신이 형의 삶의 자리를 넘보면서 일어난 일이었습니다. 아버지를 속여서 아버지 이삭의 축복을 가로챈 일도 소통이 되지 않아서 생긴 일이라기보다는 자신의 욕망이 꾸며낸 일이라고 하는 것이 더 타당한 듯합니다. 이런저런 어려운 일이 겹치니 집에서는 함께 살아가는 일이 어려워졌고 집을 떠나서 광야를 헤매고 다닐 때 하나님의 임재 경험을 하기는 했으나 살아가다 보면 다시금 스멀스멀 올라오는 자신의 본성 때문에 일을 그르치기 일쑤였습니다. 그나마 다행인 것은 자신의 본성이 올라와서 분쟁의 한가운데로 떨어질 때마다 하나님은 야곱을 찾아오셨다는 것입니다. 그리고는 지금 이집트로 가는 여정 중에 브엘세바에서 하나님은 다시 야곱을 찾아오셨고 야곱은 하나님의 임재를 경험하면서 숙고의 시간을 가지고 있는 겁니다.

'그래, 가자, 어차피 이리저리 흘러 다니는 인생이었는데 이집트라고 가지 못할 이유는 없지, 이집트에 가기로 결정하는 거야. 아들 요셉이 이집트로 오라 하며 부르기도 하고 다른 아들들도 20년 전보다는 많이 달라진 모습을 보이니… 이야기를 들어보니 요셉도 자기를 성찰하며 살아가는 듯하고 다른 아들들도 자기 생각을 절대적으로 주장하지 않는 모습을 보이니 서로를 존중하며 잘 살아가겠지…. 이집트의 언어야 열심히 배우면 될 것이고 우리가 하는 목축업이 이집트 사람들에게도 필요한 먹거리를 제공하는 일이니 그렇게 열심히 살아가면 될 일이니까.'

페터 비에리는 사람들이 선택과 결정을 하는 데 있어서 중요한 요인을 '자신의 독자성'과 '타자와의 관계 안에서 생각하는 나' 그리고 '문화적인 다양성'으로 이야기합니다. (페터 비에리. 『자기결정』. 참조) 여기서 독자성은 자신의 삶의 문제에 관하여 스스로 결정할 수 있는 능력을 의미하고 타자와의 관계 안에서 생각하는 나는 서로를 존중하는 것으로서의 도덕적 친밀감이라고 설명하며 문화적 다양성은 다른 나라의 언어를 학습하면서 세계의 다양성을 인정하는 너그러운 정체성의 확보를 말한다는 겁니다. 이 세 요인은 선택과 결정을 하는 데 있어서 타당하고 합리적인 결정을 하도록 도움을 준다는 것입니다.

야곱은 자신의 정체성을 유지하면서도 타자의 정체성을 존중해주어야 하는 낯선 삶의 자리에 들어가기로 마음을 정합니다. 이집트의 언어를 익히겠다고 마음을 먹는 순간은 야곱이 그동안 살아왔던 자기만의 세계에서 또 다른 세계로 삶의 자리를 확장하는 것을 의미합니다. 다른 삶의 자리other fields의 언어를 공부한다는 것은 자신만의 세계에서 다른 세계로의 여행이 가능하다는 것을 말하는 것이고 자신의 생각과 가치가 유일한 생각이나 가치가 아니라는 것을 인정하면서 나의 방식이 아닌 다른 이의 방식으로도 평화롭고 행복한 삶이 가능하다는 유연한 사고의 세계에 들어서는 것을 의미하는 겁니다.

나이 많은 야곱이 이집트 말을 공부하기로 마음을 먹었습니다.

◇◇◇

야곱 - 제국주의를 축복하다?

비록 광야를 떠돌아다니는 삶을 살아왔지만, 야곱을 중심으로 하는 히브리 부족은 목축에 종사하면서도 서로를 존중하는 삶을 잘 살아왔습니다. 팔레스타인이라는 지리적인 특성상 가뭄이 자주 들기는 했지만 그래도 그럭저럭 살아갈 만했습니다. 그렇게 살아가던 야곱의 부족이 제국주의라는 기치로 무장한 이집트로 이주를 한 겁니다. 요셉은 자신의 가족을 파라오에게 소개해야 하는 시점이 다가오자 자신의 형제들에게 이렇게 조언을 합니다.

"'종들은 어렸을 때부터 줄곧 집짐승을 길러온 사람들입니다. 우리와 우리 조상이 다 그러합니다.' 하고 대답하셔야 합니다. 그래야 형님들이 고센 땅에 정착하실 수 있습니다. 이집트 사람은 목자라고 하면 생각할 것도 없이 꺼리기 때문에 가까이 하지 않습니다." **창세기46:34**

그리고 요셉은 자신의 아버지 야곱을 파라오에게 소개합니다. 파라오는 자신이 깊이 신뢰하는 충복인 요셉의 아버지를 존중하면서 진중하게 묻습니다.

"어른께서는 연세가 어떻게 되시오?"

"이 세상을 돌아다닌 햇수가 백 년 하고도 삼십 년입니다. 저의 조상들이 세상을 떠돌던 햇수에 비하면 제가 누린 햇수는 얼마 되지 않지만 험악한 세월을 보냈습니다." **창세기47:9**

이집트의 최고 지도자인 파라오와 하나님의 약속을 담보하고 있는 족장이 만나는 이 대목은 여러 가지를 생각하게 하는 대목입니다. (월터 부르그만. 『현대성서주석 창세기』.참조) 이 두 사람의 만남은 위계적 질서의 상징이라고 할 수 있는 제국주의와 평등적 질서에 기반한 평등 공동체의 만남, 또는 종적인 질서와 수평적 질서의 만남, 지배자와 피지배자의 만남 등을 생각할 수 있게 하는 만남이기 때문입니다. 창세기 본문은 파라오와 야곱이 인사를 주고받은 후에 야곱이 파라오를 축복하면서 만남이 시작되고 다시 야곱이 파라오를 축복하면서 두 사람의 만남이 끝나는 것으로 묘사하고 있는데 이 모습은 은근히 야곱의 우월함을 드러내고 있는 듯이 보이기도 합니다.

"야곱이 바로를 축복하고 나니… 야곱이 다시 바로를 축복하고 그 앞에서 물러났다." **창47:7, 10**

야곱은 무슨 내용을 기원하면서 파라오를 축복했을까요? 고대의 문화적 전통에 따라 단순히 '건강하게 오래 사시기를 바랍니다'라고 했을 수도 있지만, 이후에 묘사되고 있는 가뭄에 대처하는 요셉의 대응 방식은 많은 생각을 하게 합니다.

이집트의 총리가 된 요셉은 백성들의 입장에서는 매우 고통스러운 정책을 펼쳐냅니다. 가뭄이 절정에 이르러 백성들의 먹거리가 떨어지자 돈을 받고 곡식을 판매했고 시장의 현금이 모두 말라버리자 집짐승들을 받고 곡식을 팔았으며 이후에는 구매자들의 부동산을 저당잡으며 곡식을 내어줍니다. 그리고 결국 이집트의 많은 백성들이 파라오의 소작농으로 전락하는 지경에 이르게 됩니다. 이런 모습은 출애굽기 1장에서 히브리인에게 과도한 노동을 요구하는 이집트 정책과 요셉이 펼치는 정책이 평행적인 모습을 보인다는 평가를 가능하게 하는데요, 이건 출애굽 사건을 흐릿하게 예고하는 본문의 의도라고도 보여집니다. 이렇게 요셉은 가뭄에 대처하는 정책을 펼치면서 파라오의 왕권을 강화하며 권력자의 부의 축적에 부역하는 모습을 보일 뿐 백성들의 안정적인 삶에는 관심하는 모습이 보이지 않고 있습니다.

"이집트와 가나안 땅의 모든 돈이 요셉에게로 몰렸고 요셉은 그 돈을 바로의 궁으로 가지고 갔다 ... 요셉은 그들이 끌고 온 말과 양 떼와 소 떼와 나귀를 받고서 먹거리를 내주었다 ... 요셉은 이집트에 있는 밭을 모두 사서 바로의 것이 되게 하였다 ... 요셉이 이렇게 이집트의 토지법 곧 밭에서 거둔 것의 오분의 일을 바로에게 바치는 법을 만들었으며 ..." **창세기 47:14, 17, 20, 26.**

위계적 질서에 최적화된 제국주의는 욕망하는 사회를 생각나게 합니다. 욕망하는 사회는 그 사회질서에 익숙해진 사람들이 소유 중심적 삶을 살아가도록 사회환경을 만들고 교육하기도 하죠. 그리고 그런 환경에 영향을 받고 교육받으며 성장한 사람들은 더 많은 소유를 확보하기 위하여 경쟁적 삶에 뛰어들면서 함께 살아가야 할 사람들을 도구화하는 것을 당연하게 여기도 합니다.

이집트의 파라오는 엄청난 권력을 가지고 있음에도 불구하고 더욱 많은 소유를 확보하기 위하여 시장의 현금을 끌어모으고 백성들의 짐승들과 부동산까지 욕심을 냅니다. 결국 이러한 상황은 이집트의 백성들을 왕의 소작인으로 만들어버리기까지 하는데요, 이런 모습은 위계적 질서는 인간의 욕망을 실현시키기 위해서라면 인간을 도구화하고 사물화하는 것을 주저하지 않는다는 것을 보여주고 있는 겁니다.

이런 인간이해를 잘 묘사한 소설이 바로 프란츠 카프카의 『변신』이라는 소설입니다. 이 『변신』이라는 소설에는 그레고르라는 인물이 나옵니다. 그레고르는 아버지가 실패한 이후 홀로 가족을 부양하기 위하여 열심히 살아가는 성실한 아들이고 여동생의 음악 공부를 시키기 위해서 애를 쓰는 따듯한 오빠로 그려집니다. 그런데 어느 날 아침 그레고르는 곤충(벌레)으로 변하고 맙니다. 등은 딱딱하고 배는 불쑥 튀어나왔으며 여러 개의 다리가 달린 흡사 바퀴벌레 같은 모습으로 변한 겁니다. 이때부터 그레고르의 집안은 복잡해지기 시작합니다. 그레고르가 책임지던 집안의 살림은 어려워지고 가족관계는 냉정해지기 시작하죠. 물론 그레고르의 가족들은 그레고르가 곤충으로 변한 초기 시점에는 성의껏 돌보려고 노력합니다. 그렇지만 '긴 병에 효자 없다'는 속담처럼 원래의 상태로 돌아올 기미를 보이지 않는 그레고르의 상황 때문에 가족들은 지쳐가기 시작합니다. 특히 여동생은 그레고르의 존재를 부정하며 '없어져야 한다'고 노골적으로 말하기 시작하는데 그것은 가족의 경제력을 담당했던 그레고르의 이윤 창출 능력이 더 이상 가족을 위해서 발휘되지 않기 때문이었습니다. 그레고르의 '벌레화'로 경제력을 상실한 가족들은 생활을 위하여 일을 시작해야 했고 하숙생을 들여야만 했습니다.

한번은 여동생이 하숙생들 앞에서 바이올린을 연주하는데 이를 궁금하게 여긴 곤충 그레고르가 거실로 나왔다가 하숙생들에게 발견되었는데요, 기겁을 한 하숙생들이 보상을 요구하면서 집에서 나가버리고 말았습니다. 그레고르는 더 이상 가정에 경제적으로 도움이 되지 않는 존재가 되었기 때문에 아버지도 여동생도 그레고르의 존재를 부정하기 시작합니다. 심지어 아버지는 벌레인 그레고르를 방으로 몰아넣기 위하여 사과를 던졌는데요, 그 사과가 그레고르의 등에 꽂혀 버리지만 그레고르가 죽을 때까지 가족들은 그레고르의 등에서 썩어가는 사과를 빼주지 않습니다. 그레고르가 가족을 부양하기 위하여 최선의 노력을 다할 때는 가족에게 환영받는 존재였지만 곤충으로 변한 이후 경제적 기여를 하지 못하게 되었을 때는 귀찮은 존재, 혐오스럽기까지 한 존재, 제거의 대상이 된 것이었죠. 그레고르가 죽음을 맞이했을 때 그 사실을 알리는 파출부의 한 마디는 생산성을 상실한 사람의 존재가 어떻게 인식되고 있는지를 명확하게 보여주고 있습니다. 그레고르는 철저하게 물건 취급을 당하고 있는 겁니다.

"그러니까 옆방에 있는 그걸 처리하는 일은 걱정하지 않으셔도 된다고요. 벌써 치웠거든요." (프란츠 카프카, 『변신』, 송소민 역.)

이런 맥락에서 창세기 47장에 나타나는 요셉은 위계적 질서로서의 제국주의 논리에 편승해서 자유를 누리고 있던 많은 백성들을 왕의 부를 축적시키는 도구로 전락시키는 모습을 보이고 있다고 할 수 있습니다.

인간의 존엄은 언제 존중받는 걸까요? 혹시 이성적인 활동을 할 때만, 아니면 생산적 활동을 할 때만 존중을 받을 수 있는 건가요? 인간이 존중받아야 하는 이유는 인간은 천부적으로 존엄한 존재이기 때문입니다. 인간이 하나님의 형상으로 창조되었다고 고백하는 것은 인간이 각자 가지고 있는 조건에 따라서 차별이나 혐오를 받는 존재는 아니라는 것을 담보하는 고백인 겁니다.

그렇기 때문에 이러한 제국의 질서 속으로 들어간 야곱이 뭐라고 파라오를 축복했는지가 궁금해집니다. 아마도 야곱이 이주해 들어간 이집트는 파라오의 나라였을 겁니다. 마치 조선 시대의 왕실에서 '조선은 이씨의 나라다'라고 말하는 어느 드라마의 대사처럼 말입니다. 그렇지만 아무리 제국적 질서로 구조화되어 있는 사회라고 하더라도 왕은 백성들의 안정된 삶을 걱정하기도 하였으니 한 부족의 족장으로의 경륜을 가지고 파라오 앞에 선 야곱이 이러한 이집트의 구조를 통찰하고 좋은 지도자가 되기를 바라는 축복을 하지 않았을까요?

사실 성서는 모든 사람들이 더불어 살아가는 평등적 질서를 꾸준히 이야기하고 있습니다. 특히 신명기는 평등적 사회를 위한 규칙을 제안하면서 사회 구성원들의 의무와 책임을 이야기하고 있는데요.

"당신들은 반드시 손을 뻗어서 당신들의 땅에서 사는 가난하고 궁핍한 동족을 도와주십시오. 그렇다고 하여 당신들이 사는 땅에서 가난한 사람이 없어지지는 않겠지만 이것은 내가 당신들에게 내리는 명령입니다." **신명기15:11**

이 신명기의 구절은 함께 살아가는 일에 관하여 차분히 생각하게 합니다. 궁핍한 사람을 도와도 이 땅에서 가난한 사람이 없어지지 않는다는 언급은 함께 살아가는 일의 방식을 고민하게 하는 대목입니다. 이렇게 성서는 꾸준히 사회적인 약자들과 함께 살아갈 방안으로서의 평등적 질서를 고민하면서 살아갈 것을 요청하고 있습니다. 그리고 이러한 전통에서 살아온 야곱은 비록 젊은 시절에는 사기꾼적인 기질을 따라서 이기적으로 살았던 시간이 있기도 했지만, 이제는 모두와 함께 살아가라는 히브리 사회의 사회적인 약속을 기억하고 있는 부족의 지도자가 되어 있는 겁니다. 그리고 야곱이 그 평등적 질서에 기반해서 파라오를 축복했기를 기대해봅니다.

'파라오 당신은 당신의 권력과 부를 가지고 당신 백성들의 먹거리가 떨어지지 않게 하시기를 축복합니다. 비록 가뭄이 거듭되겠지만 파라오의 은덕으로 백성들이 일용할 양식을 공급받아 평화를 누리는 삶을 살아간다면 당신의 나라는 잠을 자는 동안에도 평화를 누리는 복된 나라가 될 겁니다.'

야곱은 제국의 질서 한가운데로 들어갔지만, 제국의 질서에 속한 삶을 살아가지 않았습니다. 그건 죽음을 눈앞에 둔 야곱이 요셉에게 당부하는 말을 통해서 잘 나타나고 있습니다.

“내가 눈을 감고 조상들에게로 돌아가면 나를 이집트에서 옮겨서 조상들께서 누우신 그곳에 나를 묻어다오.” **창세기47:30**

◇◇◇

요셉, 화해를 완성하다

요셉의 형들은 불안합니다.

요셉의 형들은 이집트로 이주해온 이래로 이집트에서 17여 년을 살아왔습니다만 이제 아버지 야곱이 생을 다하고 돌아가셨기 때문입니다. 요셉의 형제들이 불안한 것은 과거에 자신들이 요셉에게 저지른 잘못의 그림자에서 벗어나지 못하고 있기 때문입니다. 동생을 죽이려는 시도가 미수에 그치고 결국 외국의 상인들에게 팔아먹은 일, 그리고 짐승에게 잡아먹힌 것 같다며 아버지 야곱에게 조작한 요셉의 옷을 건네주었던 일들이 다 밝혀진 채로 이집트에서의 17여 년의 시간을 살아냈는데 요셉은 문제삼지 않겠다면서 아무런 조치를 취하지 않은 겁니다. 아무리 피해자인 요셉이 문제를 삼지 않았지만 그건 아버지의 그늘 때문일 거라는 형제들의 의구심은 결국 아버지 야곱의 유언을 들고 요셉을 찾아가게 했습니다. 그리고는 절절한 마음으로 아버지의 유언을 전하죠.

"아버지께서 돌아가시기 전에 남기신 유언이 있습니다. '너의 형들이 너에게 몹쓸 일을 저질렀지만 이제 이 아버지는 네가 형들의 허물과 죄를 용서하여 주기를 바란다.' 하셨습니다. 그러니 아우님은 우리 아버지께서 섬기신 그 하나님의 종들은 우리가 지은 죄를 용서하여 주시기 바랍니다."

창50:16~17절

그렇지만 이미 요셉은 형제들이 자신에게 저지른 일, 그리고 그로 인하여 자신의 내면에 드리워진 그림자의 문제를 해결해내고 있었습니다. 형들에 대한 섭섭함과 그로 인한 우울감, 불안함 등을 극복해내고 자신의 일상에 충실한 삶을 살아가고 있었던 겁니다. 그런데 형들이 다시 과거의 문제를 가지 용서를 구하고 있으니 이제 요셉은 너그러움으로 이 상황을 받아내며 화해로운 삶을 그려내고 있습니다.

"두려워하지 마십시오. 내가 하나님을 대신하기라도 하겠습니까? 형님들은 나를 해치려고 하였지만, 하나님은 오히려 그것을 선하게 바꾸셔서 오늘과 같이 수많은 사람의 생명을 구원하셨습니다. 그러니 형님들은 두려워하지 마십시오. 내가 형님들을 모시고 형님들의 자식을 돌보겠습니다." **창50:19~21**

화해를 만들어내는 일은 하나님의 구원을 이루어내는 일이라고도 할 수 있습니다. 이 땅에서 하나님 나라의 규칙으로서의 화해를 이루는 사람이 피안의 하나님 나라를 소망할 수 있기 때문입니다. 화해롭게 살아가는 삶은 어떠한 노력을 담보해야 가능한 걸까요? 화해롭게 살아가기 위해서 우리는 어떠한 노력을 기울여야 할까요? (이하 키쓰 바리·리칭 호. 『시민교육은 무엇을 가르쳐야 하는가』. 참조) 화해롭게 살아간다는 것은 각기 다른 이들과 함께 살아가는 것을 말합니다. 그렇지만 함께 살아간다는 것 living together은 그리 간단한 일이 아닙니다. 각자가 가지고 있는 삶의 양식이 다르고 기질 또한 다르기 때문입니다. 삶의 양식과 기질이 다르다는 것은 같은 사안에 대한 이해와 접근방식이 다르다는 것은 알 수 있게 합니다. 이런 상황에서 때로 자기주장을 거두어들이지 않는 이들은 화해를 만들기 위하여 모인 자리에서 오히려 심각한 갈등 상황을 연출하기도 합니다. 이 갈등을 통해서 더욱 견고한 화해의 자리로 나가면 좋겠지만 심각한 갈등은 때로 분열을 만들어 내고 '죽임의 이야기'를 써 내려가기도 한다는 것이 문제입니다.

그러므로 화해를 만들어 내는 일을 하는 사람들은 인내심을 가지고 꾸준히 대화하는 자리에 나서야 합니다. 어차피 모든 사람은 각자의 삶의 특성을 가진 채로 살아가는 것이고 편견에 사로잡혀 있는 경우도 있기 때문입니다. 그러므로 대화한다는 것은 편견을 확인하는 작업, 또는 이견을 확인하는 작업이고 그리고는 그 간격을 좁혀나가며 공감에 이를 수 있도록 하는 작업입니다. 이런 작업을 가능하게 하는 것은 배려가 있는 대화일 때 가능한데요. 예수가 활동하던 시대의 유대인들, 율법 학자들과 서기관들은 배려가 있는 논의 작업에서 약점을 보이고 있습니다. 이 사람들은 예수와의 대화를 통해서 이견을 확인하고 공감의 자리로 나가기 위한 의도를 가지고 있지 않기 때문입니다.

"그 즈음에 대제사장들과 백성의 장로들이 가야바라는 대제사장의 관저에 모여서 예수를 속임수로 잡아 죽이려고 모의하였다." **마태26:3-4**

예수께서 활동하던 당시의 대제사장들과 장로들은 대화의 파트너의 입장을 이해하려는 노력으로서의 이타심을 가지고 있지 않았습니다. 이들은 예수의 입장을 이해하려는 시도를 하지 않는 것으로 보이고 자기들의 이권을 지키기 위해서 대중의 시선을 받고 있는 예수, 그래서 불편하기만 한 예수를 제거하려는 의도를 가지고 자기들끼리의 논의를 이어가고 있는 겁니다. 그러니 대제사장들과 장로들이 기초하고 있는 의도 위에서는 화해가 이루어질 일이 없습니다. 복음서 여기저기에서 확인되고 있는 이러한 유대교 지도자들의 의도는 결국 예수를 십자가에 오르게 하였고 못 박힌 채로 죽음에 이르게 하고 말았습니다.

누가복음 10장에 나오는 율법 교사도 같은 맥락 위에 있는 것으로 보이는 사람입니다. 이 율법 교사는 예수에게 누가 나의 이웃이냐고 질문하는데 성서는 이 질문의 의도를 '율법 교사는 자기를 옳게 보이고 싶어서 나의 이웃은 누구냐고 질문하고 있다'고 기록하고 있습니다. (누가 10:29) 이에 예수는 사마리아 사람이 강도 만난 사람에게 한 것처럼 너도 가서 그렇게 살아가라고 말씀하고 계십니다. 성서는 예수의 이야기를 들은 율법 교사가 어떻게 살았는지에 관한 뒷이야기를 그려내고 있지는 않지만 아마도 율법 교사는 예수를 비난했을지도 모릅니다. 정결법전을 잘 알지도 못하면서 잘난 척이나 하는 사람이라고 말입니다.

그렇지만 시대정신의 미움을 받고 있는 예수는 미움을 사랑으로 승화시키는 모습을 보이면서 화해의 자리를 만들어 내는 일을 꾸준히 하셨다는 것을 주목할 필요가 있습니다. 예수는 세리와 창녀, 당시로서는 천형을 받았다고 손가락질받던 한센병 환자들의 삶 속으로 거침없이 들어가는 모습을 보여주셨으니까요. 교회가 제도적으로 자리를 잡기 전에 활동하셨던 예수가 대중들에게 가지고 가셨던 마음은 '연민하는 마음, 긍휼히 여기는 마음'이었습니다. (앨버트 노울런. 『그리스도교 이전의 예수』. 참조) 이렇게 소수자에게 다가가시는 예수께서는 군중 속에서의 고독을 경험하고 있는 세리의 문제를 가지고 꾸준히 고민하셨을 겁니다. 길거리에서 손가락질을 받고 있던 여인을 보시면서도 안타까워하면서 기도하셨을 거고요, 한센병을 앓고 있는 이를 바라보시면서는 긍휼히 여기는 마음 때문에 마음의 통증을 느끼셨을지도 모를 일입니다. 그렇지만 온갖 미움을 받아내면서도 긍휼히 여기는 마음을 놓치지 않고 이웃의 삶에 귀를 기울이시는 예수는 결국 하나님과 인간 사이에, 그리고 인간과 인간 사이에 화해를 만들어내고 계십니다.

이렇게 화해를 만드는 예수의 발걸음을 묵상하면서 또 한 가지 염두에 두어야 할 일은 외부의 의견, 또는 먼 곳의 의견에도 귀를 기울여야 한다는 것입니다. 21세기 한국의 개신교의 정체identity는 배타적인 경향을 짙게 드리우고 있습니다. 이는 자기중심적 의사결정을 하기 쉽다는 것인데요. 자기들만의 리그를 꾸려가면서 타자를 긍휼히 여기는 결정을 하고 결과물을 내놓기도 하지만 자기중심적인 기반을 바탕으로 내놓는 타자를 위한 결과물이 오히려 타자의 삶에 위협이 되는 폭력적 결과를 가지고 올 수 있다는 것입니다.

과거 서구의 열강들이 식민 정책에 기반해서 영역 확장 작업을 할 때 이에 편승한 기독교도 복음을 전한다는 명목하에 아프리카로, 아메리카로 복음을 가지고 나갔습니다. 그렇지만 결과적으로 원주민들은 자기들의 고유한 삶의 자리를 침략자들에게 내주어야 했고, 또는 짐승 취급을 당하며 사냥을 당하고는 고향을 떠나 타향에서 노예로 살아가야 하기도 했죠. (키쓰 바리·리칭 호. 위의 책. 참조)

조금 구체적으로 이 상황을 묘사하면 이렇게도 설명할 수 있을 겁니다. 경제력이 현저하게 떨어지는 어느 가난한 나라에 식수가 절대적으로 부족하다는 상황을 인지한 부유한 선진국이 가난한 나라의 식수 문제를 해결하기 위해서 논의를 하고는 부유한 나라의 대도시에 있는 상수도 기반 시설을 물 부족을 해결하는 해법으로 제시했다고 해봅시다. 몇천억이 들어갈지, 몇조 원이 들어갈지를 알지 못하는 엄청난 규모의 해법을 제공하면서 너무 편안한 도시 기반 시설이라고 아무리 현지인들을 설득한들 경제력이 없는 가난한 나라는 그 좋다는 해법을 받아들일 수 없고 결국 아무런 도움이 되지 못한다는 겁니다. 이런 상황은 내부의 소리가 아닌 외부의 소리에 귀를 기울이지 않고 자기들만의 영역 내에서 선한 의도를 가지고 대단히 좋은 결과를 도출해 냈을 때 나타나는 상황입니다. 차라리 물이 없는 마을에 우물을 파주고 몇만 원짜리 물 정화 필터를 제공해주는 적정기술appropriate technology을 적용하는 것이 훨씬 나을 겁니다. 적정기술은 내부의 소리가 아닌 현장의 소리에 귀를 기울이고 해결책을 마련하는 방식을 가지고 있으니까요.

믿음을 가지고 살아가는 사람들이 자기들만의 영역에서 논의한다고 해서 나쁜 의도를 가지고 있다고 함부로 규정할 근거는 어디에도 없습니다. 그러나 때로 자기중심적 사고방식을 가지고 살아가는 사람들은 자신의 의도가 매우 선함에도 불구하고 화해를 만들기는커녕 타자에게 폭력이 되는 상황을 인지하지 못하는 것이 안타까움입니다.

요셉은 꾸준히 성장하는 삶을 살아낸 사람입니다. 요셉이 아버지의 편애를 받을 때에도 그 상황은 요셉의 의도와는 상관없이 벌어진 일이었습니다. 요셉이 형들에 의해 팔려갈 때에도, 보디발의 아내인 줄라이카의 모함으로 감옥에 들어갈 때에도 요셉은 인간의 이중성을 경험하면서 고통스러웠을 겁니다. 만일 요셉이 이집트의 총리 자리에 오른 이후에 이러한 상황에 대해서 법적으로 자신에게 위해危害를 가한 이들을 처벌했다 한들 별문제는 없었을 겁니다. 그렇지만 꾸준히 하나님의 도우심을 간구하며 자신의 삶을 성장시키는 요셉은 삶이 제공하는 이중성을 극복하고 화해를 만들어내는 되어감becoming의 삶을 꾸준히 살아냈습니다. 요셉은 인내심에 기반한 긍휼히 여기는 마음을 가지고 있었고 외부의 소리를 들을 수 있는 귀를 가지고 있는 사람이었습니다. 그런 마음을 바탕으로 자기를 죽이려고 한 형들과 그의 자녀들까지도 잘 돌보겠다고 약속하고 있습니다.

그래서 사람들은 되어감becoming의 길을 걸어갑니다.

에필로그

한 주에 한 장씩 창세기를 읽어나가는 동안, 일주일 내내 머릿속에는 어떻게 본문을 읽어낼 것인가에 관한 생각으로 가득했었습니다. 각 장의 핵심을 잡아내는 일, 그리고 관련 자료를 검색하는 일, 이야기를 구성하는 일은 그리 간단한 일이 아니었으니까요.

설교자로 살아가는 일이 아직도 익숙하지 않아서 준비한 이야기 꾸러미를 들고 예배실의 짧은 중앙 복도를 걸어 강단으로 향할 때마다 두려운 마음을 금할 수 없었습니다. 그 경외심 때문에 강단에 눈길을 주고 있는 교우들에게 성령의 도우심을 간구하는 기도를 부탁하기가 여러 번이었습니다.

'되어감'이라는 주제 하나를 붙잡고 일 년여를 씨름하면서 지나온 시간은 나름 이런저런 생각을 많이 할 수 있었던 시간이었습니다. 고통스럽기도 했고 그래서 약해지는 스스로를 돌아보며 성찰의 시간을 가졌던 순간이기도 했습니다.

그렇지만 한편으로는 감사했습니다. 진영 간의 치열한 논쟁을 주고받는 오늘의 삶의 자리에서도 되어감의 길을 걷게 하시는 하나님의 자비로우심은 세상을 날카로움으로만 보지 않고 자비로움으로 볼 수 있는 여지를 갖게 해주셨기 때문입니다. 덕분에 매주 이야기를 묵상하면서 조금은 성장할 수 있는 여지를 가질 수 있었고 그 과정에 함께하며 관심을 가지고 들어주는 교우들의 따뜻한 눈망울을 경험할 수 있었던 것은 하나님의 원 플러스 원 은총이었습니다.

창세기를 읽어냈던 지난 시간을 돌아보니 모든 순간순간에 하나님의 어루만져 주심이 있었습니다. 창세기를 통해서 한 치의 성장을 허락하신 하나님께서 또 어떻게 되어감의 길을 걷게 하실지가 궁금합니다.

모든 일상이 주님의 은총입니다!